Was den Menschen antreibt

Campus Forschung
Band 809

Annemarie Laskowski, Diplom-Psychologin, machte eine Ausbildung zur Chemisch-Technischen Assistentin (CTA) und studierte Psychologie an der Technischen Universität Braunschweig. Derzeit arbeitet sie in der psychiatrischen Abteilung einer Universitätsklinik.

Annemarie Laskowski

Was den Menschen antreibt

Entstehung und Beeinflussung des Selbstkonzepts

Campus Verlag
Frankfurt/New York

Die Deutsche Bibliothek – CIP-Einheitsaufnahme

Ein Titeldatensatz für diese Publikation ist bei
Der Deutschen Bibliothek erhältlich
ISBN 3-593-36478-6

Besuchen Sie uns im Internet: www.campus.de

Inhalt

Einleitung und Begriffsentwicklung

Wenn man das Verhalten von Menschen genauer beobachtet, kann man feststellen, daß sie auch Äußerungen bzw. Bewertungen über sich selbst abgeben, daß sie über sich nachdenken. Sie entwickeln Vorstellungen bzw. Bilder von sich selbst, über verschiedenene Aspekte ihres Seins, wie unter anderem (über) ihre Leistungsfähigkeit, ihr Aussehen oder ihre Fähigkeiten, mit anderen Menschen zurechtzukommen. Für diese Sichtweise eines Menschen über sich selbst wurde in der Wissenschaft die Begriffe *Selbstbild* bzw. *Selbstkonzept* entwickelt.

Bei weiterer Beobachtung von Menschen findet man solche, die sich Handlungen zutrauen, obwohl sie die dafür notwendigen Kompetenzen aus der Sicht eines Dritten scheinbar nicht besitzen. Umgekehrt findet man aber auch Menschen, die offenbar über alle Voraussetzungen erfolgreichen Handelns wie methodische, fachliche und soziale Kompetenz verfügen, aber ihre Fähigkeiten als geringer einschätzen und bewerten, als diese in „Wirklichkeit" sind. Damit drängt sich der Eindruck auf, daß nicht nur die vorhandenen Kompetenzen dafür ausschlaggebend sind, welche Handlungsziele sich Menschen setzen, ob ihre Handlungen erfolgreich verlaufen oder/und wie sie Handlungsergebnisse erleben, sondern auch die subjektive Bewertung eigener Möglichkeiten.

So kann es dazu kommen, daß Menschen nur deshalb Erfolg haben, weil sie z.B. auf andere Menschen aufgrund ihres sehr positiven Selbstbildes so überzeugend wirken, daß man ihnen eine Menge zutraut und ihnen entsprechend viele Handlungsmöglichkeiten eröffnet. Die überzeugende Wirkung geht sogar oft soweit, daß die Fehler solcher Menschen eher übersehen oder fälschlicherweise anderen Menschen zugerechnet werden.

Weiterhin werden Menschen mit positivem Selbstbild ihre Vorhaben deshalb eher zielgerichtet angehen, weil Versagensängste bei ihnen eine untergeordnete Rolle spielen und sie aus diesem Grund weniger durch störende Selbstzweifel abgelenkt werden.

Umgekehrt trauen sich Menschen mit einem negativen Selbstkonzept von vornherein viele Dinge nicht zu, die sie objektiv betrachtet bewältigen könnten, weil sie Defizitvorstellungen über sich selbst entwickelt haben. Wenn Menschen mit negativem Selbstkonzept Aufgaben in Angriff nehmen, dann ist ihr Handlungsvollzug häufig durch ungünstige Gedanken gestört. Sobald eine Schwierigkeit auftaucht, entwickeln diese Personen Unfähigkeitsphantasien. Diese wirken einer schnellen und gezielten Handlungsdurchführung entgegen. Außerdem kann es durch diese Unkontrolliertheit zu einem tatsächlichen Anstieg von Fehlhandlungen kommen, wodurch das negative Selbstkonzept bestätigt wird, so daß man zu recht von einer sich selbst erfüllenden Prophezeiung sprechen kann.

Es ist also davon auszugehen, daß die Vorstellungen, die Menschen über sich selbst entwickeln (Selbstkonzepte), einen bedeutenden Einfluß auf die künftige Selbstwahrnehmung und auf die Handlungskonstitution der Menschen ausüben. Man könnte sogar soweit gehen zu behaupten, daß die Selbstkonzepte eines Menschen für die Wahl und für den Erfolg seiner Handlungen tendenziell wichtiger sind als seine intellektuellen und physischen Fähigkeiten und zum Teil auch wichtiger als die situativen Gegebenheiten. Meyer (1973, S. 148) hat in einer eigenen Untersuchung Hinweise dazu gefunden, „daß Selbstkonzepte der eigenen Fähigkeit und gemessene Intelligenz relativ unabhängig voneinander sind." Entsprechend scheint die Selbstkonzeptforschung dazu in der Lage zu sein, einen wichtigen und ganz eigenen Beitrag zur Erklärung menschlichen Erlebens und Verhaltens zu leisten.

Da also die jeweiligen Selbstkonzepte solch starke Wirkungen entfalten können, was besonders bei negativen Selbstvorstellungen (negativen Selbstkonzepten) recht ungünstige Auswirkungen für die Menschen haben kann, und da darüber hinaus das Selbstkonzept eines Menschen einen wesentlichen Indikator für psychische Gesundheit darstellt (vgl. Becker/Minsel 1986, S. 15), ist es sinnvoll zu untersuchen, wie Selbstkonzepte entstehen, sich verändern und zielgerichtet beeinflussen lassen. Eine z.B. therapeutische Beeinflussung sollte erreichen, daß einerseits Handlungseinschränkungen bei unrealistischer Selbstunterschätzung entfallen und andererseits einer ungezügelten Selbstüberschätzung durch die Schaffung realistischer Maßstäbe der Selbstbewertung Einhalt geboten werden kann.

Für diese Arbeit ergibt sich daraus folgende *Leitfrage*: *Unter welchen Bedingungen entstehen Selbstkonzepte von Menschen, und aufgrund welcher Tatsachen unterliegen sie Veränderungsprozessen?*

Grundlage der vorliegenden Arbeit ist vor allem die Sammlung und Auswertung von Material aus der wissenschaftlichen Diskussion der Selbstkonzepte, insbesondere im Hinblick auf die individuellen und gesellschaftlichen Einflußfaktoren der Selbstkonzepte. Das vorliegende Material soll in eine zur Fragestellung dieser Arbeit passende Struktur gebracht und (anschließend) durch eigene theoretische Überlegungen ergänzt werden.

Im Zusammenhang mit der Auswertung von Literatur aus der Selbstkonzeptforschung stellt sich zusätzlich die Frage, ob es geschlechtsspezifische Differenzen in der Herausbildung von Selbstkonzepten zwischen Männern und Frauen gibt. Anhaltspunkte hierfür können darin gefunden werden, daß Frauen häufiger als Männer Aufgaben oder Berufe mit niedrigerem Anforderungsniveau wählen, oder daß Frauen, wenn sie im Berufsleben stehen, sehr häufig später als ihre männlichen Kollegen nach Lohnerhöhung, anderen Arbeitsinhalten oder hohen Positionen fragen (vgl. Bernard/Schlaffer 1989, S. 164). Man könnte daraus schließen, daß Frauen öfter als Männer Zweifel an den eigenen Fähigkeiten haben. Diese Zweifel könnten im Zusammenhang mit dem spezifischen Bild stehen, das die Frauen unter dem Einfluß der Bewertungen ihrer Umwelt von sich selbst gewonnen haben.

Da ich diese Frage für durchaus relevant im Rahmen der Leitfrage erachte, wird die Literatur (zusätzlich) auf Hinweise besonderer Bedingungen für die Ausbildung des Selbstkonzeptes von Frauen untersucht und ein besonderes Augenmerk auf solche Elemente gerichtet, die für die verbreiteten Selbstzweifel vieler Frauen verantwortlich sein könnten.

Es fällt auf, daß die psychologische Erforschung des Selbstkonzepts weitgehend geschlechtsunspezifisch geblieben ist oder die weibliche Identität gelegentlich sogar als Abweichung männlicher Normalität betrachtet wird (vgl. Broverman, Broverman Clarkson, Rosenkrantz/Vogel 1970 und Sieverding 1992).

Am Ende der Arbeit steht der Versuch, aus der Analyse der Einflußfaktoren ein eigenes Prozeßmodell des Selbstkonzeptes und der Selbstwertregulation zu erstellen und daraus abzuleiten, welche Konsequenzen sich im Hinblick auf die Veränderung von Selbstkonzepten in Form von Interventionen ziehen lassen.

Zunächst ist allerdings zu klären, worüber wir sprechen, wenn vom Selbstkonzept die Rede ist. Wie hat sich dieser Begriff entwickelt und wie grenzt er sich gegen Begriffe wie „Selbst", „Identität", „Selbstwertgefühl", „Selbstwahrnehmung", „Selbsteinschätzung" und „Selbstbewertung" ab?

Es gibt unterschiedliche Begriffswelten, mit denen die Wissenschaft versucht, das Phänomen der Abgrenzung der Person gegenüber ihrer Umwelt darzustellen. Der umfangreichste und allgemeinste Begriff diesbezüglich ist – meiner Auffassug nach – der Begriff der *Identität*. Aber in der wissenschaftlichen Literatur wird *Identität* sehr unterschiedlich aufgefaßt, wenn sie überhaupt definiert wird. Viele wissenschaftliche Arbeiten, die den Begriff *Identität* in ihrem Titel tragen, verzichten einfach auf eine Definition (vgl. auch Neubauer 1976, 102).

Einige Wissenschaftler sehen das *Selbstkonzept* als Teilaspekt der *Identität* an, wobei die Rolle, die dem Selbstkonzept innerhalb der verschiedenen Definitionen zugeordnet wird, unterschiedlich ist. Dies soll an zwei Beispielen gezeigt werden:

Nach Neubauer (1976, S. 104) ist *Identität* „das Erlebnis erfolgreicher Behauptungen des Selbstkonzeptes innnerhalb vielfacher Interaktionsbeziehungen, gespeichert durch die Gedächtnisfunktionen. Sie stützt sich auf die typische und einzigartige Kombination von Merkmalen und der damit verbundenen sozialen Reaktionen und Bewertungen als Verankerung des Konzeptes."

Von Haußer (1983, S. 103) wird *Identität* sehr spezifisch definiert „als *die Einheit aus Selbstkonzept, Selbstwertgefühl und Kontrollüberzeugung* eines Menschen, die er *aus subjektiv bedeutsamen und betroffen machenden Erfahrungen über Selbstwahrnehmung, Selbstbewertung und personale Kontrolle entwickelt und fortentwickelt* und die ihn *zur Verwirklichung von Selbstansprüchen, zur Realitätsprüfung und zur Selbstwertherstellung im Verhalten motivieren.*"

Andere Wissenschaftler benutzen den Begriff *Identität* anstelle des Begriffes *Selbstkonzept*. Entsprechend definieren Whitbourne/Weinstock (1982, S. 30) Identität folgendermaßen:

„Die Identität eines Erwachsenen besteht in seiner Selbstdefinition. Es ist seine Antwort auf die Frage ‚Wer bin ich?' Es ist die Gesamtheit eigener Qualitäten, denen sich ein Erwachsener bewußt ist. Er erkennt dabei, daß über einen Teil dieser Qualitäten auch andere verfügen, während sie die übrigen Qualitäten nicht besitzen. Einige der Qualitäten, die Identität ausmachen, sind körperliche Erscheinung, Fähigkeiten, Wünsche und Motive, Ziele,

soziale Überzeugungen und Einstellungen, Werthaltungen und das System von Rollenerwartungen, die auf einen Erwachsenen zuhause, am Arbeitsplatz und in der Gesellschaft als
Ganzes gerichtet werden. Die spezifische Konstellation von vorgenannten Qualitäten in
einer Person ist das, was ein Individuum einzigartig macht. Identität läßt sich somit definieren als Selbstattribution zahlreicher persönlicher und sozialer Qualitäten durch einen Menschen. Identität hat eine organisierende Funktion im Leben des Erwachsenen (...). Sie ermöglicht den Menschen die Aufrechterhaltung eines Kontinuitätsempfindens über Situationen und Zeit hinweg. Identität läßt Erwachsene ihr Leben eher sich selbst als anderen zu-
gehörig sehen."

Aufgrund der identischen Definition (Identität=Selbstkonzept) wird in dieser
Arbeit die Konstruktion von Whitbourne/Weinstock dem *Selbstkonzept* zugeordnet.

In psychoanalytischen Theorien wird *Identität* eher als entwicklungspsy-
chologische Aufgabe einer Person angesehen, die unterschiedlichen Erfahrungen ihres Lebens in der Form zu integrieren, daß sie sich im Wechsel der
Lebenssituationen und über die Zeit hinweg als *Einheit* erlebt und sich als
dieselbe wiedererkennt (vgl. Frey/Haußer 1987, S. 7). So definiert Erikson
(1971, S. 18) *Identität* als „die unmittelbare Wahrnehmung der eigenen
Gleichheit und Kontinuität in der Zeit und die damit verbundene Wahrnehmung, daß auch andere diese Gleichheit und Kontinuität erkennen."

Ähnlich wie der Begriff *Identität* wird der Begriff des *Selbst* gesehen.
Nach Frey/Haußer (1987, S. 8f.) ist das ganzheitliche *Selbst* (Selbst als
Subjekt und Selbst als *Objekt*) gleichzusetzen mit dem Begriff *Identität*. Das
Selbst stellt – ihrer Auffassung nach – das theoretische Konstrukt und einen
dialektischen Prozess (zwischen *I* und *Me*, Innen und Außen, Wahrnehmung
und Verarbeitung, Verarbeitung und Darstellung) dar. *Selbstkonzepte* werden von den Autoren als die Produkte dieses reflexiven Prozesses angesehen. Im Mittelpunkt des Selbstkonzeptes steht das *Me* bzw. das Selbst als
Objekt.

Rustemeyer (1993, S. 5ff.) allerdings setzt den Begriff des *Selbst* nicht
gleich mit dem Begriff der *Identität*. Leider erläutert sie die Gründe hierfür
nicht genauer. Die Autorin sieht das Selbstkonzept (beschreibender Aspekt)
und das Selbstwertgefühl (bewertender Aspekt) als die beiden zentralen
Aspekte des Konstruktes *Selbst* an.

Kernberg (1988, nach Ludwig-Körner 1992, S. 182) wiederum definiert
den Begriff des *Selbst* ähnlich dem Begriff des *Selbstkonzeptes*, indem er
das *Selbst* als intrapsychische Struktur auffaßt, welche die Gesamtheit der
Selbstvorstellungen darstellt.

Wie bereits oben dargestellt wurde, fassen einige Autoren das Selbstkonzept als Teil der Identität auf. Andererseits hat sich eine wissenschaftliche Disziplin entwickelt, die das Selbstkonzept, seine Entstehung und seine Veränderung in den Mittelpunkt der Betrachtungen stellt. Die Selbstkonzeptforschung ist ein Zweig, der aus der sozialpsychologischen Tradition entstanden ist (vgl. Frey/Haußer 1987, S. 8).

In der wissenschaftlichen Literatur werden die Begriffe *Selbstkonzept, Selbstbild Selbstschema, Selbstmodell* oder *Selbsttheorie* in der Regel synonym benutzt. Allerdings schwankt die inhaltliche Bedeutung von Autor zu Autor, da es bisher keine einheitlich akzeptierte Definition des Konstruktes gibt. Dieser Umstand soll an neun unterschiedlichen Definitionsbeispielen demonstriert werden, um einen Überblick über die verschiedenen Sichtweisen zu geben, ohne die vorherrschende Verwirrung zu vergrößern. Viele Abgrenzungen fallen in einigen Aspekten ähnlich aus, weisen aber im Detail einige Unterschiede auf.

Eine besonders eingängige Definition auf relativ niedrigem Abstraktionsgrad legten Tausch/Tausch vor:

„Jede Person nimmt sich fortlaufend wahr, empfindet und macht Erfahrungen. Ein Teil dieser Wahrnehmungen und Erfahrungen betrifft die eigene Person, ihre Fähigkeiten und Eigenschaften. So erfährt sich eine Person als leicht ermüdbar, als unternehmungslustig, als zu oft mutlos, als gut kontaktfähig zu anderen. Die fortlaufenden Erfahrungen mit und über die eigene Person verdichten sich zum ‚Ich‘, zum ‚Selbst‘, zum Konzept oder Schema der eigenen Person, zum Selbstkonzept. Es ist gleichsam: ‚So sehe ich mich‘. Es ist die zusammengefaßte, konzentrierte, aber änderbare Summe der tausendfachen Erfahrungen eines Menschen mit sich selbst und über sich: Wie er ist, wie er lebt, was er kann und was er nicht kann" (Tausch/Tausch 1977, zitiert nach Schulz von Thun 1982, S. 167).

Die meisten Selbstkonzeptforscher trennen nicht scharf zwischen *Selbst-Beschreibung* und *Selbst-Bewertung*. Wahrscheinlich deshalb, weil sie implizit davon ausgehen, daß Menschen aus bestimmten *Vorstellungen* über sich (z.B. „Ich bin gut in der Schule.") unzweifelhaft ganz bestimmte *Wertungen* (z.B. „Da ich ein guter Schüler bin, bin ich ein wertvoller Mensch.") ableiten, „so daß etwa ein hohes Selbst-Konzept eigener Begabung auch ein hohes Selbstwertgefühl impliziert und austauschbar vom hohen Selbst-Konzept oder hohen Selbstwertgefühl gesprochen werden kann" (Rustemeyer 1993, S. 13). Nachfolgend werden einige Beispiele der zusammengefaßten Konzeption aufgeführt.

Entsprechend sehen Hofer, Pekrun und Zielinski (1993, S. 242) das Selbstkonzept „als hierarchisch aufgebaute Wissensstruktur (...) über die eigene Person (...). Das Selbstkonzept enthält sowohl beschreibende als auch bewertende Anteile: ‚Ich kann nicht gut frei formulieren‘ ist beschreibend gegenüber ‚Ich bin stolz, daß ich gut Kopfrechnen kann‘ als Bewertung".

Epstein (1984) betrachtet hauptsächlich die Struktur und die Funktion des Selbstkonzeptes. Nach Epstein entwickelt jeder Mensch zwangsläufig eine hierarchisch strukturierte Theorie über sich selbst (*Selbsttheorie*), die zum einen aus spezifischen, untergeordneten Annahmen und zum anderen aus generalisierten, übergeordneten Annahmen über sich selbst besteht, welche zur Verarbeitung des Erfahrungsstroms, für die Aufrechterhaltung eines hohen Selbstwertgefühls und für die Steuerung seines Lebens unumgänglich ist. Die *Selbsttheorie* ist Teil der vom Menschen gebildeten naiven *Theorie über die Wirklichkeit*. Diese *Selbsttheorie* determiniert die Emotionen und beeinflußt die Wahrnehmungen sowie das Verhalten des Menschen. Die *globale Selbstwertschätzung* eines Menschen ist eine sehr generalisierte und änderungsresistente Annahme höchster Ordnung seiner Selbsttheorie.

Viele Forscher sehen das *Selbstkonzept* als einen Spezialfall der *Einstellung* an:

„Am besten eignet sich die sozialpsychologische Kategorie der Einstellung, um das ‚Selbstkonzept‘ zu fassen. Einstellungen sind bekanntlich durch ihre drei Komponenten definiert: Kognitive, affektive und aktionale Komponente (Verstand, Gefühl, Verhalten). So mag jemand ‚wissen‘, daß er ein ‚Versager‘ ist (kognitive Komponente); gleichzeitig fühlt er Angst und Minderwertigkeit, wenn er vor einer Aufgabe oder anderen Menschen steht (affektive Komponente); entsprechend geht er Anforderungen und/oder Menschen aus dem Weg (Vermeidungshandlungen = aktionale Komponente)" (Schulz von Thun 1982, S. 168).

Nahezu identisch beschreibt Mummendey sowohl das Selbstkonzept (vgl. Mummendey 1983a, S. 281) als auch das Selbstwertgefühl (vgl. Mummendey 1983b, S. 244). Auch Dönhoff-Kraft (1980) betrachtet das Selbstkonzept als Spezialfall der Einstellung. Sie betont darüberhinaus den subjektiven, hypothetischen und interaktionistischen Charakter des Selbstbildes und dessen Orientierungs- und Strukturierungsfunktion. Dönhoff-Kraft (1980, S, 130f.) versteht das Selbstbild „als ungeprüfte oder nicht genügend geprüfte Einstellungen eines Individuums zu sich selbst, zu seinem Selbst, da es nicht auf systematisch kontrollierte, eigene unvoreingenommene Erfahrungen zurückgeht. Diese Einstellungen zu sich selbst sind im sozialpsychologischinteraktionistischen Sinne zu verstehen als integriertes Produkt früherer Erfahrungen mit der Umwelt, die wiederum den Bezugsmaßstab bilden für eigenes Verhalten und Erleben wie auch für das erwartete Reaktionsverhalten der Interaktionspartner (...). Mit dem Begriff Einstellung wird das Selbstbild als Orientierungshilfe gekennzeichnet, da Einstellungen ein gelerntes, mehr oder minder einheitliches und relativ dauerhaftes Bezugs- und Orientierungsschema für die Erfassung und Ordnung der subjektven Erlebnisse liefern.

Darüber hinaus weist der Begriff Einstellung auf die Strukturierungsfunktion des Selbstbildes hin: Mittels des Selbstbildes wird die Art und Weise vorstrukturiert, in der der Mensch seiner Umwelt als handelndem Objekt gegenübertritt. Die affektive (evaluative) Komponente zeigt sich in der Wertungsfunktion des Selbstbildes: Ein Bild von sich selbst zu haben bedeutet immer zugleich, sich selbst zu bewerten. Weiterhin ist anzumerken, daß es sich bei einem so (als Einstellung) verstandenen Selbstbild um ein hypothetisches Konstrukt handelt."

Einige Wissenschaftler aus der neueren Forschung sind der Auffassung, daß man zwischen *Selbst-Beschreibung* und *Selbst-Bewertung* trennen sollte (vgl. Filipp 1984, S. 147, Frey/Benning 1983, S. 149, Haußer 1983, S. 44 und Rustemeyer 1993, S. 12f.), weil beide unterschiedlich ausfallen können (vgl. Rustemeyer 1993, S. 13).

Entsprechend definieren Frey und Benning (1983, S. 149) die Begriffe *Selbstkonzept, Selbsteinschätzung* und *Selbstwertgefühl* folgendermaßen:

„Die Summe der Wahrnehmung einer Person zu sich selbst wird als ihr Selbstkonzept bezeichnet (...). Das Selbstkonzept besteht demnach aus Kognitionen einer Person über sich selbst (z.B. Kognitionen über ihre Intelligenz, ihre Pünktlichkeit, ihren Fleiß usw.). Somit beinhaltet das Selbstkonzept lediglich die Zuschreibung von Eigenschaften, ohne daß eine bewertende Aussage getroffen wird. Selbsteinschätzung bedeutet die zu den einzelnen Kognitionen gehörigen affektiven Komponenten, also die positive bzw. die negative *Bewertung* der einzelnen Kognitionen des Selbst. Die Kognition ‚ich bin intelligent‘ wird von den meisten Personen sehr wahrscheinlich positiv bewertet, während die Bewertung bei Zuschreibungen wie ‚ich bin zurückhaltend‘ (oder ‚ehrgeizig‘) je nach Person und Situation sehr unterschiedlich sein kann. Das Selbstwertgefühl einer Person ergibt sich als Summe der Selbsteinschätzungen (also als Summe der bewerteten Kognitionen) auf den einzelnen Dimensionen. Die jeweilige Gewichtung dieser Dimensionen kann sowohl interindividuell als auch intraindividuell variieren."

Daß die *Selbst-Bewertung* ein anderes Ergebnis als die *Selbst-Beschreibung* haben kann, wird klar, wenn man nach Beane/Lipka noch zwischen einem *tatsächlichen* und einem *geschlußfolgerten* Selbstkonzept und Selbstwertgefühl unterscheidet. Wenn beispielsweise ein Kind erfolgreich in der Schule ist, wird aufgrund von Konventionen ein positives Selbstwertgefühl *geschlußfolgert*. Aber das *tatsächliche* Selbstwertgefühl kann sich davon unterscheiden. Es kann sowohl positiv als auch negativ oder neutral ausfallen, denn das *tatsächliche* Selbstwertgefühl hängt auch davon ab, wie die Peergroup schulischen Erfolg bewertet. Findet die Peer-group schulischen Erfolg gut, dann ist das Selbstwertgefühl des Schülers ebenfalls positiv. Wenn aber die Peer-group schulischen Erfolg z.B. wegen eigener Erfolglosigkeit abwerten würde, dann wäre das Selbstwertgefühl des Schülers eher negativ. Wenn die Peer-group dem schulischen Erfolg eher gleichgültig gegenüberstünde, dann wäre das Selbstwertgefühl des Schülers eher neutral (vgl. Beane/Lipka 1980, nach Rustemeyer 1993, S. 13).

Danach würde die Messung ausschließlich des Selbstkonzeptes einer Person oft noch zu wenig Informationen bieten, um die tatsächliche Ausprägung ihres Selbstwertgefühls feststellen zu können. Erst das *Wissen über die subjektiven Gewichtungen der einzelnen Selbstkonzeptbereiche* und das *Wissen über die Bewertungen der Peer-group* der Person erlauben es, relativ *gültige* Aussagen über das Selbstwertgefühl der Person zu treffen. So können auch vergleichbare Selbst-Beschreibungen bei unterschiedlichen Personen oder sogar bei derselben Person zu einem anderen Zeitpunkt unterschiedliche Selbst-Bewertungen ergeben, je nachdem, mit wem sich die Personen vergleichen (vgl. Rustemeyer 1993, S. 13f.).

Allerdings wird ein Kind, dessen Peer-group bzw. dessen wichtige Bezugspersonen schulischen Erfolg abwerten, sich wahrscheinlich auch nicht bemühen, gute Noten in der Schule zu produzieren, weil es die Motivation dafür nicht hat. Des weiteren werden sich die Vorstellungen der Peer-group bzw. wichtiger Bezugspersonen in der Realität nicht so oft von den allgemeinen Konventionen unterscheiden, so daß in vielen Fällen die Ausprägung des Selbstwertgefühls, trotz der Berücksichtigung des Bezugsystems, doch mit der Ausprägung des Selbstkonzeptes weitgehend übereinstimmen könnte.

Die neuere Wissenschaft betrachtet in der Regel das *Selbstkonzept* auch differenzierter als die ältere, nämlich als ein *System von Teilkonzepten* (vgl. Stahlberg/Gothe/Frey 1988 und Neubauer 1976, S. 36f.), welche bereichsspezifisch unterschiedlich ausgeprägt (positiv, negativ oder neutral) sein können, aber nicht sein müssen. Einige Forscher unterscheiden sogar situationsspezifische Teilkonzepte des Gesamtselbstkonzeptes (vgl. Filipp 1988, S. 283 und Neubauer 1976, 36f.).

Neben der konzeptmäßigen Differenzierung betont Filipp (1984, 1988) den Bezug von Selbstkonzepten zum Handlungsvollzug, die ordnungsstiftende und handlungsleitende Funktion, sowie den dynamischen Charakter von Selbstkonzepten.

Ein Selbstschema setzt sich ihrer Auffassung nach aus bereichs- und situationsspezifischen Teilschemata zusammen (vgl. Filipp 1988, S. 283). Es kann angesehen werden als das jeweilige Endprodukt selbstbezogenen Wissens, welches eine Person innerhalb ihrer Lebensspanne bis zu dem fraglichen Tag über sich gespeichert hat. Es ist Teil der naiven Handlungstheorie eines Menschen, welche sich in *Umweltschemata* und *Selbstschemata* zergliedert. In einer konkreten Handlungssituation werden diese selbstbezogenen Gedanken von der Person aktualisiert und handlungsleitend für die Person. „Selbstschemata (wie Umweltschemata) gewährleisten die Einordnung von Erfahrungsdaten und vermitteln in dieser ordnungsstiftenden Funktion das Erlebnis personaler Kontinuität und Identität. [...] Selbstschemata sind potentiell lebenslang einem Wandel unterworfen, so lange also selbstbezogene Information verarbeitet werden" (Filipp 1984, S. 148). Das Selbstkonzept ist nach Filipp (1988, S. 285) einerseits ein Produkt von selbstbezogenem Wissen und andererseits ein den Aufbau und Wandel des Selbstkonzeptes mitsteuernder Prozess.

Filipp (1984) sieht eine globale Dichotomisierung in positive vs. negative Selbstkonzepte als zu „salopp" an. Sie glaubt zwar auch, daß selbstbezogene Gedanken wegen ihrer extremen „Ich-Nähe" im Vergleich zu anderen Kognitionskomplexen eine stärker affektiv-bewertende Tönung besitzen. Aber ihr scheint es „nicht fruchtbar, von *dem* Selbstwertgefühl zu sprechen, sondern affektiv-evaluative Aspekte sollten jeweils *spezifisch* für die einzelnen selbstbezogenen Kognitionen und im Hinblick auf die diese Kognitionen aktualisierenden situativen Bedingungen *überprüft werden*. Erst wenn man feststellt, daß eine Person mit hoher transsituativer Konstanz immer wieder bevorzugt bestimmte Selbstkognitionen einer spezifischen Qualität aktualisiert und vor dem Hintergrund solcher Kognitions- und Bewertungsstile ihrer Person möglicherweise ihren eigenen Handlungsspielraum einschränkt, mögen solche globalen Konzeptualisierungen hilfreich sein" (Filipp 1984, S. 147).

Es wäre meines Erachtens tatsächlich eine zu starke Vereinfachung, wollte man Menschen allgemein in solche mit einem positiven, einem negativen oder einem neutralen Selbstwertgefühl einteilen. Andererseits bilden viele Menschen scheinbar doch ein eher gleichgerichtetes (positives oder negatives) Selbstwertgefühl über viele Bereiche aus und zeigen entsprechende Auswirkungen auf ihre Wahrnehmung und ihr Verhalten. Meiner Ansicht nach beeinflußt die Ausrichtung von Sub-Konzepten, die für die Person bedeutsam sind, (oft) die Ausrichtung anderer Selbstkonzeptbereiche derselben Person.

Haußer (1983) wiederum betont den Aspekt, daß das Selbstkonzept sowie das Selbstwertgefühl Verallgemeinerungen der situativen Erfahrung darstellen.

Das *Selbstkonzept* wird von Haußer bestimmt als *generalisierte Selbstwahrnehmung*. Entsprechend faßt er das *Selbstwertgefühl* als *generalisierte Selbstbewertung* auf, das durch Fremdbewertung beeinflußt wird. Zudem hängt das Selbstwertgefühl eines Menschen nach Haußer auch davon ab, wie er die *Vereinbarkeit einzelner Selbstwahrnehmungen* und seine *generalisierte Kontrollerwartung* bewertet (vgl. Haußer 1983, S, 56ff.).

Haußer (1983, S. 44) definiert zudem die Begriffe *Selbstwahrnehmung*, *Selbsteinschätzung* und *Selbstbewertung* folgendermaßen:

Für den Autor stellt die *Selbstwahrnehmung* das *augenblickliche Bild* der Person dar, welches sie in Beziehung zu ihrem Vorwissen setzt: „Wenn ich ins Schwimmbecken springen soll, fühle ich, wie Angst in mir aufsteigt." Anschließend nimmt die Person eine *Selbsteinschätzung* vor, wobei sie den Wahrnehmungsinhalt in ihr *Bezugssystem* einordnet: „Ich glaube, ich bin in diesem Punkt ängstlicher als die meisten anderen, die ich kenne." Daran schließt sich erst die *Selbstbewertung* an: „Da mich niemand dazu zwingt, ins Wasser zu springen, finde ich meine Angst in diesem Punkt wenig besorgniserregend. Ich stehe dazu, daß ich in solchen Situationen ängstlicher bin als andere."

Die Begriffsverwirrung in der Selbstkonzeptforschung wird am Beispiel der Definition des Begriffes der *Selbsteinschätzung* deutlich: Er wird von Haußer (1983) grundlegend anders definiert als von Frey und Benning (1983). Während diese Selbsteinschätzung und -bewertung gleichsetzen, differenziert Haußer zwischen beiden Prozessen.

Selbstwahrnehmung ist nach Bem (1984, S. 97) definiert als das Erkennen bzw. Schlußfolgern der eigenen Einstellung, Gefühle und anderer innerer Vorgänge durch Beobachten des eigenen Verhaltens (inklusive des Rollenverhaltens).

Rustemeyer (1993) sieht im Gegensatz zu den meisten Selbstkonzeptforschern die *Selbst-Bewertung* als die umfassendere *Selbst-Perspektive* an, da die *Selbst-Bewertung* auf der *Selbst-Beschreibung* basiert. Nach Rustemeyer (1993, S. 27) kann das *Selbstkonzept* „dadurch charakterisiert werden, daß es hierarchisch organisiert ist, unterschiedliche Facetten enthält, also multidimensional ist und mit zunehmendem Alter weiter ausdifferenziert wird. (...) Das Selbstwertgefühl wird u.a. [auch] als die affektive Komponente der Einstellung einer Person zu sich selbst gefaßt, wobei als die beiden wesentlichen Determinanten des globalen Selbstwertgefühls die Bewertungen eigener Kompetenz und das Akzeptiertwerden von anderen anzusehen sind."

Aber die Erfassung des Selbstkonzeptes allein reicht nicht aus, um die Ausprägung des Selbstwertgefühls einer Person zu erklären. Erst wenn die *Bewertungen der Peer-group* und die *subjektiven Gewichtungen der einzelnen Selbstkonzeptbereiche* der Person bekannt sind, können relativ gültige Aussagen zur Ausprägung des Selbstwertgefühls einer Person gemacht werden (vgl. Rustemeyer 1993, S. 13). Das Vorhandensein *subjektiver Gewichtungen der einzelnen Selbstkonzeptbereiche* bedeutet, daß für einen Menschen bestimmte Selbstkonzeptbereiche subjektiv wichtiger sind bzw. ein stärkeres Gewicht haben als andere Selbstkonzeptbereiche. Entsprechend wirkt sich die Ausprägung solcher Selbstkonzeptbereiche, denen der jeweilige Mensch subjektiv größere Wichtigkeit beimißt, stärker auf die Ausprägung seines Selbstwertgefühles aus als die Ausprägung für ihn eher unwichtiger Selbstkonzeptbereiche. Die Ausprägung der wichtigen hat in der Summe mehr Gewicht (vgl. auch Witte/Linnewedel 1993, S. 32).

Die *subjektive Gewichtung der einzelnen Selbstkonzeptbereiche* wird zusätzlich durch die Werte und Reaktionen des *Bezugsystems* beeinflußt. So wird *schlechteres Aussehen* von anderen stärker sanktioniert als *schlechtere Zeichenfähigkeit*. Entsprechend haben z.B. *schlechtere Zeichenfähigkeiten* für das Selbstwertgefühl weniger Auswirkungen und entsprechend weniger Gewicht.

Öfter ist das Selbstwertgefühl einer Person in der Literatur auch über die Diskrepanz von *Realbild* („So bin ich.") und *Idealbild* („So möchte bzw. sollte ich sein.") erfaßt worden (vgl. Rustemeyer 1993, S. 20). Die Bildung des *Idealbildes* einer Person wird durch die Werte ihrer Bezugsgruppe mitbestimmt (vgl. Neubauer 1976, S. 69). Entsprechend scheinen Personen mit *niedrigem* Selbstwertgefühl stärker dazu zu neigen, bei der Beurteilung ihres eigenen Verhaltens *zu hohe* Vergleichsstandards (nämlich ihre Idealstandards) zu wählen, als Personen mit *hohem* Selbstwertgefühl (vgl. Higgins, Strautman/Klein 1986, nach Rustemeyer 1993, S. 20f.).

Das Selbstwertgefühl eines Menschen wird auch dadurch beeinflußt, wie intelligent seine ausgewählte und zugeteilte Bezugsgruppe ist. Aufgrund der oben genannten Ergebnisse über die Wahl des zu hohen Vergleichstandards von Personen mit niedrigem Selbstwertgefühl vermute ich, daß Menschen mit niedrigem Selbstwertgefühl ebenfalls dazu neigen könnten, sich besonders intelligente Menschen als Bezugsgruppe für ihre sozialen Vergleiche zu wählen.

Wie gezeigt wurde, werden die Begriffe *Selbstkonzept* und *Selbstwertgefühl* und auch die weiteren Begrifflichkeiten in der wissenschaftlichen Forschung recht uneinheitlich definiert, was sich auch auf die Operationalisierungen des Selbstkonzeptes in den verschiedenen durchgeführten Untersuchungen ausgewirkt hat. Ein Problem ist entsprechend die Vergleichbarkeit der verschieden Befunde.

In den empirischen Untersuchungen wurde teilweise das Selbstkonzept und teilweise das Selbstwertgefühl erfaßt, und es wurden dabei sehr viele unterschiedliche Meßinstrumente verwendet, welche jeweils zudem sehr unterschiedliche Aspekte des Selbstkonzeptes oder des Selbstwertgefühls gemessen haben. So wurde z.B. in einer Untersuchung ein Teilkonzept (z.B. über das Aussehen, Fähigkeiten in Mathematik oder die sozialen Fertigkeiten der Person), in einer anderen das globale Selbstwertgefühl und in einer dritten das Idealbild versus Realbild erfaßt. Aus diesem Grund sind die Befunde nur bedingt vergleichbar (vgl. Rustemeyer 1993, S. 9) und können aufgrund der Komplexität des Selbstkonzeptes auch nur selten generalisiert werden (vgl. Naudascher 1980, S. 61).

Obwohl diesen letzten Ausführungen (sicherlich) zuzustimmen ist, bin ich der Ansicht, daß man aus der Gesamtsicht der – in dieser Schrift aufgeführten – Befunde und theoretischen Überlegungen eine relativ deutliche Vorstellung von der Entstehung, der Wirkungsweise und der Veränderung von Selbstkonzept und Selbstwertgefühl gewinnt.

Die Vergleichbarkeit der einzelnen Untersuchungen könnte allerdings doch höher sein als angenommen, weil eigentlich 90% aller Einzelarbeiten – entgegen der Auffassung der untersuchenden Forscher – das Selbstwertgefühl analysiert haben, so zumindest die Wertung von Filipp (vgl. Filipp 1985, S. 348).

Um zu einigermaßen aussagekräftigen Beschreibungen zu gelangen, werden in der vorliegenden Arbeit die unterschiedlichen Nuancen der Begriffssysteme bzw. Begrifflichkeiten vernachlässigt. Dem Brauch der empirischen Forschung folgend werden die Begriffe *Selbstkonzept, Selbstbild, Selbstmodell, Selbstschema* oder *Selbsttheorie* synonym gebraucht. Dort, wo es auf eine differenzierte Darstellung ankommt, werden entsprechende Ausführungen gemacht.

1. Auswirkungen des Selbstkonzeptes auf das Verhalten

In den nachfolgenden Kapiteln werden der Aufbau, die Struktur, die Wirkungsweise und die Veränderung von Selbstkonzepten und die wichtigsten Einflußfaktoren für die Entstehung von Selbstkonzepten einer näheren Betrachtung unterzogen.

Um die Bedeutung des Selbstkonzeptes für das Alltagsleben der Menschen (für ihre Informationsverarbeitung und ihre Selbststeuerungsfähigkeit) abschätzen zu können, ist es allerdings sinnvoll, zunächst einen Blick auf den Wirkungszusammenhang des Selbstkonzeptes zu werfen. Daher werden in diesem Kapitel die Zusammenhänge von Selbstkonzepten und Wahrnehmungs- und Handlungsverläufen dargestellt. Damit soll verdeutlicht werden, warum die Ausbildung des Selbstkonzeptes der Menschen größerer Aufmerksamkeit bedarf und ggf. durch gezielte Einflußnahme korrigiert werden sollte.

Bei einigen Aspekten wird es nötig sein, auf Zusammmnenhänge zu verweisen, die erst in späteren Kapiteln ausführlicher behandelt werden. Diese etwas leserunfreundliche Verfahrensweise wurde nach einer abwägenden Überlegung aus sachlogischen Erwägungen gewählt.

Diese *Selbstdefinition* bzw. das aufgebaute *Selbstkonzept* der Person bestimmt weitgehend die Interpretation und Organisation ihrer Wahrnehmungen (vgl. Whiteborne/Weinstock, 1982, S. 43f und 108ff, Frey/Benning 1983, S. 150f. und Filipp 1988, S. 283), denn diese bisherigen Kategorien geben nun den Rahmen vor, innerhalb dessen neue Informationen und Erfahrungen interpretiert und bewertet werden (vgl. Filipp 1984, S. 145). Ein Individuum vertraut sehr schnell seiner einmal getroffenen Selbstbewertung. Das heißt, diese gebildeten Selbstvorstellungen von sich (Selbstkonzepte) werden notwendigerweise vom Individuum für so gültig gehalten bzw. von sich aus zunächst nicht in Frage gestellt (vgl. Frey/Benning 1983, S. 167), weil es sie als Ankerpunkte braucht, um neue Erlebnisse einordnen zu können bzw. um sich in der Welt orientieren zu können. Entsprechend werden diese konstruierten Selbstvorstellungen wie Tatsachen behandelt.

Damit das Selbstkonzept gut als Orientierungsmittel funktionieren kann, hat der Mensch sehr viele unterschiedliche Strategien entwickelt, um seine einmal gebildeten Selbstvorstellungen so lange wie möglich zu erhalten (vgl. Koller/Kaplan 1978, nach Frey/Benning 1983, S. 165; Filipp 1988, S. 283). Infolgedessen lösen die gebildeten Selbstkonzeptvorstellungen bei dem Menschen bzw. dem Kind Folgeerwartungen oder Folgehypothesen aus (vgl. Frey/Benning 1983, S. 181). Wird ein Kind beispielsweise öfter von seinen Bezugspersonen (z.B. seinen Eltern oder/und seinem Lehrer) als „dumm" bezeichnet, so ist die Wahrscheinlichkeit groß, daß es seinen Bezugspersonen Glauben schenkt und die Folgeerwartung ausbildet, daß es auch zukünftig „dumm" reagieren wird. In der Erwartung, demnächst wieder „dumm" zu reagieren, wird seine Wahrnehmung und Bewertung der darauf folgenden situativen Hinweisreize (selbstbezogene Informationen) zukünftiger Situationen beeinflußt.

Entsprechend den eben genannten Ausführungen nehmen Menschen neue selbstbezogene Informationen und Erfahrungen – auf Grundlage des bereits gebildeten Selbstkonzeptes – vorwiegend selektiv wahr (vgl. Filipp 1978, S. 126). Beispielsweise wird die Person darauf folgende positive Leistungsergebnisse (z.B. gute Noten) sehr kritisch betrachten und negative Resultate (z.B. schlechte Noten) negativer auslegen, als angemessen wäre. Durch die Bildung der Folgeerwartung hat das Selbstkonzept eine selektive Wirkung auf die Wahrnehmung und wird zu einer Art Dauerorientierung für zukünftige Erfahrungen (Neubauer 1976, S. 32). Neue Informationen (z.B. schlechte Noten), die in das bereits gebildete Konzept gut passen (z.B. „Ich bin schlecht in Mathematik"), werden besonders beachtet, während unvereinbare Sachverhalte (z.B. gute Noten) nach Möglichkeit gemieden, ignoriert, als *unwahr* abgewertet oder so interpretiert werden, daß sie sich in das bestehende Konzept auf irgend eine Art und Weise integrieren lassen (vgl. Filipp 1988, S. 283f., Whitbourne und Weinstock 1982, S. 37ff.).

Dadurch, daß das Selbstkonzept die Tendenz hat, sich selbst zu stabilisieren, entwickeln die Menschen die Neigung, die Ursachen für ihre Handlungsergebnisse (Erfolge oder Mißerfolge) konsistent zu ihrem Selbstwertgefühl zu suchen. Menschen mit einem positiven Selbstwertgefühl führen einen Erfolg dementsprechend eher darauf zurück, daß sie gute Kompetenzen haben, während sie einen Mißerfolg eher den ungünstigen Umständen (z.B. Pech oder schwere Aufgaben) zuschreiben. Dagegen führen Menschen mit einem negativen Selbstkonzept Erfolg eher auf glückliche Umstände (z.B. Glück oder Zufall) zurück, während sie einen Mißerfolg ihren mangelhaften Kompetenzen zuschreiben. Diese Ursachenzuschreibungstendenz wird zudem noch aus sich heraus stabil gehalten, weil die emotionalen Konsequenzen der günstigen sowie der ungünstigen Zuschreibungsstrategie sich auch selbst noch verstärken.

So neigt eine Person mit einem ungünstigen Fähigkeitskonzept dazu, eine gute Note abzuwerten bzw. nicht ernst zu nehmen („Die Aufgaben waren auch nicht schwer."), während sie eine schlechte Note eher überbewertet und sich schnell als Versager betrachtet. Positive Ergebnisse wird sie eher als Ausnahme, und negative Ergebnisse wird sie eher als Bestätigung ihrer „Unfähigheit" interpretieren. Durch diese Strategie kann sie ihre Selbstsicht als Versager trotz guter Noten aufrechterhalten.

Entsprechend kann man sagen, daß Menschen mit eher negativem Selbstkonzept empfänglicher für Kritik sind. Das bedeutet, sie nehmen Kritik ernster und sehen sie als bedeutungsvoller an als Menschen mit einem eher positiven Selbstkonzept, weil sie diese ungünstigeren Erwartungen z.B. über ihre Kompetenzen haben. Daher interpretieren sie Kritik als Bestätigung ihrer erwarteten Inkompetenz, während Menschen mit eher positivem Selbstkonzept Kritik eher als eine situationsbezogene Information nehmen können, die ihre Fähigkeit zunächst nicht in Frage stellt, sondern ihnen lediglich signalisiert, daß sie die Situation etwas unterschätzt haben.

Menschen mit einem eher negativen Selbstkonzept neigen durch ihren anderen Umgang mit Kritik oft zu ungünstigen Generalisierungen von Kritik. Wenn sie hören: „Das hast du nicht gut gemacht", generalisieren sie öfter solche situationsbezogenen Bewertungen zu allgemeinen Fähigkeitsbewertungen: „Ich bin unfähig dazu".

Diese Beispiele zeigen, daß die gewonnene Ausprägung des Selbstkonzeptes (positiv, negativ oder neutral) die Gedanken der Menschen in bestimmte Bahnen lenken. Ihr Selbstkonzept beeinflußt also ihre Gedanken bzw. ihre Interpretation (ihrer Wahrnehmung) der Umwelt und die Interpretation ihres eigenen Verhaltens.

Menschen mit einem überwiegend negativen Selbstkonzept beziehen viele Dinge auf auf sich, die eigentlich nur Selbstausdruck der sendenden Person darstellen, und fühlen sich schnell durch Aussagen von anderen gedemütigt, ausgelacht und abgelehnt. Solche Menschen erleben die Welt eher ablehnend und feindselig (vgl. Schulz von Thun 1982, S. 178).

Man könnte sagen, Menschen mit einem eher günstigen Selbstkonzept gehen weitgehend mit einer „rosaroten Wahrnehmungs-Brille", und Menschen mit einem eher ungünstigen Selbstkonzept gehen eher mit einer „grauschwarzen Wahrnehmungs-Brille" durch die Welt.

Stroebe/Eagly/Stroebe fanden, daß Menschen mit negativem Selbstwertgefühl dazu neigen, positive Bewertungen eines Zuschauenden sich selbst betreffend weniger Glauben zu schenken, und stattdessen höfliches Verhalten zu vermuten, wohingegen sie negative Bewertungen von Zuschauenden leichter als dessen Meinung annehmen (vgl. Stroebe/Eagly/Stroebe 1977, nach Krahé 1987, S. 153f.).

Neubauer beschreibt Menschen, mit *besonders niedriger Selbstwertschätzung idealtypisch* folgendermaßen:

„Personen mit einer *niederen Selbstwertschätzung* halten sich eher für eine unwichtig und unbeliebte Person, ja letztlich für eine nicht liebenswerte Person, die sich nur dann Anerkennung verschaffen kann, wenn sie sich mehr oder weniger selbst verleugnet und sich in einer bestimmten Rolle präsentiert. Es wird dabei vermutet, daß die anderen enttäuscht sein werden, wenn sie die Person so kennen lernen, wie sie »eigentlich« ist. Bei einem Gefühl der seelischen Isolierung ist man eher Außenseiter, versucht sich anzupassen und macht mit halbem Herzen mit, da man innerlich nicht davon überzeugt ist. Im ganzen herrscht eher eine pessimistische Zukunftserwartung vor, und man sucht Stabilität und Rückhalt in vertrauten Aufgaben und in einer verhältnismäßig routinemäßigen Ausführung" (Neubauer 1976, S. 123).

Menschen mit besonders hoher Selbstwertschätzung beschreibt Neubauer idealtypisch dagegen so:

„Eine Person mit *hoher Selbstwertschätzung* hält sich selbst für eine wichtige Person, mindestens so wichtig wie andere Personen. Sie ist von ihren guten Eigenschaften überzeugt, weiß daß sie sich mit ihrem Ansichten meist durchsetzt und befaßt sich gerne mit neuen, herausfordernden Aufgaben. Im ganzen besitzt sie eine positive Zukunftserwartung, wobei angenommen wird, daß alle Probleme grundsätzlich lösbar sind. Damit verbunden ist auch die geradezu selbstverständliche Erwartung, daß man von seinen Interaktionspartnern beachtet und akzeptiert wird, und daß man letztlich auch hier sich gut in Szene zu setzen vermag" (Neubauer 1976, S. 123).

Da Emotionen nicht unabhängig von Kognitionen sind, hat auch das kognitive Konstrukt Selbstkonzept Einfluß auf die emotionale Befindlichkeit des Menschen: Menschen mit einem negativen Selbstkonzept sind ängstlicher als Menschen mit einem positiven Selbstkonzept (vgl. Schwab 1989, nach

Lazarus-Mainka/Kerres/Siebeneick 1990, S. 406 und Kerres 1993, S.110). Die Ängstlichkeit ist um so größer, je negativer das Selbstkonzept der Person ist (vgl. Dönhoff-Kraft 1980, S. 169).

Darüber hinaus tragen Selbstkonzepte auch dazu bei, welche Situationen und sozialen Kontakte sich Menschen auswählen bzw., wie sie eine Situation manipulieren. So wird eine eher schüchterne, zurückhaltende Person auch eher entsprechende Situationen aufsuchen und kaum in der Sparte z.B. der Handelsvertreter zu finden sein (vgl. Filipp 1975, S. 105ff. und Ewert 1986, S. 481).

Dadurch, daß das einmal ausgebildete Selbstkonzept eines Menschen (z.B. „Ich bin nicht liebenswert, so wie ich bin") den Rahmen dafür vorgibt, welche Erfahrungen der Mensch aufsucht bzw. auswählt, wie er diese Erfahrungen bzw. Situationen manipuliert und wie er seine Erfahrungen wahrnimmt, interpretiert und bewertet, neigt der Mensch in vielen Fällen dazu, sein früher gebildetes Urteil über sich (z.B. „Ich bin nicht liebenswert, so wie ich bin.") auch entgegen der aktuellen Realität zu bestätigen. Anders ausgedrückt, diese Mechanismen schränken deutlich die Möglichkeiten des Menschen ein, neue andere Erfahrungen und damit neue selbstbezogene Informationen (z.B. „Einige Menschen finden mich doch liebenswert, so wie ich bin.") zu realisieren. Daher halten viele Menschen in einigen Punkten an einem früh entwickelten Bild von sich fest, welches den Tatsachen längst nicht mehr entspricht. Oft sind es die allerersten bedeutsamen Erfahrungen in einem Bereich (z.B. das erste Schuljahr oder der erste Chef), die die Person ein Leben lang prägen.

Der Einfluß des Selbstkonzeptes auf das Verhalten des Menschen beschränkt sich aber nicht nur auf die Situationsauswahl und Situationsmanipulation, sondern es nimmt auch Einfluß darauf, wie ein Mensch mit einer Situation umgeht (vgl. Filipp 1988, S. 288f., Ewert 1986, S. 481 und Whitbourne/Weinstock 1982, S. 129).

Der am besten untersuchte Bereich ist das *Selbstkonzept der eigenen Begabung*. Für das *Selbstkonzept der eigenen Begabung* konnte beispielsweise gezeigt werden, daß unterschiedliche Ausprägungen der Selbstkonzepte (positiv oder negativ) in diesem Bereich unterschiedliche Voraussagen erlaubten, sowohl auf das bezogene Verhalten der Menschen als auch auf ihre leistungsbezogenen Kognitionen bzw. Gedanken (vgl. Filipp 1988, S. 288).

Dadurch, daß Menschen dazu neigen, ihr einmal ausgebildetes Selbstkonzept aufrechtzuerhalten, vorzugsweise eher Informationen aufzunehmen, die in dieses Bild passen und auch solche Ursachenzuschreibungen zu bevorzugen, die mit ihrem Selbstbild übereinstimmen, werden z.B. Menschen mit einem schlechten Selbstkonzept bezüglich der eigenen Schulfähigkeiten und mit einem entsprechend niedrigen Selbstwertgefühl ihre Leistungsfähigkeit und Handlungskompetenzen eher unterschätzen, eher Selbstzweifel und Versagensängste entwickeln, niedrigere Erfolgserwartungen haben, häufiger gehemmt, unsicher und ängstlich sein, sich eher geringere Ziele (manchmal auch unrealistisch hohe Ziele) setzen, sich selbst weniger zutrauen, sich in der Handlungsdurchführung eher durch irrelevante Gedanken stören lassen, einige Vorhaben gar nicht erst beginnen, ihre Leistungen nicht angemessen würdigen und Vorhaben und Handlungen eher aufgeben als Menschen mit einem hohen Selbstkonzept eigener Fähigkeiten. Weiterhin kann man annehmen, daß jene mit dem ungünstigen Selbstkonzept sich weniger selbständig verhalten werden, pessimistischer und selbstkritischer sind, sich selbst eher schuldig oder unfähig fühlen und die Welt als schwieriger und gefährlicher erleben als solche mit einem günstigen Selbstkonzept.

Menschen mit einem hohen Selbstkonzept bezüglich ihrer Schulfähigkeiten werden dagegen ihre Leistungsfähigkeit und ihre Handlungskompetenzen eher realistischer bis etwas zu optimistisch einschätzen, entsprechend höhere Erfolgserwartungen haben, zuversichtlich ihre Handlungen planen, ihre Handlungen geradlinig durchführen, ihre positiven Leistungen würdigen und ihre negativen Leistungen nicht als Ausdruck eigener Unfähigkeit betrachten. Sie werden bei auftretenden Problemen unbeirrt nach neuen Strategien suchen, sich entsprechend ihren Fähigkeitsvorstellungen viele Aufgaben zutrauen, weit mehr Dinge in Angriff nehmen bzw. sich höhere Ziele setzen als Menschen mit negativem Konzept ihrer Fähigkeiten. Man kann weiterhin annehmen, daß solche Menschen optimistischer und selbständiger sind als die erstgenannten, sich weniger schuldig oder unfähig fühlen und ein besseres Gefühl haben, in der Welt bzw. mit ihrer Umwelt zurechtzukommen. Beispiel:

„Eine Profilanalyse ergab signifikant unterschiedliche Muster des Schülerverhaltens für unterschiedliche Selbstkonzeptniveaus. Schüler mit hoher Selbsteinschätzung zeigten den höchsten Anteil von aufgabenbezogenem Verhalten. Schüler mit niedrigem Selbstkonzept unterschieden sich von anderen durch ihren hohen Anteil von ‚ungerichteten‘ Verhaltensweisen (z.B. in der Klasse herumlaufen, anderen zuschauen, im Pult herumwühlen)" (Ewert 1984, S. 193).

Als Konsequenz ist zu erwarten, daß Menschen mit sehr positiver Selbstwertschätzung in schwierigen Situationen erfolgreicher sind als Menschen mit negativer Selbsteinschätzung, weil sie durch ihre Erfolgzuversichtlichkeit kaum Angst und destruktive Gedanken („Ich kann das nicht. Ich werde das nicht schaffen. Warum bin ich bloß nicht so schlau wie andere.") entwickeln, welche sie davon abhalten könnten, so lange weiter zu machen, bis sie einen passenden Lösungsweg gefunden haben (vgl. Neubauer 1976, S. 58). Das Leistungsverhalten einer Person bestätigt auf diese Weise die Leistungserwartungen derselben Person (vgl. Frey/Benning 1983, S.167).

Für viele Forscher hat eine positive Ausrichtung des Selbstkonzeptes den höchsten prognostischen Wert. Bei Menschen mit einem überwiegend positiven Selbstkonzept generalisieren sie daraus Charaktereigenschaften „wie Stabilität, Durchsetzungsvermögen, Umgänglichkeit, Aufgeschlossenheit, aber auch Eitelkeit, Selbstüberheblichkeit, Stolz, übertriebene Selbstsicherheit" (Naudascher 1980, S. 91).

Das Selbstkonzept einer Person beeinflußt aber auch die Interaktionen bzw. das Verhalten einer Person gegenüber anderen (vgl. Filipp 1988, S. 289f.). In der Regel sind Menschen mit einem eher negativen Selbstkonzept unsicherer, angespannter, gehemmter, vorsichtiger und weniger aktiv im Umgang mit anderen Menschen. Rosenberg konnte in einer Untersuchung zeigen, daß Individuen mit hoher Selbstwertschätzung selten über Probleme nachdenken und sich im zwischenmenschlichen Bereich z.B. unter unterschiedlichen sozialen Gefügen eher zwanglos fühlen, während Individuen mit niedriger Selbstwertschätzung in sozialen Situationen eher schüchtern reagieren und sich schnell verletzt fühlen (vgl. Rosenberg 1965, nach Dönhoff-Kraft 1980, S. 164).

Nach Rosenberg haben Individuen mit positivem Selbstkonzept zudem eher Vertrauen in ihre Mitmenschen, während Individuen mit zunehmend negativem Selbstkonzept auch zunehmend weniger Vertrauen in ihre Mitmenschen äußern (vgl. Rosenberg 1965, nach Dönhoff-Kraft 1980, S. 169).

Nach Ansicht vieler Autoren sind Individuen mit einem eher positiven Selbstkonzept vereinfacht ausgedrückt eher autonom bzw. aus sich selbst heraus geleitete Personen, während Individuen mit einem eher negativen Selbstkonzept eher abhängige bzw. durch andere Menschen geleitete Personen sind (vgl. Naudascher 1980, S. 91). Dieser Effekt wirkt sich auch in der Selbstbewertung der Person aus: Menschen mit einem negativen Selbstkonzept halten sich oft nicht für fähig, sich selbst unabhängig vom Urteil anderer zu bewerten. Entsprechend hängt ihre Selbstbewertung stark, oft sogar bedingungslos, von der Meinung anderer bzw. von der Gruppenmeinung ab (vgl. Naudascher 1980, S. 93).

1.1 Einfluß des Selbstkonzepts auf den Handlungsverlauf

Auch Filipp (1984) ist der Meinung, daß interne Selbstmodelle starken Einfluß auf die Informationsaufnahme und das Verhalten haben. Ihrer Meinung nach „erhalten (...) interne Selbstmodelle ihre Bedeutsamkeit für menschliches Erleben und Verhalten vorwiegend dann, wenn man Menschen als naive Handlungstheoretiker begreift und interne Selbstmodelle (als Wissensbestände über die eigene Person) als wesentliche Bestimmungsstücke solcher subjektiven Theorien betrachtet" (Filipp 1984, S. 144).

Ganz besondere Bedeutung gewinnen Selbstkonzepte, wenn Menschen ihre Aufmerksamkeit auf sich richten. Des weiteren verstärkt sich die Aufmerksamkeit auf die selbstbezogenen Gedanken, wenn man handeln oder reden muß bzw. möchte und andere zugegen sind , die einen beobachten und bewerten können (vgl. Wicklund 1984 und Filipp 1984, S. 144).

In vielen konkreten Situationen oder Handlungen werden dem Menschen die selbstbezogenen Kognitionen bewußt, und die Gedanken über seine Person werden für ihn zur psychischen Realität. Filipp geht allerdings davon aus, daß die Bewußtheit der selbstbezogenen Kognitionen nicht zwingend notwendig ist, damit sie handlungsleitende Relevanz erlangen. Sie können auch aus dem Hintergrund, also mehr unbewußt, die Handlungen beeinflussen (vgl. Filipp 1984, S 145ff.).

Nach Nitsch und Allmer (1976) sind im Umfeld menschlicher Handlungen zwei Faktoren wichtig. Auf der einen Seite hängt eine Handlung ab von den persönlichen Handlungsvoraussetzungen und auf der anderen Seite von den situativen Handlungsbedingungen (vgl. Nitsch/Allmer 1976, S. 43). Für den Menschen „stellen sich diese [zwei Faktoren] in der naiven Handlungstheorie des Individuums als *subjektive Einschätzungen seiner Handlungsvoraussetzungen* und als *subjektive Situationsdefinition* dar" (Filipp 1984, S. 145).

Der Handlungsprozess selbst läßt sich nach Nitsch/Allmer (1976) in drei Phasen unterteilen: Handlungsantizipation, Handlungsdurchführung und

Handlungsinterpretation (vgl. Nitsch/Allmer 1976, S.44). In allen drei Phasen des Handlungsverlaufes spielen selbstbezogene Kognitionen eine bedeutende Rolle:

a. In der Phase der Handlungsantizipation bzw Handlungsplanung versucht eine Person einzuschätzen, welche Stituationsgegebenheiten vorliegen und welche Handlungskompetenzen sie besitzt, um das angestrebte Handlungsziel zu erreichen. Ihre Handlungskompetenzen wird sie dabei aus ihren gespeicherten selbstbezogenen Informationen erschließen und mit der subjektiven Situationsdefinition verknüpfen. Je nach Art ihrer selbstbezogenen Kognitionen wird sie bestimmte Zielerwartungen aufbauen und entsprechend Handlungsprogramme entwickeln (vgl. Filipp 1984, S. 145). Hat ein Mensch eher ungünstige selbstbezogene Kognitionen zu einem bestimmten Handlungsbereich, wird dadurch seine Zielerwartung niedriger ausfallen, und entsprechend weniger wird er zur Zielerreichung unternehmen.

b. In der Phase der Handlungsdurchführung liegt zunächst das Hauptaugenmerk bei der Handlung selbst (z.B. bei den Strategien der Aufgabenlösung), und selbstbezogene Kognitionen werden etwas weniger wichtig (vgl. Filipp 1984, S. 145). Ungünstige selbstbezogene Kognitionen stören aber häufiger den reibungslosen Handlungsvollzug. Wenn eine Person z.B. bezüglich ihrer mathematischen Fähigkeiten eher negative selbstbezogene Kognitionen aufgebaut hat, führen diese eher zu Selbstzweifeln aufgrund von Versagensängsten, die sich wiederum in einer größeren Versagenserwartung gründen. Sobald Schwierigkeiten auftauchen oder etwas nicht geschafft wird, führen die ungünstigen selbstbezogenen Kognitionen zu vielen aufgabenirrelevanten Gedanken (Jetzt komme ich ganz durcheinander oder Ich kann mir das nicht merken oder Die Aufgabe ist zu schwer für mich) und die Personen fragen sich hauptsächlich, warum sie versagt haben. In der Folge fühlen sie sich zunehmend schlechter. Statt nützliche, zielgerichtete Arbeitsstrategien zu entwickeln und die Handlung fortzuführen, verharren sie in Unfähigkeitsfantasien und geben schließlich häufig auf. Im günstigen Fall können selbstbezogene Kognitionen aber bei unvorhergesehenen Widerständen oder unterbrochenen Handlungsabläufen in der Handlungsphase die Funktion von Handlungskorrektiven haben (vgl. Filipp 1984, S. 145).

c. In der Phase der Handlungsinterpretation und Ursachenerklärung für Handlungsergebnisse sind selbstbezogene Kognitionen wieder besonders wichtig. Weil Menschen neue selbstbezogene Informationen (wie Handlungsergebnisse, z.B. Note 4 in Mathematik) nur auf dem Hintergrund ihres bisherigen Wissens über sich (z.B. ihres bisher subjektiv gebildeten Selbstkonzepts ihrer mathematischen Fähigkeiten) interpretieren können (vgl. Filipp 1984, S. 145), werden die neuen selbstbezogenen Informationen selektiv wahrgenommen oder in einer Weise interpretiert, daß sie zu den bisher gebildeten Vorstellungen über sich gut passen. Sie bewerten ihre Handlungsergebnisse also entsprechend ihrer üblichen Ursachenerklärung und nehmen analog ihrer bisher entwikkelten Zuschreibungsform eher persönliche oder situative Verursachung der Handlungsergebnisse an (vgl. Filipp 1984, S. 145), was unterschiedliche Auswirkungen auf ihre zukünftigen Handlungen haben wird.

1.2 Anpassung des Verhaltens an das Selbstkonzept

Zuzüglich zu dem oben beschriebenen Einfluß des Selbstkonzeptes auf das Verhalten gibt es beim Menschen auch noch die Tendenz, das Verhalten an das Selbstbild anzupassen (vgl. Schulz von Thun 1982, S. 174), da ein Gewahrwerden der Diskrepanz zwischen Real- und Idealverhalten das Selbstbild einer Person infragestellen und gefährden kann. Dies würde dann als kognitive Dissonanz erlebt, die Angst und Unwohlsein auslösen kann (vgl. Festinger 1978, S. 15 u. 297).

Whitbourne und Weinstock (1982, S. 129) formulieren den Einfluß des Selbstkonzeptes auf das Verhalten eindeutiger:

„Im Identitätszustand einer Person kann man die Grundlage für eine Prognose sehen, wie diese Person mit einem Ereignis umgehen wird. (...) Nichtsdestotrotz bleibt die Möglichkeit bestehen, daß jedes neue Ereignis zu einer veränderten individuellen Interpretation führt. Angemessene Vorhersagen lassen sich folglich immer nur mit einer gewissen Irrtumswahrscheinlichkeit machen."

Die Verhaltensvorhersage ist meines Erachtens deshalb so schwierig, weil eine Verhaltenskonstellation von vielen verschiedenen Bedingungen und

Motiven beeinflußt ist, die komplex zusammenwirken und sich kaum alle erfassen lassen.

Die Anpassung des eigenen Verhaltens an sein Selbstkonzept erfolgt besonders unter der Bedingung erhöhter Selbstaufmerksamkeit, z.B. durch Anwesenheit eines Spiegels oder durch Hören des eigenen Namens oder durch die Kenntnis des Beobachtetwerdens. Wenn die Aufmerksamkeit allerdings nicht auf das eigene Verhalten gerichtet ist, passiert es öfter, daß das Verhalten anderen Motiven folgt und die Selbstbeschreibung nicht mit dem Verhalten übereinstimmt oder ein Verhalten im Widerspruch zu einem anderen steht. Einige Diskrepanzen werden den Menschen nicht bewußt, weil sie wenig darüber nachdenken. Nehmen die Menschen aber solche Diskrepanzen bewußt wahr, reagieren sie oft mit Vermeiden oder mit Dissonanzreduktion. Bei der Vermeidung versuchen sie solchen Selbstsymbolen, die die Aufmerksamkeit auf die eigene Person lenken könnten, auszuweichen (z.B. suchen sie bestimmte Situationen nicht auf oder verlassen diese) (vgl. Wicklund 1984, S. 160ff.).

Nach Haußer (1983, S. 62) hängt das Bedürfnis der Diskrepanz-Reduktion zwischen Einstellung und Verhalten auch von dem Grad der subjektiven Bedeutsamkeit des Erlebnisses und von der Betroffenheit der Person ab. Wenn z.B. eine Person die Einstellung hat, politisch engagiert zu sein, aber sie kein konkretes Verhalten zeigt, welches dieser Einstellung entspräche (z.B. als Parteimitglied aktiv werden), so kann sie mit diesem Zustand vorzüglich leben, wenn der Sachverhalt für sie wenig betroffen machende oder bedeutsame Konsequenzen hat. Oft werden solche Diskrepanzen in einem sogenannten *Eigentlich-aber-Schema* verarbeitet („Eigentlich sollte ich mich in der Partei engagieren, aber im Moment habe ich in meinem Beruf zu viel zu tun."). Bedeutsamer würde diese Diskrepanz beispielsweise, wenn wichtige Freunde von der besagten Person auch in der Partei wären und diese sich von der besagten Person wegen ihres fehlenden Engagementes abwenden würden.

Ein weiteres Problem könnte bei der Testung der Übereinstimmung von Verhalten und Einstellung eine Rolle spielen. Eventuell sind einige Diskrepanzen darauf zurückzuführen, daß die Menschen öfter nicht ihre wahre Einstellung äußern, sondern eher sozial erwünschte Einstellungen angeben, also insgeheim eine andere Einstellung haben.

Außerdem spielt bei der Übereinstimmung von gemessenem Selbstkonzept und Verhalten eine Rolle, „daß die meisten Eigenschaftsdimensionen recht abstrakt und allgemein gefaßt sind, wodurch ein gewisses Ausmaß an situationsbedingter Verhaltensvariabilität durchaus tolerierbar" (Schneewind 1977, S. 427) bzw. unvermeidbar wird.

Es ist anzunehmen, daß die Übereinstimmung von Verhalten und Selbstkonzept auch vom Ausmaß der ich-bezogenen Reflexionen und von der Eindeutigkeit des jeweiligen Selbstbildes abhängen.

1.3 Rückbezüglichkeit von Selbstkonzepten

Hat jemand sein Selbstkonzept derart ausgebildet, daß er erwartet, von anderen Menschen als Person nicht geachtet und nicht ernstgenommen zu werden, wird dies in seinem Verhalten sichtbar sein. Menschen mit solchen Selbstvorstellungen können kaum unbefangen mit anderen umgehen und reagieren oft unsicher, ängstlich, vorsichtig bis passiv oder mißtrauisch und abweisend, weil sie eher negative Reaktionen von anderen erwarten. Sie verzerren die Realität entsprechend ihrem Selbstbild. Sie nehmen die Situation bedrohlicher wahr, als diese tatsächlich ist. Und oft kommt noch dazu, daß sie der Meinung sind, sie könnten nicht angemessen mit der Situation umgehen.

Dieses Verhalten wird langfristig wieder auf seine Annahmewelt (das Selbstkonzept) und das weitere Verhalten dieser Person zurückwirken, denn auf das unsichere, mißtrauische und abweisende Verhalten wird die Umwelt ebenfalls eher mit Rückzug reagieren, was die Selbstkonzeptvorstellungen der Person weiter bestätigen und bei ihr wahrscheinlich noch mißtrauischeres und abweisenderes Verhalten provozieren wird. Wenn die Angst überwiegt, werden sie in sozialen Situationen immer vorsichtiger und zurückhaltender werden, immer weniger mit anderen reden und eher soziale oder gesellige Situationen zu meiden versuchen.

Diese Vermeidung reduziert vordergründig Angst, wodurch sich das Verhalten der Person selbst verstärkt und diese Person wahrscheinlich in der Folge soziale Situationen um so mehr meiden wird. Leider beraubt sich dieser Mensch damit aber der notwendigen Übungssituationen für soziale Kompetenz. Anstatt stetig immer mehr Verhaltensrepertoire zu erwerben, werden seine sozialen Fertigkeiten nicht weiter ausgebildet (vgl. Schneidinger 1990, S. 96 und Petermann/Petermann 1989, S. 16).

1.4 Ungünstige Reaktionen

Für die Person ungünstige Reaktionen wie z.B. negative Selbstbewertung, masochistisches Verhalten bis hin zum Wiederholungszwang in bezug auf die Verfolgung eines selbstzerstörerischen Zieles haben die Ursache in der Tatsache, daß der Aufbau des Selbstkonzeptes bzw. das Sammeln der selbstbezogenen Informationen sich nach verschiedenen zentralen Bedürfnissen richtet, die sich gelegentlich zueinander in Konflikt befinden. So kann es für eine Person wichtiger sein, die Stabilität ihrer Selbsttheorie zu erhalten, als die Aufrechterhaltung der Selbstwertschätzung zu gewährleisten (vgl. Epstein 1984, S. 27f.).

1.5 Die sich selbst erfüllende Prophezeiung

Aufgrund der beschriebenen Auswirkungen des Selbstkonzeptes auf die Wahrnehmung (Informationsselektion im Sinne des bestehenden Konzeptes) und das Verhalten (Selbstkonzept beeinflußt die Auswahl und den Umgang mit Situationen) des Menschen und der Tendenz des Menschen, sein Verhalten an sein Selbstkonzept anzupassen, kommt es oft zu dem Phänomen von sich selbst erfüllenden Prophezeiungen (vgl. Epstein 1984, S. 16 und Schulz von Thun 1982, S. 174). Entsprechend kann ein ungünstiges Selbstkonzept in einem Bereich tragische Auswirkungen für einen Menschen haben, besonders dann, wenn das Selbstkonzept verzerrt bzw. unrealistisch ungünstig ist.

Ist beispielsweise jemand der Meinung: „Ich bin technisch unbegabt.", dann wird er bei technischen Problemen z.B. im Haushalt eher glauben, daß er sie nicht lösen kann. Entsprechend wird er selten versuchen, auftretende Probleme allein zu lösen. Wenn er es doch versucht, wird er bei auftretenden Problemen schnell aufgeben, weil er denkt: „Ich wußte doch, daß ich das nicht kann. Das ist zu schwer für mich. Ich bin eben technisch unbegabt." und sich als Versager fühlen. Weil er so früh aufgibt, wird er auch eher ein schlechtes Ergebnis erzielen. Dies bestätigt seine Vorerwartung und führt zu einer negativen Bekräftigung, wodurch er in der Folge sein Selbstkonzept seiner technischen Fähigkeiten weiter senken und sich in Zukunft noch weniger zutrauen wird. Dagegen wird jemand mit einem guten Selbstkonzept in diesem Bereich ein auftretendes Problem nur als Information nehmen und sich so lange weiter bemühen, bis er das Problem gelöst hat. Dieser wiederum bestätigt damit seine positive Erwartung, wodurch er sich positiv bekräftigt, sein Selbstkonzept in diesem Bereich erhöht und sich in Zukunft noch mehr zutrauen wird.

Aber in den meisten Fällen wird der Mensch mit dem negativen Selbstkonzept der Technikfähigkeit von vornherein andere fragen und sich helfen lassen. Das führt dazu, daß er selten etwas übt und gegenüber anderen Menschen, die solche Dinge ausprobieren, zunehmend in einen Trainingsrückstand gerät. Durch das anfängliche Vorurteil („Ich bin technisch unbegabt.") lähmt er sich selbst so, daß er sich mit der Zeit tatsächlich zu einem Menschen mit *zwei linken Händen* macht (vgl. Schulz von Thun 1982, S. 176).

Viele Menschen schränken sich durch solche negativen Vorurteile in vielen Bereichen selbst ein und reduzieren sich sozusagen selbst in ihren Möglichkeiten und in ihrer Lebensführung. Das bedeutet, daß sie sich oft nur auf solche Situationen einlassen, in denen sie sich sicher bzw. gut gerüstet fühlen und andere Situationen vermeiden (vgl. Schulz von Thun 1982, S. 177).

1.6 Der tragische Mensch

Da dem Menschen sein Selbstkonzept bzw. seine oberen Postulate wenig bewußt sind, kann sich die Tragik noch verschärfen. Es kann sein, daß ein Mensch bestimmte Erfahrungen wiederholt macht und deshalb glaubt, daß solche Erfahrungen sein Schicksal sind. Aber eigentlich beeinflussen ihn sein eigenes Selbstkonzept bzw. seine impliziten Annahmen genau so, daß er immer wieder ganz bestimmte Situationen oder Menschen aufsucht und entsprechend seiner impliziten Annahmen seine Erlebnisse interpretiert. Seine Selbstkonzeptvorstellungen beeinflussen in der Folge sein Verhalten so, daß er selbst immer wieder das gleiche Erlebnis oder Ergebnis produziert (vgl. Epstein 1984, S. 16f.) bzw. daß er sich seine Umwelt seinem Selbstkonzept entsprechend selbst schafft (vgl. Schulz von Thun 1982, S. 178).

2. Ansätze zu einer Selbstkonzept-Theorie

In diesem Abschnitt werden fünf verschiedene Sichtweisen der Entstehung und Struktur von Selbstkonzepten und Identität dargestellt. Der erste Ansatz wurde maßgeblich von Filipp (1978, 1984) entwickelt und bezieht sich auf den Aspekt der Verarbeitung selbstbezogener Informationen. Er wurde nach und nach durch Autoren wie Frey/Benning (1983), Stahlberg/Osnabrügge/ Frey (1985) und Rustemeyer (1993) ergänzt bzw. um weitere Sichtweisen ausgeweitet.

Eine weitere Perspektive zeigt das Selbstkonzept bzw. die Selbstsche-mata als Erfahrungsorganisation in konzeptionellen Systemen. Wesentliche Beiträge hierfür stammen von Epstein (1984) und Schmitz/Hauke (1992).

Der dritte theoretische Beitrag wurde von Marcia (1966) entwickelt. Er widmet sich dem Thema durch die Modellierung von vier verschiedenen Identitätszuständen, in denen sich eine Person befinden kann.

Der vierte Ansatz wurde von Haußer (1983) entwickelt. Er zeigt das Selbstkonzept als übersituative Verarbeitung der situativen Selbstwahrneh-mungen und integriert verschiedene identitätsrelevante Faktoren in ein Mo-dell der Identitätsregulation.

Eine fünfte Sichtweise wird durch Konzepte eines vielstimmigen Selbst eingenommen. Einen wichtigen Beitrag hierfür hat Hermans (1996) gelie-fert. Dieser Ansatz fokussiert auf den inneren Dialog des Menschen und zeigt auf, wie der innere Dialog zusätzliche Veränderungsmöglichkeiten für das Selbstkonzept eröffnet. In Abgrenzung dazu wird ein weiterer Ansatz entworfen, der die Balance zwischen den unterschiedlichen inneren Stim-men in den Vordergrund stellt. Dieser Ansatz wurde durch Aussagen von Kaufmann (1993) ergänzt.

2.1 Das Selbstkonzept als Informationsverarbeitungsprozeß

Menschen ordnen die Informationen, die sie über ihre Sinnesorgane wahrnehmen. Sie versuchen, die Wirklichkeit zu verstehen, indem sie ihre einzelnen Erfahrungen bewußt und unbewußt untereinander in der Art verknüpfen, daß jeder Mensch nach einiger Zeit ein ziemlich differenziertes, hierarchisch organisiertes Konstruktsystem ausgebildet hat, welches eine naive *Theorie über die Wirklichkeit* darstellt. Die *Selbsttheorie* einer Person ist eine Teiltheorie ihrer *Wirklichkeitstheorie*. In ihrer Selbsttheorie bzw. in ihren Selbstmodellen ordnen Menschen solche Informationen, die sie selbst betreffen.

Entsprechend sieht Filipp (1984, S. 130), als Vertreterin einer kognitiven Psychologie, Aufbau und Wandel der Selbstkonzepte eng mit der menschlichen Informationsverarbeitung verknüpft: „(...) das Wissen über die eigene Person unterscheidet sich nicht prinzipiell von dem Wissen um Gegenstände und Personen der Außenwelt. In beiden Fällen ist dieses Wissen ein Produkt der Erfahrung, also ein Resultat menschlicher Informationsverarbeitung. Theorien der menschlichen Informationsverarbeitung stellen somit einen heuristisch wertvollen Bezugsrahmen für die Selbstkonzept-Forschung dar." (Filipp 1984, S.130). Sie schränkt diese Aussage allerdings ein, indem sie darauf verweist, daß die Theorien der menschlichen Informationsverarbeitung nicht alle Fragen zu Aufbau, Struktur und Funktion von Selbstkonzepten klären können.

Folgt man dem Ansatz von Filipp, so organisiert der Mensch sein Wissen über sich selbst derart, daß er selbstbezogene Informationen aus den erlebten Person-Umwelt-Interaktionen sein Leben lang sammelt und verarbeitet (vgl. Filipp 1978, S. 111).

Alle gesammelten selbstbezogenen Informationen werden von der jeweiligen Person zu mehreren Konzepten über sich selbst generiert und integriert. „Selbstschemata sind also zu verstehen als die jeweiligen zu einem gegebenen Zeitpunkt verfügbaren ›Endprodukte‹ solcher Prozesse der Verarbeitung von Informationen über sich selbst (...)" (Filipp, 1978, S. 113).

Die Person baut aus selbstbezogenen Informationen, gewonnen aus spezifischen Erfahrungen, zusammenhängende Kategorien. Haußer (1983) bezeichnet diesen Prozeß als Generalisierung von situativen Selbstwahrnehmungen zu übersituativen Selbstkonzepten. Die verarbeiteten Erfahrungen können z.B. Rollenerfahrungen (vgl. Frey/Benning 1983, S. 151) oder Erfolgs- bzw. Mißerfolgserfahrungen sein. Die zusammenhängenden Kategorien ermöglichen der Person das Gefühl von Konsistenz. Der Mensch braucht ein einigermaßen konstantes Bild von sich, damit er sich als Einheit erlebt, die von anderen unterschieden ist: Das bin ich. Ansonsten würden die Informationen für ihn keine persönliche Bedeutung erlangen (vgl. Whitbourne und Weinstock 1982, S. 29ff.). Denn nur wenn die Person eine Vorstellung davon hat, wer sie ist und was sie kann bzw. vorläufige Kategorien selbstbezogener Informationen (*Selbstkonzepte*) konstruiert, kann sie ihre Handlungen interpretieren, ihre Möglichkeiten zu handeln einschätzen, ihre Handlungen planen und Handlungsergebnisse (Erfolge oder Mißerfolge) voraussagen, was ihr eine gewisse Kontrolle über die Ereignisse gewährt (vgl. Filipp 1984, S. 148, Filipp 1975, S. 105f. und Neubauer 1976, S. 40f.) und ihr ein Gefühl der Sicherheit vermittelt.

Außerdem kann die Person mit der Ausbildung von Selbstschemata ihre Bestrebung, Lustgefühle zu erleben und Unlust- und Schmerzgefühle zu vermeiden, bzw. ihr Streben nach Aufrechterhaltung eines positiven Selbstwertgefühls unterstützen. Eine Selbsttheorie ermöglicht ihr die Entwicklung von Strategien, um beispielsweise Zuneigung und Anerkennung von anderen zu bekommen oder um Ablehnung zu verhindern (vgl. Epstein 1984, S. 17ff.).

Die aufgeführten Argumente verdeutlichen, daß ein Mensch ohne Selbstkonzept handlungsunfähig wäre, denn es bietet ihm das Gerüst, in das er neue Informationen einfügen kann, um so zunehmend differenzierter handeln zu können. Selbst ein ungünstiges Selbstkonzept verleiht dem Menschen die Fähigkeit, sich zu orientieren. Folgt man der Auffassung von Epstein, so dürfte ein negatives Selbstkonzept eigentlich nicht entstehen:

„Sind die Entwicklungsbedingungen eines Kindes so gestaltet, daß Vorgänge des Sich-Gewahrwerdens mehr negative als positive Folgen haben, so gibt es keinen Grund für den Aufbau einer Selbsttheorie, wohl aber eine Reihe von Gründen, ihn zu vermeiden. Nehmen wir als Beispiel ein Kind, das sich selbst hassen müßte, wenn es die Bewertungen seiner Eltern über sich internalisieren würde. In diesem Fall würde die Selbsttheorie ausschließlich zu niedrigem Selbstwertgefühl und einer ungünstigen Lust-Unlust-Balance beitragen, und ihr Aufbau wäre durch nichts begründet" (Epstein 1984, S. 18).

Meines Erachtens argumentiert Epstein hier vom normativen Standpunkt seiner theoretischen Überlegungen aus kontrafaktisch. Mit seinen Ausführungen könnte er nicht zum empirischen Auftreten überwiegend ungünstiger Selbstkonzepte Stellung nehmen. Ganz offensichtlich entwickeln Menschen trotz einer ungünstigen *Lust-Unlust-Balance* auch überwiegend ungünstige Selbstkonzepte (ein „Gesamt"-Selbstkonzept mit einer überwiegenden Zahl eher negativer Subkonzepte), die ihnen dann zumindest Orientierungsmöglichkeiten geben. Damit erhält der Mensch praktische Lebenshilfe auch aus einem ihn emotional belastenden Konstrukt.

2.1.1 Quellen selbstbezogener Informationen nach Filipp

Filipp unterscheidet *5 Quellen selbstbezogener Informationen*, die Menschen zum Aufbau ihrer Selbstmodelle verwenden (vgl. Filipp 1984, S. 132ff.):

a. Direkte Eigenschaftszuweisungen durch andere Personen
Jeder Mensch erlebt von anderen Menschen seiner sozialen Umwelt im Rahmen verbaler Interaktion positive, negative oder auch neutrale Eigenschaftszuweisungen und Bewertungen. So bezeichnet z.B. eine Mutter ihr Kind als faul, eine Freundin betitelt ihren Freund als großzügig, oder dem Jungen wird von seinen Freunden Schwäche vorgehalten.

b. Indirekte Eigenschaftszuweisungen durch andere Personen
Menschen schließen aus dem Verhalten einer anderen Person ihnen gegenüber auf deren Einschätzungen und Urteile sich selbst betreffend. Wird eine Person von ihren Studienkollegen in fachlichen Dingen öfter um Hilfe gebeten, so kann die Person daraus schließen, daß die Studienkollegen sie für besonders qualifiziert erachten.

c. Selbstzuweisungen von Eigenschaften als Resultat von Vergleichen
Menschen weisen sich selbst Eigenschaften zu, indem sie sich mit anderen Personen vergleichen. Zum Beispiel verrichtet eine Person ihre Arbeit langsamer als andere Kollegen und mag daraus schließen, daß sie träge, wenig intelligent oder sehr gründlich ist. Ein solcher Vergleich ist natürlich stark bezugsgruppenabhängig, zum einen durch das festgelegte Bezugssystem und zum anderen durch die freigewählten Referenzpersonen oder -populationen. Das bedeutet, daß die Person je nach Bezugsgruppe unterschiedliche selbstbezogene Informationen erhalten kann.

d. Selbstzuweisungen von Eigenschaften aus der Selbstbeobachtung
Aus dem Beobachten ihres eigenen Verhaltens schließen Menschen unter anderem auf ihre Eigenschaften, Fähigkeiten, Einstellungen und Gewohnheiten. Eine Frau, die sehr genau wissen will, was ihr Partner tut, wann er nach Hause kommt, und es nicht mag, wenn der Partner andere Frauen anspricht oder ansieht oder sich mit anderen Frauen anfreundet, kann daraus schließen, daß sie eifersüchtig und kontrollierend ist.

e. Selbstzuweisungen von Eigenschaften durch selbstbezogenes Denken
Da Menschen die Fähigkeit haben, über sich nachzudenken und es ihnen dabei möglich ist, mehrere einzelne Erkenntnisse zu globaleren neuen Erkenntnissen zu verbinden, können sie neue selbstbezogene Informationen generieren. Wenn ein Mensch sich als redegewandt, kontaktfreudig und unternehmungslustig erlebt, kann er weiter daraus generieren, daß er eine extravertierte Person ist.

Die Sammlung der *Informationsquellen* von Filipp ist einer der umfassensten und differenziertesten Beiträge, die in der Literatur zu diesem Themenpunkt zu finden sind.

Filipp (1984, S. 132ff.) sieht die *indirekten Eigenschaftszuweisungen durch andere* und die *Selbstzuweisungen von Eigenschaften aus der Selbstbeobachtung* als die wesentlichsten Quellen selbstbezogener Informationen an. Viele Autoren – beispielsweise Tarr Krüger (1993, S. 72f.) – sind der Auffassung, daß die *direkten* und *indirekten Bewertungen durch andere* die bedeutendste Rolle bei der Ausbildung des Selbstkonzeptes spielen. Dem ist – meiner Auffassung nach – zuzustimmen, weil das kleine Kind seine *ersten* Selbstkonzeptvorstellungen hauptsächlich aus diesen beiden ersten Quellen gewinnt. Das Kind muß erst ein gewisses Alter erreichen, um soziale Vergleiche und Rückschlüsse aus dem eigenen Verhalten ziehen und selbstbezogene Denkprozesse leisten zu können.

Aber *direkte* und *indirekte Eigenschaftszuweisungen von anderen* werden oft – abgesehen von der Zeit der frühen Kindheit – nicht direkt in Selbstzuweisungen umgewandelt. Vielmehr werden solche *direkten* und *indirekten Eigenschaftszuweisungen* durch die Person in einer spezifischen Weise enkodiert (vgl. Filipp 1984, S. 133). Dies liegt daran, daß Menschen Selbstzuweisungen auf der Basis ihres *bisher gebildeten Selbstkonzeptes* und *bisher etablierten Attributionsverhaltens* vornehmen. Das bedeutet: Frühere Interpretationen gemachter Erfahrungen (bzw. frühere Selbstannahmen) einer Person beeinflussen die späteren Selbstzuweisungen von Eigenschaften dieser Person (vgl. Filipp 1984, S. 135 und Schulz von Thun 1982, S. 172). Aus diesem Grund prägen die ersten Be- und Entwertungen der ersten Bezugspersonen die Person oft eine lange Zeit, teilweise das ganze Leben.

Entsprechend der neuen Forschungsergebnisse beurteilen wir uns zwar nicht immer so, wie andere Menschen uns beurteilen, aber oft beurteilen wir uns so, wie wir glauben, daß andere uns beurteilen (vgl. Shrauger/Schoeneman 1979, nach Stahlberg, Gothe/Frey 1988, S. 682).

Außerdem spielt bei der Frage, wie weit Eigenschaftszuweisungen von anderen als Informationsquelle akzeptiert werden, eine Rolle (vgl. Rustemeyer 1993, S. 54),

- inwieweit die Person dem anderen Menschen, welcher die direkte oder indirekte Eigenschaftszuweisung vornimmt, auch Kompetenz zubilligt, über sich urteilen zu können, und
- ob verschiedene andere Menschen in ihren Zuweisungen übereinstimmen oder unterschiedliche Zuweisungen vornehmen und
- wie weit die Zuweisungen des anderen Menschen von der bisherigen Selbstzuweisung der Person abweicht und
- inwieweit die Zuweisung des anderen Menschen auch für andere Selbstkonzeptbereiche der Person wichtig ist.

Doch die Kenntnis der Quellen der selbstbezogene Informationen genügt allein nicht zur Erklärung, welche Informationen nun genau als selbstbezogen akzeptiert und ins Selbstkonzept eingebaut werden.

Wie bereits gezeigt wurde, erhalten Menschen tagtäglich über ihr Erleben eine Menge Informationen, die ihr Selbst betreffen. Es ist offensichtlich, daß nicht alle diese Informationen gleichgewichtig verarbeitet werden. Eine Person sieht mehr und eine andere weniger von den möglichen Reizinformationen als selbstbezogene Informationen an. Viele Informationen werden überhaupt ignoriert, andere gefiltert oder verfälscht.

So gibt es beispielsweise Menschen, deren Gefühle stärker durch Umweltobjekte mitbestimmt sind, als dies bei anderen Menschen der Fall ist, die sich von ihrer Umwelt stärker getrennt erleben (vgl. Fischer 1984, S. 51ff.). Erstere erleben wahrscheinlich mehr Aspekte aus ihrer Umwelt (z.B. die eigene Wohnung) als selbstbezogene Informationen als die zweitgenannten. Das Ausmaß der Selbst-Ausdehnung soll sich mit zunehmendem Alter steigern (vgl. auch Filipp 1980, S. 112).

Weiterhin hat jedes Ereignis oder jede Veränderung oder jede Beziehung für jeden einzelnen Menschen eine gewisse *subjektive Bedeutung* oder wahrgenommene *Wichtigkeit*. So ist ein Lebenspartner für die meisten Menschen wichtiger als ein Haustier, wobei die Gewichtung der Beziehungen und Ereignisse interindividuell unterschiedlich erfolgt. Somit kann die *subjektive Bedeutsamkeit* als kognitives Ordnungsinstrument einer Person angesehen werden, das ihre Selbstwahrnehmung und Selbstbewertung beeinflußt (vgl. Haußer 1983, S. 36ff.).

Ebenso steht es mit der *emotionalen Betroffenheit*. Ereignisse oder Veränderungen, die den jeweiligen Menschen emotional betroffen machen (z.B. Verlust der Arbeit) und beschäftigen, beeinflussen ebensfalls die Selbstwahrnehmung und Selbstbewertung stärker als solche, die uns kalt lassen (z.B. Verlust eines Tellers). Somit kann auch die *emotionale Betroffenheit* als kognitives Ordnungsinstrument einer Person angesehen werden, die auf seine Informationsverarbeitung Einfluß nimmt (vgl. Haußer 1983, S. 39f.).

2.1.2 Motive der Verarbeitung selbstbezogener Informationen

Warum gehen Menschen so vor, daß sie selbstbezogene Informationen auswählen und nur bestimmte Informationen weiter verarbeiten und in ihr Selbstkonzeppt integrieren? Welche sind die Strategien, die sie dabei einschlagen? Zu dieser Fragestellung gibt es zwei grundsätzlich unterschiedliche Auffassungen. So meinen einige Wissenschaftler, daß Menschen solche selbstbezogenen Informationen akzeptieren und in ihr Selbstkonzept integrieren, die mit dem schon bestehenden Konzept übereinstimmen (vgl. z.B. Whitbourne/Weinstock 1982), und andere Wissenschaftler sind in Anlehnung an Dittes der Meinung, daß Menschen solche selbstbezogenen Informationen akzeptieren und aufnehmen, die ihr Selbstwertgefühl schützen oder erhöhen (vgl. Dittes 1959, nach Frey/Benning 1983).

Wenn Menschen z.B. mit einem sehr ungünstigen Konzept ihrer Leistungsfähigkeit eine neue selbstbezogene Information erhalten und diese *positiv* ausgefallen ist (z.B. eine gute Note), würden die Menschen nach dem *Motiv der Selbstkonsistenz* anders mit der neuen Information umgehen als nach dem *Motiv der Selbstwerterhöhung*. Nach dem *Motiv der Selbstkonsi-*

stenz müßten Menschen diese positive Information abwehren (z.B. sich sagen: „Die Klausur war sehr leicht." oder „Ich hatte Glück mit den Fragen."), weil es ihnen wichtiger ist, ein konstantes Bild von sich zu erhalten, während sie nach dem *Motiv der Selbstwerterhöhung* die neue positive Informationen gerne annehmen sollten (z.B. sich sagen: „Ich bin besser geworden.").

Filipp (1984, S. 142) ist der Meinung, daß die Infomationsverarbeitung weder durch das *Konsistenzprinzip* noch durch das *Selbstwertprinzip* allein ausreichend beschrieben werden kann, sondern durch beide Motivkomplexe gleichzeitig beeinflußt wird. Durch die nach dem *Konsistenzprinzip* ausgewählten Informationen entsteht ein ziemlich stabiler Bezugsrahmen, der es den Menschen ermöglicht, ihre Erlebnisse zu interpretieren und ihre Handlungen zu erklären, wodurch sie zukünftige Situationen besser vorhersagen, ihre Handlungen besser planen und durchführen sowie ihre Unsicherheit und ihre Angst niedrig halten können. Durch das *Selbstwertprinzip* können sie ihre subjektive Bewertung ihrer eigenen Person positiver gestalten, was ihrem Lustprinzip bzw. Wohlbefinden zu Gute kommt.

Regan (1976) hat in seiner Studie eine Bedingung gefunden, die das Zusammenspiel beider Motivkomplexe ansatzweise aufklärt. Danach scheint es so zu sein, daß Menschen in den Teilbereichen, in denen sie über ein ziemlich *gut definiertes Selbstkonzept* verfügen und auch diesbezüglich sehr *sichere Selbsteinschätzungen* abgegeben haben, dazu neigen, *konzeptkonsistent* selbstbezogene Informationen in ihr Selbstkonzept aufzunehmen. Dagegen wählen sie in den Teilbereichen, in denen sie noch *kein klares Selbstkonzept* ausgebildet hatten, bevorzugt solche selbstbezogenen Informationen aus und integrieren sie in ihr Selbstschemata, welche ihr *Selbstwertgefühl erhöhen*.

Frey und Benning (1983) haben sich mit dieser Frage auseinandergesetzt und nach Sichtung vieler Veröffentlichungen zu dem Thema einige Belege für das *selbstwertdienliche* als auch für das *konsistenzorientierte Motiv* gefunden. Sie interpretieren die gesammelten Befunde in der Art, daß sie annehmen, Menschen hätten das generelle Motiv, ihr Selbstwertgefühl hochzuhalten bzw. zu schützen, und entsprechend würden sie eher solche selbstbezogenen Informationen wahrnehmen und verarbeiten, die ihr Selbstwertgefühl erhöhen. Die Befunde, die im Sinne des Konsistenzmotivs ausgefallen sind, deklarieren sie eher als Ausnahme. Unter drei Umständen werden ihrer Meinung nach noch andere Motive wirksam, die dann zu einer konsistenzorientierten Informationsverarbeitung und entsprechendem Verhalten führen (vgl. Frey und Benning 1983, S. 174ff.):

1. Eine bessere Verhaltensvorhersage bietet der konsistenzorientierte Ansatz, wenn eine Person *sich ihrer Selbsteinschätzung zu dem genannten Teilbereich* ihres Selbstkonzeptes recht *sicher ist.*

2. Selbstbezogene Informationen werden eher nach dem Motiv der Konsistenz verarbeitet, wenn eine *Widerlegung* der betroffenen Selbsteinschätzung durch andere Personen oder durch weitere eigene Leistungen *möglich ist.*

3. Wenn Personen sich in der *Öffentlichkeit darstellen,* werden selbstbezogene Informationen mit großer Wahrscheinlichkeit im Sinne der Konsistenztheorie verarbeitet, weil die Personen eine *positive Selbstdarstellung anstreben* (z.B. verantwortungsvoll, bescheiden erscheinen möchten) bzw. negative Reaktionen auf z.B. verantwortungslose oder überhebliche Selbstdarstellung antizipieren.

Auch Stahlberg/Osnabrügge/Frey (1985, S. 81ff.) fanden Belege für beide Motivkomplexe. Sie sind der Meinung, daß Menschen selbstbezogene Informationen hauptsächlich im Sinne des *Motivs nach Selbstwertschutz* verarbeiten. Sie vermuten, daß einige *konsistenzorientierte* Befunde auf lange Sicht doch noch *selbstwertdienlich* sein könnten. Zum Beispiel wählen Menschen die *konsistenzorientierte* Verarbeitungsweise, um genaue Kenntnis über Defizite zu bekommen, damit diese in der Zukunft behoben werden können, was langfristig zu einer günstigen Selbstwertschätzung führt.

Die Autoren haben empirische Hinweise dafür gefunden, daß Personen eher die *konsistenzorientierte* Verarbeitungsweise wählen, wenn:

1. es für die Person von Nutzen ist, *genau informiert* zu sein, z.B. in genügendem Abstand vor einer wichtigen Prüfung (vgl. ebd., S. 84).

2. es um strategische *Selbstdarstellung* (Bescheidenheit, Verantwortung) in der *Öffentlichkeit* geht (vgl. ebd., S. 102).

3. andere die Selbstzuschreibungen durchschauen, diese eventuell unglaubwürdig finden und *widerlegen* könnten oder weitere eigene Leistungen die Selbstzuschreibungen widerlegen könnten (vgl. ebd., S. 103).

4. ihr *globales Selbstwertgefühl eher hoch oder eher niedrig ist,* statt in der Mitte liegend (vgl. ebd., S. 110f.).

Thomas (1989) ist auf der Basis von Untersuchungen anderer zur Vorstellung gelangt, daß auch die *Zentralität* bzw. *subjektive Wichtigkeit* der in Frage stehenden Dimension eine Rolle dabei spielt, welche Informationsverarbeitung Menschen praktizieren. Ist die bestimmte Dimension für die Person zentral bzw. sehr wichtig, dann bevorzugt sie eher die *selbstkonsistente* Informationsverarbeitung (vgl. Thomas 1989, S. 39).

2.1.3 Modell einer Theorienintegration zur Verarbeitung selbstbezogener Informationen nach Rustemeyer

Rustemeyer (1993) ist nach weitgehender Literatursichtung zur Ansicht gelangt, daß die Informationseinholung und Informationsverarbeitung sowohl durch die beiden *verzerrenden* Verarbeitungsweisen im Sinne des *Motivs nach Selbstwerterhöhung* und des *Motivs nach Selbstkonsistenz* als auch durch eine *nicht verzerrende* Verarbeitungsweise im Sinne eines *Motivs nach realistischer Informationseinholung* gleichzeitig beeinflußt wird (vgl. Rustemeyer 1993, S. 114f.). Für das letzte Motiv spricht, daß nur die realistische Fähigkeitseinschätzung einer Person ihr eine präzise Wahrnehmung der Umwelt und ihrer selbst und damit eine situationsangemessene Handlung ermöglicht (vgl. Rustemeyer 1993, S. 102). Wenn man zum Beispiel eine bestimmte Note in Mathematik im Abitur erreichen will, ist es vorher sehr wichtig, seine bisherigen mathematischen Fähigkeiten genau bzw. realitätsgerecht einzuschätzen, um die eigenen Schwachstellen zu erkennen und das richtige Maß an Übung planen zu können, damit man die gewünschte Note auch tatsächlich bekommt.

Rustemeyer ist der Meinung, daß alle drei Motive in eine Theorie integriert werden können (vgl. Rustemeyer 1993, S. 113ff.), denn sie hat in ihrer Untersuchung für alle drei Motive deutliche Schwerpunkte für deren jeweiligen Geltungsbereich gefunden. An erster Stelle steht vom Ausmaß und Umfang der Situationsbedingungen her die selbstwertdienliche Verarbeitung selbstbezogener Informationen. Das heißt, die meisten Situationen lösen *selbstwertdienliche* Informationsverarbeitung aus. An zweiter Stelle steht dann die *konsistenzorientierte* Informationsverarbeitung, die durch deutlich spezifischere Bedingungskombinationen ausgelöst wird. Die wenigsten Situationen lösen die *realitätsorientierte* Informationsverarbeitung aus. Damit dieses Motiv handlungswirksam wird, braucht es sehr spezifische Bedingungskombinationen (vgl. ebd., S. 219ff.).

Rustemeyer stellte detailliert folgende Zusammenhänge fest (vgl. ebd., S. 220ff.):

Für die selbstwertdienliche Informationsverarbeitung gilt:

- Erkenntnismäßige und gefühlsmäßige Reaktionen der Personen auf *gefühlsmäßige Rückmeldungen* des Versuchsleiters lösen bei Personen mit besonders hohem und besonders niedrigem Selbstwertgefühl ganz überwiegend selbstwertdienliche Informationsverarbeitung aus.

- Erkenntnismäßige und gefühlsmäßige Reaktionen der Personen auf *gefühlsmäßige Rückmeldungen* der Versuchsleiter lösen auch bei Personen mit einem Selbstwertgefühl im Mittelbereich selbstwertdienliche Informationsverarbeitung aus, wenn dieses Selbstwertgefühl dieser Personen mit einer hohen Sicherheit der Selbsteinschätzung verbunden ist.

- Gefühlsmäßige Reaktionen der Personen *auch auf erkenntnismäßige Rückmeldungen* der Versuchsleiter lösen bei Personen mit einem Selbstwertgefühl im Mittelbereich selbstwertdienliche Informationsverarbeitung aus.

- *Sogar erkenntnismäßige Reaktionen* der Personen *auf erkenntnismäßige Rückmeldungen* lösen bei Personen mit einem Selbstwertgefühl im Mittelbereich selbstwertdienliche Informationsverarbeitung aus, wenn dieses Selbstwertgefühl dieser Person mit einer niedrigen Sicherheit der Selbsteinschätzung verbunden ist.

Für die konsistenzorientierte Informationsverarbeitung gilt:

- Erkenntnismäßige und gefühlsmäßige Reaktionen der Personen auf *erkenntnismäßige Rückmeldungen* der Versuchsleiter lösen konsistenzorientierte Informationsverarbeitung aus bei Personen mit besonders hohem und besonders niedrigem Selbstwertgefühl.

- Erkenntnismäßige Reaktionen der Personen auf *erkenntnismäßige Rückmeldungen* der Versuchsleiter lösen konsistenzorientierte Informationsverarbeitung aus bei Personen mit einem Selbstwertgefühl im Mittelbereich, wenn dieses Selbstwertgefühl der Person mit einer hohen Sicherheit der Selbsteinschätzung verbunden ist.

- Erkenntnismäßige Reaktionen der Personen auch unter der *situativen Bedingung der Öffentlichkeit* lösen konsistenzorientierte Informationsverarbeitung aus bei Personen mit einem Selbstwertgefühl im Mittelbereich.

- *Sogar gefühlsmäßige Rückmeldungen* der Versuchsleiter lösen konsistenzorientierte Informationsverarbeitung aus bei Personen mit einem Selbstwertgefühl im Mittelbereich, wenn dieses Selbstwertgefühl mit einer niedrigen Sicherheit der Selbsteinschätzung verbunden ist.

Für die realitätsorientierte Informationsverarbeitung gilt:
- Erkenntnismäßige Reaktionen der Personen auf *erkenntnismäßige Rückmeldungen* der Versuchsleiter lösen realitätsorientierte Informatiesverabeitung aus, wenn die Rückmeldung für die betroffene Person sehr wichtig (*unter der Bedingung der Wichtigkeit*) und die Rückmeldungssituation privat (unter der Bedingung der Privatheit) ist.
- *Gefühlsmäßige Rückmeldungen* der Versuchsleiter lösen entsprechend realitätsorientierte Informationsverarbeitung aus, wenn die Rückmeldung für die betroffene Person *sehr unwichtig* und die Rückmeldungssituation privat ist.

Interpretiert man die gefundenen Ergebnisse, so scheint es wahrscheinlich, daß *gefühlsmäßige Rückmeldungen* die Menschen so berühren, daß sie die selbstwertbezogenen Informationen *selbstwerterhöhend* verarbeiten (vgl. ebd., S. 222). Das bedeutet, daß sie sich schützen bzw. eine Schutztendenz besteht. Dagegen scheinen *erkenntnismäßige bzw. kognitive Rückmeldungen* den Menschen nicht so sehr zu berühren. Kognitive Rückmeldungen *in Verbindung mit* entweder (a) einem *besonders hohen* oder einem *besonders niedrigen Selbstwertgefühl,* oder (b) mit einem *mittleren Selbstwertgefühl* bei *hoher Sicherheit der Selbsteinschätzung* oder (c) der situativen Bedingung *Öffentlichkeit der Situation,* werden von Menschen eher im Sinne des *Motivs nach Konsistenz* verarbeitet (vgl. ebd., S. 222). Das heißt, daß sie die neuen selbstbezogenen Informationen eher ihrem bereits gebildeten Selbstkonzept anpassen und weiter so über sich denken, wie sie bisher über sich gedacht haben. Das bedeutet, bei *gefühlsmäßigem* Feedback denkt man über sich günstiger bzw. nimmt man positivere Attributionen vor (sucht günstigere Ursachen für seine Handlungsergebnisse), als man bei inhaltlich vergleichbarem *erkenntnismäßigen* Feedback unter oben genannten Zusatzbedingungen über sich denken bzw. attribuieren würde.

Rustemeyer (1993) hat aber ihre Ergebnisse noch durch einige wichtige Überlegungen ergänzt. Sie ist in Anlehnung an Magnusson (1982) der Auffassung, daß Menschen nicht nur auf Situationen reagieren, sondern diese auch beeinflussen (Rustemeyer 1993, S 231). Magnusson verweist darauf, daß Menschen in einem *wechselseitigem Interaktionsprozeß* mit ihrer Umwelt stehen, in dem Person und Situation sich gegenseitig beeinflussen. Dieser dynamischen Sichtweise der Interaktion entspricht nach Magnusson auch die Vorstellung, daß Menschen entsprechend ihrer Disposition Einfluß darauf nehmen, in welche Situationen sie sich begeben (vgl. Magnusson 1982, S. 38).

Entsprechend findet Rustemeyer, daß es für die Ergebnisinterpretation auch wichtig ist, ob die Versuchspersonen im Experiment die Möglichkeit haben, ihre Situation entsprechend ihrer Disposition bzw. ihrem Selbstkonzept *auswählen* zu können oder ob ihnen die Situation *aufgezwungen* wird. „In einem selbstgewählten sozialen Umfeld ist die Wahrscheinlichkeit diskrepanter Rückmeldungen nicht so groß wie bei aufgezwungenen sozialen Situationen, und es ist eher mit einer fortlaufenden Stabilisierung der Selbstkonzeption zu rechnen. Diese Möglichkeit der freien Wahl und der Beeinflussung von Situationen durch die Person wird normalerweise im Experiment verhindert. (...) Die in dieser Arbeit vorgelegten Ergebnisse müssen daher durch Feldstudien in „natürlicheren" Situationen ergänzt werde[n]. Erst auf der Grundlage entsprechender Kreuzvalidierungen wird sich ein abschließendes Urteil über die relative Dominanz der verschiedenen Verarbeitungsmotive (vor allem auch des Konsistenzmotivs) abgeben lassen" (Rustemeyer 1993, S. 233f.).

Die letzten Überlegungen legen nahe, daß ihre Ergebnisse nicht ganz das wahre Verhältnis der Motivgeltung aufzeigen. Danach scheint es eher wahrscheinlich, daß der *Konsistenzansatz* einen größeren Geltungsbereich hat, als in Rustemeyers Untersuchung gefunden wurde.

2.2 Erfahrungsorganisation in konzeptionellen Systemen

Unser Gehirn leistet Verknüpfungen zwischen den einzelnen Erfahrungen, die wir über die Zeit machen. Bewußt und unbewußt verknüpfen wir unsere Erfahrungen vielfach und ordnen sie so, daß über die Zeit ein sehr *differen-*

ziertes, integriertes, hierarchisch organisiertes Konstruktsystem entsteht. Jeder einzelne konstruiert auf diese Weise seine eigene *naive Wirklichkeitstheorie.* Würden wir unsere Erfahrungen nicht verknüpfen, ordnen und zu einer naiven Theorie integrieren, blieben unsere Erfahrungen chaotisch und aussagelos. Menschen brauchen sie, um die Ereignisse globaler Art und in der persönlichen Umgebung interpretieren zu können, denn dies ist die Grundlage dafür, daß das Leben weitgehend sinnvoll gesteuert werden kann (vgl. Epstein 1984, S. 15ff.).

„Die Theorie eines Individuums von der Wirklichkeit umfaßt Subtheorien über die eigene Person (eine Selbsttheorie), über die Außenwelt (eine Umwelttheorie) und über die Wechselwirkung zwischen beiden Subtheorien" (Epstein 1984, S. 16).

Beide Theorien sind nicht voneinander unabhängig. So hängt die *Selbsttheorie* bzw. das *Selbstkonzept* einer Person zum Teil davon ab, wie andere Menschen (die Umwelt) diese Person sehen und dementsprechend auf sie reagieren. Das Selbstkonzept eines Menschen bildet sich hauptsächlich über den sozialen Umgang mit wichtigen anderen (vgl. Filipp 1978, S. 111). Auf der anderen Seite bildet der Mensch auch seine *Umwelttheorie* teilweise auf der Grundlage seiner *Selbsttheorie.* So fanden beispielsweise Shrauger und Patterson, daß Personen bei anderen Menschen besonders auf solche Persönlichkeitsmerkmale achten, die sie bei sich selbst als besonders wichtig ansehen (vgl. Shrauger/Patterson 1974, nach Becker 1987, S. 55f.).

Baldwin hat ein anderes dreiteiliges Schema entwickelt, welches er *Beziehungsschema* nennt, weil es sich nur auf Strukturen zwischen der Person selbst und anderen Personen bezieht. Es besteht aus einem *Selbstschema,* einem *Schema für andere Personen* und einem *interpersonalen Skript* (vgl. Baldwin 1992, nach Hermans 1996, S. 44). Ein interpersonales Skript kann man sich als eine Art von Drehbuch vorstellen, in welchem die übliche Abfolge von Ereignissen und Aktionen gespeichert ist. Diese Konzeption läßt zwar die nichtmenschliche Umwelt außer acht, aber differenziert die Wechselwirkungen zwischen dem Selbstschema und dem Schema für andere Personen etwas besser aus.

Das *Selbstkonzept* einer Person stellt nach Markus/Smith (1981, S. 234) wiederum ein *System von Selbstschemata* bzw. ein *System von Wissenstrukturen* dar, welches ihr hilft, ihr Verhalten zu verstehen und zu erklären. Das Selbstkonzept ist also nichts anderes „als die geordnete Menge aller im Gedächtnis gespeicherter Informationen" (Filipp 1984, S. 142). Übereinstimmend wird in der neueren Forschung das Selbstkonzept als *System von Teil-konzepten* aufgefaßt (vgl. Stahlberg/Gothe/Frey 1988). Entsprechend kann die Person jeweils ein Sub-Konzept zu ihrem Aussehen, ihren Fähigkeiten in Mathematik, ihren sportlichen Fähigkeiten, ihren musischen Fähigkeiten, zu ihrer Beliebtheit bei anderen, ihrer Ängstlichkeit u.s.w. ausgebildet haben.

Die Sub-Konzepte des Gesamt-Selbstkonzeptes einer Person bestehen nach Neubauer (1976, S. 45) bei kleinen Kindern noch einigermaßen unverbunden nebeneinander und werden zu relativ unvollständigen bzw. naiven übergeordneten Konzepten integriert (z.B. malen kleine Kinder den Mensch als Kopffüßler). Aber über die Jahre verbinden und verdichten sich die Sub-Konzepte zu einem mehr oder weniger *geschlossenen* Selbstkonzept, wobei die Subkonzepte trotzdem unterscheidbar bleiben und situationsspezifisch aktivierbar sind (vgl. Neubauer 1976, S. 45).

Nach anderen Autoren (wie Filipp 1988, S. 282, Rustemeyer 1993, S. 27) können die einzelnen Subkonzepte allerdings je nach Erfahrungen und den entsprechenden Selbstbewertungen *unterschiedliche Ausrichtungen* haben. So kann jemand der Meinung sein, daß er hohe Kompetenz in Bereichen wie Musik, Zeichnen, Kochen, Geschichte und Sport aufweist, aber in Bereichen wie Mathematik, Physik, Chemie und im technischen Bereich gar nicht gut zurechtkommt. Des weiteren kann er seine Kompetenz im Umgang mit anderen Menschen anzweifeln, während er z.B. mit seinem Aussehen einigermaßen zufrieden ist.

Selbst situationsspezifische Sub-Schemata von Selbstkonzepten sind festgestellt worden. Danach sind Selbstkonzepte auch mehr oder weniger generell bzw. gelten für viele Situationen, Zeitpunkte oder nur für bestimmte Situationen, Zeitpunkte (vgl. Filipp/Brandtstädter 1975, S. 415f.).

Das bedeutet, ein Individuum muß nicht notwendigerweise ein ganzheitliches bzw. geschlossenes Selbstkonzept ausbilden (vgl. Filipp 1988, S. 282; Filipp/Brandtstädter 1975 und Rustemeyer 1993, S. 27). Diese letzte Auffassung von *unterschiedlichen* Teilkonzepten und *situationsspezifischen* Teilkonzepten ist differenzierter als die Auffassung von einem mehr oder weniger *geschlossenen* Selbstkonzept. Trotzdem findet man einige Menschen, die den Eindruck erwecken, ein eher generalisiertes positives oder negatives Selbstkonzept (über viele Bereiche und Situationen hinweg) ausgebildet zu haben. Diese Einschätzung findet Unterstützung in dem Befund von Filipp/Brandtstädter (1975), daß aus den situativen Selbstwahrnehmungen einer Person ihr generalisiertes Selbstkonzept abgeleitet und vorhergesagt werden kann.

Die Auffassung des Selbstkonzeptes als ein System von Teilkonzepten, welches kognitiv repräsentiert ist, läßt sich gut in Beziehung setzen zu Epsteins Selbsttheorie als hierarchische Anordnung von zunehmend abstrakter werdenden Postulaten (vgl. Filipp 1980, S. 118).

2.2.1. Die hierarchische Anordnung von Selbstannahmen nach Epstein

Die Theorie, die ein Mensch über sich selbst bildet (Selbsttheorie), besteht aus vielen Annahmen über sich selbst bzw. *Postulaten unterschiedlicher Ordnung*, die *hierarchisch* angeordnet sind. An unterster Stelle stehen Postulate, die nur eine geringe Generalisierung einer unmittelbaren Erfahrung darstellen, wie z.B. „Ich bin ein guter Mittelstürmer beim Fußballspielen". *Postulate höherer Ordnung* sind Zusammenfassungen mehrerer solcher *Postulate unterer Ordnung* und zeichnen sich durch einen höheren Generalisierungsgrad aus. Auch diese *höheren Postulate* werden wieder zu noch weiter generalisierten Postulaten zusammengefaßt und so weiter. Je höher ein Postulat hierarchisch angesiedelt ist, um so breiter ist es generalisiert. Ein *Postulat höherer Ordnung* wäre beispielsweise: „Ich bin ein sportlicher Mensch". Macht ein Mensch eine Erfahrung, die gegen eines seiner *Postulate unterster Ordnung* spricht, so hat eine solche Erfahrung wenig ernsthafte Folgen auf die Selbsttheorie des Menschen, weil *Postulate unterster Ordnung* sich kaum auf andere Annahmen stützen. Entsprechend leicht lassen sich die *untersten Postulate* bei widersprechenden Erfahrungen widerlegen bzw. korrigieren. Wenn hingegen ein *Postulat höherer Ordnung* in Gefahr stünde, durch widersprechende Erfahrungen widerlegt zu werden, wären die Folgen für die Selbsttheorie des Menschen weit größer, weil die *höheren Postulate* eine Reihe *untergeordneter Annahmen* über sich mit einbeziehen. Aber durch den breiten Generalisierungsgrad *höherer Postulate* lassen sie sich eigentlich kaum noch unmittelbar an der Realität testen, wodurch sie sich äußerst schwer widerlegen bzw. korrigieren lassen (Epstein 1984, S. 16).

Durch die *Postulate höherer Ordnung* erhalten die Menschen eine relativ stabile Persönlichkeitsstruktur. Hätte eine Person keine so generalisierten *höheren Postulate*, wäre ihr Verhalten nur durch die jeweiligen Situationsfaktoren bestimmt. Die spezifischen *Postulate niederer Ordnung* dagegen verhelfen der Person dazu, flexibel und angemessen mit den jeweiligen Situationsanforderungen umgehen zu können.

Die *subjektive Selbstwertschätzung* einer Person, sei sie nun entsprechend ihrer Erfahrungen positiv (Selbstliebe) oder negativ (im Extrem: Selbsthaß) ausgefallen, ist ein sehr änderungsresistentes *Postulat höchster Ordnung*.

Diese Theorie „dient drei grundlegenden Funktionen. Diese sind (1) die Assimilation von Erfahrungsdaten, (2) die Erlangung einer günstigen Lust-Unlust-Balance und (3) die Aufrechterhaltung der Selbstwertschätzung" (Epstein 1984, S. 42).

Menschen bauen sich also aus ihren Erfahrungen eine hierarchische Selbsttheorie, die in der Folge als Interpretationsrahmen für weitere Erfahrungen dient. Das bedeutet, die *oberen Postulate* eines Menschen leiten seine weitere Erfahrungssuche (z. B. welche Informationen ihm wichtig sind, welche Situationen er aufsucht), seine Erfahrungsinterpretation und haben somit auch starke Auswirkungen auf das Verhalten dieses Menschen. Entsprechend haben die *oberen Postulate* oft die Wirkung von *sich selbst erfüllenden Prophezeiungen* (vgl. Epstein 1984, S. 16). Der zuletzt beschriebene Mechanismus ist ein weiterer Grund für die hohe Änderungsresistenz *oberer Postulate* (vgl. ebd., S. 19).

Epstein sieht sowohl das *Streben nach Erhöhung des Selbstwertgefühls* als auch das *Streben nach interner Konsistenz* des Selbstkonzeptes als zwei voneinander unabhängige Bedürfnisse des Menschen an, die öfter miteinander in Konflikt geraten (vgl ebd., S. 42).

Die Postulate des Menschen wirken sich auch auf seine Gefühle aus, weil Gefühle durch Kognitionen bzw. durch Bewertungen ausgelöst werden. Genauso werden aber auch Ereignisse, die für das Selbstkonzept eines Menschen bedeutsam sind, Gefühle erzeugen. So kann man Hinweise auf die impliziten Annahmen eines Menschen bekommen, wenn man auf jene Ereignisse achtet, bei denen er emotionale Reaktionen zeigt (vgl. Epstein 1984, S. 23).

Diese Postulate sind den Menschen selbst nicht unbedingt bewußt. Eine solche Selbsttheorie bildet ein Mensch nicht absichtlich, sondern sie entsteht dadurch, daß der Mensch in Interaktion mit seiner Umwelt bestimmte, für ihn bedeutsame Erfahrungen macht, die sein Gehirn mit den bisherigen Erfahrungen geordnet verknüpft, wobei die Interpretation neuer Erfahrungen von den bisher gebildeten Vorstellungen beeinflußt wird. Sind einer Person ihre eigenen Postulate wenig bewußt, so kann sie wieder und wieder dieselbe Erfahrung machen und beginnt langsam daran zu glauben, daß solche Erfahrungen ihr Schicksal darstellen, ohne zu wissen, daß ihre eigenen impliziten Annahmen sie selbst derart beeinflussen, daß sie bestimmte Situationen aufsucht, bestimmte Situationen genau so interpretiert und sich selbst dann entsprechend ihrer inneren Postulate so verhält, daß ihre Erfahrungen sich wiederholen (vgl. Epstein 1984, S. 16f.).

Epstein verbindet in seinem Ansatz eine differenzierte Selbstkonzeptstruktur mit einer Theorie der Informationsverarbeitung, mit der er Aspekte der Wahrnehmung (z.B. selektive Wahrnehmung), der Gefühle, des Verhaltens (z.B. Situationsauswahl) und sogar der Veränderung von Selbstkonzepten erklären kann. Sein Ansatz setzt sich auch mit der Stabilität versus Veränderbarkeit von Selbstkonzepten auseinander. Er zeigt gut nachvollziehbar, warum sich ein Selbstkonzept nur schwer verändert, aber doch lebenslang veränderbar ist. Außerdem berücksichtigt der Ansatz beide Hauptbestrebungen des Menschen (Streben nach Konsistenz vs. Selbstwerterhöhung). Die Entstehung des Selbstkonzeptes wird vom Autor allerdings nur auf einen wichtigen Aspekt (Internalisierung von Elternreaktionen) reduziert. Er vernachlässigt die Kontrollerwartungen von Menschen, wodurch aber der Stellenwert seines Ansatzes nicht beeinträchtigt wird. Außerdem enthält seine Theorie einen Widerspruch: Einerseits geht Epstein davon aus, daß Menschen keine Selbsttheorie entwickeln, wenn ihnen die Vorgänge der Selbsteinschätzung durch die Reaktionen des Umfeldes ein hauptsächlich negatives Selbstkonzept nahelegen (vgl. Epstein, S. 18). Andererseits postuliert er, daß Menschen in jedem (also auch im ungünstigen) Fall eine Selbsttheorie konstruieren, weil sie – ohne die Möglichkeit der Einordnung der Erfahrungsdaten in eine Basistheorie – ihre Umwelt und ihre eigenen Wahrnehmungen und Handlungen nicht verstehen und daher nicht sinnvoll handeln könnten (vgl. Epstein, S, 20).

Die Aufteilung der *Wirklichkeitstheorie* eines Menschen durch Epstein in eine *Selbsttheorie* und eine *Umwelttheorie* sieht Haußer (1983, S. 34) als nicht sinnvoll an, weil seiner Auffassung nach das eigentlich Identitätsrelevante in der Relation zwischen beiden Teilen liegt. Nach Baldwin werden die Wechselwirkungen zwischen den beiden Subtheorien als *interpersonale Skripte* (gespeicherte Drehbücher über die übliche Abfolge der erlebten Ereignisse) aufgefaßt (vgl. Baldwin 1992, nach Hermans 1996, S. 44). Nach

Hermans (1996) wiederum stellen unsere Gedanken eigentlich einen *inneren Dialog* verschiedener innerer Positionen dar (*Dialogisches Selbst*), welcher sein Material aus diesem *interpersonalen Skript* bezieht. Dieser *innere Dialog* bestimmt – nach Ansicht von Hermans – unsere Wahrnehmungen und Handlungen, weil der *innere Dialog* – mit seinen unterschiedlichen Stimmenpositionen – das dynamische, autonome und organisierende Element ist, welches einen Austausch zwischen den eher unflexiblen Schemata (Selbstschema, Umweltschema und interpersonales Skript) herstellt und diese koordiniert. Hermans (1996) Konstruktion vom *Dialogischen Selbst* stützt also die Sicht von Haußer, daß das identitätsrelevante zwischen den beiden Schemata liegt. Nach meiner Auffassung spricht allerdings für die Trennung der Wirklichkeitstheorie in die verschiedenen Subtheorien die klarere Vorstellbarkeit der Struktur und der Prozesse in diesem Modell. Sie ermöglicht eine tiefere analytische Durchdringung der Materie.

2.2.2. Selbsttheorie als Resultat eines Wertungsprozesses am eigenen Standardsystem nach Schmitz/Hauke

Nach Schmitz/Hauke (1992, S. 277) bilden Menschen ein hierarchisch organisiertes Standardsystem aus, an dem sie ihr Verhalten vergleichen und sich diesem Vergleich entsprechend bewerten. Auf der hierarchisch obersten Ebene der *Standardhierarchie* befinden sich die Prinzipien (z.B. allgemeine Einstellungen, moralische Wertsetzungen oder abstrakte, verhaltensführende Inhalte), durch die der Mensch in seinen Handlungen geleitet wird. Diese Standards sind Ziele, die der Mensch eine Weile oder andauernd anstrebt. „Standards können eher abstrakte Prinzipien darstellen, wie „ein freigebiger Mensch sein", „hilfsbereit sein", „kompetent sein", „glücklich leben" und ähnliches. Sie können aber auch konkrete Verhaltensweisen widerspiegeln, wie z.B. „jeden Gast persönlich begrüßen", „täglich den Wirtschaftsteil der Zeitung lesen" oder „eine Tasse Tee eingießen", „aufräumen", „die Muskeln strecken" (Schmitz/Hauke 1992, S. 275).

Nach Schmitz/Hauke (1992, S. 274ff.) definieren sich Menschen hauptsächlich über ihre höheren, abstrakten Prinzipien bzw. Standards. Handeln sie im Einklang mit ihren Standards bzw. Prinzipien, dann fühlen sie sich wohl. Paßt ihre Handlung nicht zu ihren Prinzipien, erleben sie unangenehme Gefühle. Der Selbstbewertungsprozeß eines Menschen hängt also von der Art seiner selbstgewählten oder erlernten Prinzipien ab.

Die Prinzipien, die allgemeinsten, übergeordneten Standards, sollten untereinander nach Möglichkeit nicht in Widerspruch zueinander stehen. In der Realität wählen Menschen aber gelegentlich widersprüchliche Prinzipien (vgl. Schmitz/Hauke 1992, S. 276), was unabhängig von ihrem konkreten Verhalten negative Gefühle zu sich selbst vorprogrammiert.

„In der Hierarchiespitze der Standards ist das eigentliche Selbst, das globale Selbstkonzept angesiedelt, das über die Standards der Prinzipienebene definiert ist. Es resultiert in seinen Aspekten als Integral aller spezifischen Selbstkonzeptinhalte (...)" (Schmitz/Hauke 1992, S. 278).

Erlebt ein Mensch eine Diskrepanz zwischen Standard unterer Ordnung und eigenem Verhalten, dann wird ein kleiner Teil des Konzeptes bedroht. Es entstehen mäßige Angst und Stress in bestimmten Situationen. Der Mensch als Ganzes fühlt sich dadurch nicht bedroht (vgl. ebd., S. 282). Nimmt aber ein Mensch eine Diskrepanz zwischen seinem globalen Selbstkonzept (seinen höheren Prinzipien) und seinem Verhalten wahr, so erhöht sich seine Selbstaufmerksamkeit auf diese Diskrepanz und es entsteht die Tendenz, die Diskrepanz zu reduzieren (vgl. ebd., S. 278). Weil aber die höchsten Prinzipien für das Selbstkonzept am wichtigsten sind, wird durch diese Diskrepanz nicht nur ein Aspekt des Selbstkonzeptes bedroht, sondern das ganze Selbstkonzept der Person gefährdet (vgl. ebd., S. 279). Diskrepanzen mit Prinzipien der höchsten Ebene sind so weitreichend, daß der Mensch ein Gefühl von Sinnlosigkeit oder Wertlosigkeit erlebt. Die Bedrohung bezieht sich auf alle Bereiche des Lebens. Die Angst ist deshalb so groß, daß sie kaum noch ertragen wird. Der Mensch fühlt sich existentiell bedroht, und er kann in eine Sinnkrise geraten (vgl. Schmitz/Hauke 1992, S. 279ff.).

Meist liegt die Ursache für diesen Prozeß in kritischen Lebensereignissen wie Krankheit, Trennung vom Partner, Verlust von Geld oder Scheitern in Beruf oder Ausbildung, die eine Unterbrechung des bisherigen Lebensplans darstellten, wodurch Diskrepanzen entstanden zwischen den Standards auf der Prinzipienebene wie z.B. „jung und gesund zu sein", „Leben zu zweit", „Karriere machen" oder „reich und unabhängig sein" und dem Verhalten (vgl. ebd., S. 281ff.).

Der Mensch hat nach Schmitz/Hauke (1992) zwei Möglichkeiten, mit der Krise und der entsprechenden existentiellen Angst umzugehen. Im günstigen

Fall suchen die Menschen in ihrem Innern und in der Außenwelt nach Informationen (z.B. durch Gespräche, Bücher, Therapie oder Nachdenken), mit denen sie die Diskrepanz reduzieren können. Das heißt, sie bleiben mit ihrer Aufmerksamkeit auf der Prinzipienebene, schauen sich die Ängste und Prinzipien genau an, erkennen die Bedeutung der Prinzipien für das Selbstkonzept und erkennen, daß die Prinzipien so nicht mehr passend sind. Sie verändern und erweitern dann ihr Selbstkonzept so, daß eine Übereinstimmung zwischen den höheren Prinzipien und dem wahrgenommenen Ist-Zustand entsteht. Sie akzeptieren, was Realität ist (vgl. ebd., S. 287f.).

Bei diesem Prozeß „werden Ereignisse, Erfahrungen über Raum und Zeit miteinander in einen Sinn-Zusammenhang gebracht und zu den allgemeinen Prinzipien, über die das Selbst sich definiert, in Beziehung gesetzt" (Schmitz/Hauke 1992, S. 279). Diese Reaktion auf die Diskrepanz führt zu einer Bewußtseinserweiterung und vergrößert das Sinnerleben des Menschen. Schmitz und Hauke (1992, S. 279) nennen diese Reaktionsform: *Konstruktion*.

Aber diese Reaktionsform erfordert die Fähigkeit, eine Weile mit den extremen Ängsten umgehen zu können, die durch die Aufmerksamkeit auf die Diskrepanz auftreten. Wenn jemand diese Ängste nicht ertragen oder mit ihnen nicht umgehen kann, wählt er eine andere Reaktion. Bei der zweiten Reaktion wird das bisherige Selbstkonzept nicht verändert oder erweitert, sondern beibehalten. Hierbei ziehen die Menschen ihre Aufmerksamkeit von den umfassenden, ganzheitlichen Interpretationen ab (vgl. ebd., S. 279). Das bedeutet, sie achten nicht mehr auf die übergeordneten Prinzipien, sondern halten ihren Aufmerksamkeitsfokus auf den niederen Ebenen der Handlungssteuerung. Das Denken auf diesen niederen Ebenen ist aber wenig integrativ. Diese Menschen beachten dann nur noch die unmittelbaren Aufgaben und Ziele einer bestimmten Situation oder unmittelbaren Konsequenzen einer Handlung. Sie denken vor allem im *Hier* und *Jetzt* (vgl. ebd., S. 286) und stellen den Bezug zum Kontext nicht mehr her. Die Unterbrechung des integrativen Denkens bedeutet eine Einengung des Bewußtseins, die mit dem Verlust des sinngebenden Zusammenhangs einhergeht. Aber wenn man sich nicht mehr mit den sinngebenden Zusammenhängen beschäftigt, können unangenehme Gedanken oder Schlußfolgerungen erfolgreich vermieden werden, wie die Gewahrwerdung einer eigenen Unzulänglichkeit oder die negativen Folgen eines Verhaltens für sich oder andere. Schmitz/Hauke (1992) nennen diese Reaktionsform: *Dekonstruktion*.

In der Folge reagieren diese Menschen eher ungehemmt, gefühlsarm und zeigen eine Anfälligkeit für irrationale Ideen (vgl. ebd., S. 280ff.).

Nach Baumeister lassen sich drei Kategorien von Folgen der *Dekonstruktion* aufzeigen (vgl. Baumeister 1991, nach Schmitz/Hauke 1992, S. 281):

1. Weil der Mensch durch die Dekonstruktion das Verständnis für die übergeordnete Bedeutung seines Verhaltens verliert, wird er weniger Hemmungen zeigen bzw. sich eher durch eine allgemeine Ungehemmtheit auszeichnen.
2. Gefühle hängen von Wertungen und Bedeutungen ab. Ohne die Bedeutungen werden nicht nur die Angstgefühle, sondern auch alle anderen Gefühle reduziert.
3. Wenn man den Blick für die umfassende Bedeutung verliert und viele Wahrnehmungen vermeidet, kann man auch schlechter die Realität erkennen, wodurch leichter irrationale Ideen und phantastische Ideologien entstehen können.

Darüber hinaus wird laut Schmitz und Hauke (1992) das *Sinnerleben* nachhaltig gestört, denn das „Erleben von Sinn ist verknüpft mit dem Wahrnehmen und Empfinden von Kontinuität im eigenen Leben. In diesem Wertungsprozeß sind die Standards der Prinzipienebene einbezogen. Einerseits sind sie abstrakt genug gehalten, andererseits weisen sie über das unmittelbare Hier und Jetzt hinaus, so daß jedes spezifische Ereignis in einen breiteren Kontext eingebettet und mit entsprechenden Kontrollebenen in Beziehung gesetzt werden kann. Diese Standards bilden das Konzept, mit dessen Hilfe das Gestern mit dem Morgen verknüpft wird. Mit diesem Konzept soll die Ungewißheit gering gehalten und die Zukunft nach Möglichkeit genau vorhergesagt werden" (Schmitz/Hauke 1992, S. 281).

Das bedeutet, daß ohne Einbeziehung der oberen Prinzipienebene sich das Erleben von *Kontinuität* und *Lebenssinn* über die Zeit stark verringert (vgl. ebd., S. 282) und daß sich der Umgang mit den Situationen und die Vorhersage und Planung von Situationen verschlechtert.

Schmitz/Hauke richten in ihrem Ansatz die Aufmerksamkeit besonders auf den Prozeß der Veränderung von Selbstkonzepten und bringen diesen in Verbindung mit einer differenzierten Selbstkonzeptstruktur. Schätzenswert an ihrem Ansatz ist, daß die Autoren darstellen, welche Bedeutung die höchsten, abstrakten Prinzipien für einen Menschen haben und welche Auswirkungen die spezifische Reaktion (Selbstkonzeptveränderung vs. Beibehaltung seines Selbstkonzeptes) des Menschen – im Fall der Selbstwertbedrohung durch neue Informationen – auf ihn selbst (z.b. sein Bewußtsein, sein Sinnerleben, seine Gefühle und die Güte seiner Planungs- und Handlungsmöglichkeiten) haben kann.

Viele wesentliche Aspekte (wie z.b. Entstehung von Selbstkonzepten, die Attributionen und Kontrollerwartung, die motivationalen Bedingungen) werden in diesem Ansatz allerdings nicht ausgeführt.

2.3 Konstrukt der Identitätszustände nach Marcia

Marcia hat (1966) ein *Konstrukt der Identitätszustände* entwickelt, in dem er vier Identitätszustände unterscheidet. Identität macht Marcia an zwei Dimensionen fest (vgl. Tabelle 1). Die eine Dimension bezieht sich darauf, ob der Mensch eine *Krise* durchläuft oder durchlaufen hat. Und die andere Dimension stellt dar, ob der Mensch bezüglich seiner Werte- und Berufsorientierung eine *persönliche Entscheidung* getroffen hat oder nicht. Daraus leiten sich für ihn vier Identitätszustände ab, in denen sich Menschen befinden können (vgl. Whitbourne/Weinstock 1982, S. 114 und Marcia 1966).

	Krise	keine Krise
Verpflichtung	erreichte Identität	vorweggenommene Identität
keine Verpflichtung	Moratorium oder diffuse Identität	diffuse Identität

Tabelle 1: Die Identitätszustände nach Marcia (1966). *Darstellung* nach Whitbourne/Weinstock 1982, S. 115

Ein Mensch, der sich im Zustand der *erreichten Identität* befindet, hat eine Krisenperiode erfahren und hat die elterlichen Vorstellungen kritisch überdacht. Nach reiflicher Überlegung hat er sich für einen Beruf entschieden und einen eigenen ideologischen Standpunkt entwickelt, der sich von den elterlichen Vorstellungen unterscheiden kann, aber nicht unterscheiden muß. Er hat also seine früheren Gedanken neu bewertet und ist zu einer Lösung gelangt, die es ihm erlaubt, frei zu agieren. Durch seine eigenständige innere Haltung steht er kaum in der Gefahr, durch plötzliche Veränderungen seiner Umgebung oder durch unerwartete Anforderungen überwältigt zu werden.

Ein Mensch im Zustand der *vorweggenommenen Identität* hat keine Krisenperiode durchlebt, denn er ist einfach das geworden, was seine Eltern bzw. Bezugspersonen ihm zugedacht haben. Er hat die Ansichten und die Lebensweise seiner Bezugspersonen (z.B. traditionelle Geschlechtsrollen) praktisch ohne zu prüfen übernommen. Eine gewisse Rigidität charakterisiert seine Persönlichkeit. Wird er mit einer Situation konfrontiert, in der die elterlichen Werte versagen, fühlt er sich schnell bedroht. Dieser Mensch hat trotz fehlendem *echten Ich* sehr deutliche Vorstellungen über sich und ist diesen auch ziemlich stark verpflichtet.

Ein Mensch im Zustand des *Moratoriums* befindet sich gerade mitten in der Krise. Er erlebt einen inneren Kampf um die Übernahme von Verpflichtung, bei dem er ständig über identitätsrelevanten Aspekten brütet und nach einem Lösungsweg sucht. Er versucht einen Kompromiß zu finden zwischen den Forderungen seiner Eltern bzw. der Gesellschaft und seinen eigenen Wünschen und Fähigkeiten. Dieses Ziel erscheint ihm gelegentlich als kaum erreichbar. Entsprechend wirkt er eher unentschlossen und verwirrt und hat im Moment keine klare identitätsrelevante Meinung über sich.

Ein Mensch im Zustand *diffuser Identität* hat eine Krisenperiode durchlebt oder auch nicht. Er hat sich weder für einen Beruf entschieden noch einen eigenen ideologischen Standpunkt gefunden und zeigt auch grundsätzlich wenig Interesse daran. Er mag zwar einen bevorzugten Beruf nennen, aber man merkt schnell, daß er nur wenige Vorstellungen von den Arbeitsinhalten hat und diese Wahl auch leicht wieder aufgeben würde. Er zeichnet sich dadurch aus, daß er seinen ideologischen Vorstellungen über sich wenig verpflichtet ist. Entsprechend wechselt er sie auch, je nachdem, in welcher Situation er sich gerade befindet bzw. je nachdem, mit welchem Menschen er es gerade zu tun hat (vgl. Marcia 1966, S. 551f.).

Diese *Identitätstypen* kann man aber auch als *Identitätszustände* betrachten, die prozesshaft bei Auftreten eines identitätsrelevanten Problems ablaufen. Ein Mensch kann also in einem bestimmten Bereich bis zur Lösung seines Problems mehrere Identitätszustände durchlaufen.

Marcia macht mit diesem recht einfachen Modell einige Aspekte der Identitätsentwicklung und Identitätsveränderung deutlich und gibt einen gewissen Erklärungswert für die Gefühle und Handlungsweisen der Menschen, ohne sich dabei auf eine oft problematische Stufen- oder Altersfolge festzulegen. Ebenso ist positiv anzusehen, daß die Identitätszustände keine festen Typen darstellen, sondern vorübergehenden (prozeßhaft ablaufenden) als auch stabilen Charakter haben können, wodurch dieser Ansatz eine lebenslange Entwicklung nicht ausschließt.

Einen Bezug zum Begriff Selbstkonzept stellt der Autor allerdings nicht her. Viele andere identitätsrelevante Aspekte (wie z.B. die motivationalen Bedingungen, die Kontrollüberzeugung) werden von ihm zudem vernachlässigt.

2.4 Modell der Identitätsregulation nach Haußer

Nach Haußer (1983, S. 29) setzt sich die *Identität* eines Menschen aus zwei Bestimmungsmerkmalen zusammen: *selbsterfahrenen* und *selbstverarbeiteten* Merkmalen. Entsprechend konstruiert er ein Regulationsmodell, in dem selbsterfahrene Merkmale (*Identität als situative Erfahrung*) und selbstverarbeitete Merkmale (*Identität als übersituative Verarbeitung*) mit noch weiteren identitätsrelevanten Komponenten zusammenwirken (siehe Abbildung 1). Zunächst sollen aber die einzelnen identitätsrelevanten Merkmale und Komponenten genauer beschrieben werden.

2.4.1 Identität als situative Erfahrung

Der Autor teilt die *Wirklichkeitstheorie* eines Menschen nicht auf in eine *Selbsttheorie* und eine *Umwelttheorie*, da seines Erachtens das eigentlich Identitätsrelevante in den Gegenstandsbeziehungen zwischen dem Selbst und der Umwelt zu finden ist. *Gegenstände* können verschiedene Sachverhalte in der Lebenswelt des Menschen sein, wie Sachen, Lebewesen, Ereignisse, Zustände, Zusammenhänge oder auch Veränderungen (vgl. Haußer 1983, S. 34f.).

Haußer (1983, S. 36ff.) betont, daß nur solche *Gegenstände* für den Menschen identitätsrelevant werden, welche für ihn *subjektiv bedeutsam* sind (kognitiven Aufforderungscharakter haben) oder/und ihn *betroffen machen* (emotionalen Aufforderungscharakter besitzen).

Man kann also subjektive Bedeutsamkeit und Betroffenheit als eine Art *Filter* ansehen, mit dem die Person identitätsrelevante Informationen aus der Vielzahl der Erfahrungen auswählt. Nur solche situativen Erfahrungen, die diesen *Filter* durchlaufen haben, werden in Form von Selbstwahrnehmungen und Selbstbewertungen von der Person verarbeitet (vgl. Haußer 1983, S. 55).

Damit kommen wir zu zwei weiteren zentralen Komponenten von *Identität als situativer Erfahrung*: *Selbstwahrnehmung* und *Selbstbewertung* (vgl Haußer 1983, S. 44).

In Anlehnung an Sader definiert Haußer (1983, S. 44) *Selbstwahrnehmung* als das momentane Bild einer Person von sich in Beziehung zu ihrem Vorwissen (z.B. „Schon innerhalb kleiner Gruppen traue ich mich kaum noch zu reden."), *Selbsteinschätzung* als den Akt der Einordnung des Wahrgenommenen in Bezugsysteme der Person (z.B. „Ich bin schüchtener und ängstlicher als andere.") und *Selbstbewertung* als Bewertung der getroffenen Selbsteinschätzung der Person (z.B. „Ich finde es nicht gut, daß ich im Beisein von anderen so schüchtern und ängstlich bin, ich schäme mich dafür.").

Selbstwahrnehmung ist mehr als nur situative Selbstaufmerksamkeit. In die Selbstwahrnehmung gehen auch *Selbstbeobachtungen aus früheren Situationen* und *mitgeteilte Wahrnehmungen durch andere* mit ein. Die momentane Erfahrung eigenen Verhaltens und Wirkens wird bei der Selbstwahrnehmung mit den früheren Erfahrungen (wie die Person sich erlebt hat) und Fremdwahrnehmungen (wie andere die Person gesehen haben) vereinigt (vgl. Haußer 1983, S. 42).

Die *emotionale Selbstbewertung* bezieht ihr Bewertungsmaterial aus der *kognitiven Selbstwahrnehmung*. Andererseits beeinflußt die *Ausprägung des Selbstwertgefühls* (stark/positiv oder gering/negativ) einer Person ihre Selbstwahrnehmung in neuen Situationen. Beide Vorgänge sind nach Haußer (1983, S. 43) unterschiedliche Ausschnitte seines *Modells der Identitätsregulation* (siehe Abbildung 1, S. 50). Mit diesem Modell kann auch der *Henne-Ei-Streit* in Bezug auf die Variablen *Emotion* und *Kognition* „auf die

Frage nach der jeweiligen Dominanz der (situationsspezifischen) Selbstwahrnehmung oder aber des (generalisierten) Selbstwertgefühls über die (situationsspezifische) Selbstbewertung" (Haußer 1983, S. 43f.) reduziert werden.

Eine Person orientiert ihre *situative Selbsteinschätzung* und *situative Selbstbewertung* nach Haußer (1983, S. 45f.) an einem Richtwert, welcher aus zwei Quellen entspringen kann: aus dem *sozialen Vergleich* (hier vergleicht sie sich mit anderen Menschen in ähnlichen Situationen) oder dem *individuellen Vergleich* (hier vergleicht sie ihr momentanes Verhalten mit ihren Zielen, Wünschen, Ansprüchen usw.). Dabei sollte man nicht vernachlässigen, daß sehr oft Bewertungen von anderen Menschen (Fremdbewertungen), die von der Person ernstgenommen werden, die Selbstbewertung einer Person initiieren und beeinflussen. Teilweise werden die Fremdbewertungen unter der genannten Bedingung sogar in die Selbstbewertung übernommen.

Identitätsrelevante Erfahrungen lösen im Allgemeinen eine hohe Erklärungsbedürftigkeit der erfahrenen Erlebnisse beim betreffenden Menschen aus. Entsprechend ist eine weitere zentrale Komponente von *Identität als situativer Erfahrung* die *personale Kontrolle*. Bei der personalen Kontrolle „geht es darum, inwieweit sich ein Mensch eine gemachte Erfahrung *in der unmittelbaren Retrospektive erklärt*, inwieweit er das Ereignis *kommen sah* und inwieweit er darauf *einwirkte*" (Haußer 1983, S. 47).

2.4.2 Identität als übersituative Verarbeitung

Bei der übersituativen Verarbeitung setzt sich eine Person aktiv und bewußt mit ihren zentralen Erfahrungen auseinander und verarbeitet diese zu Überzeugungen, Gefühlen und Erwartungen über sich selbst (vgl. Haußer 1983, S. 55).

Dabei spielen die *Gegenstandsbeziehungen* eines Menschen zu anderen Menschen „eine besondere Rolle, da er in interpersonellen Beziehungen Fremdwahrnehmungen und Fremdbewertungen von anderen vermittelt bekommt und umgekehrt seine vermittelt" (Haußer 1983, S. 55). Wir nehmen die Fremdbewertungen über uns wahr und mehr oder weniger ernst, je nachdem, wie nahe uns die Person steht, die diese Bewertung abgegeben hat. Und entsprechend beeinflußt die Fremdbewertung auch unsere Selbstbewertung und unser Selbstwertgefühl, beispielsweise in Form von Stolz oder Kränkung (vgl. Hauser 1983, S. 68f.).

Aber auch gesellschaftliche Normen, soziale Einordnung und soziale Erwartungen (z.B. Rollenerwartungen) haben Auswirkungen auf unsere Identitätsbildung (vgl. ebd, S. 70).

Die im vorangegangenen Kapitel beschriebenen – *situativen* – *Selbstwahrnehmungen, Selbstbewertungen* und *Vorstellungen personaler Kontrolle* können, wenn sie von dem jeweiligen Menschen als *subjektiv bedeutsam* und *betroffen machend* erlebt und zudem als besonders *wichtig* und *zentral* erachtet werden, zu – *übersituativen* – *Selbstkonzepten, Selbstwertgefühlen* und *Kontrollüberzeugungen* über Bereiche und/oder Zeit hinweg generalisiert werden (vgl. Haußer 1983, S. 41ff.). Diese übersituative Verarbeitung *kann* die Person vornehmen, aber sie muß es nicht.

Aber „Identitätsgeneralisierungen sind nicht unbedingt Einbahnstraßen. Neue Erfahrungen und Verarbeitungen können einen Menschen auch dazu bringen, daß er eine Generalisierung wieder rückgängig macht. Dieser umgekehrte Prozeß heißt *Spezifizierung*. Das Erlebnis einer guten Note in einem anderen Fach kann unter bestimmten Bedingungen ein Schulversager-Selbstkonzept wieder aufbrechen" (Haußer 1983, S. 56).

Identität als übersituative Verarbeitung zergliedert sich also – nach Haußer – in die drei Identitätskomponenten: *Selbstkonzept, Selbstwertgefühl* und *Kontrollüberzeugung*, bildet sich durch Prozesse der *Generalisierung* und ändert sich durch Prozesse der *Spezifizierung* (vgl. Haußer 1983, S. 55ff.).

Menschen unterscheiden sich nach Haußer danach, inwieweit die verschiedenen Selbstwahrnehmungen ihres Selbstkonzeptes *miteinander vereinbar* sind oder aber zueinander in Widerspruch stehen. *Vereinbarkeit* oder *Integrität* versus *Nichtvereinbarkeit* oder *Desintegrität* des Selbstkonzeptes eines Menschen wird vom Autor bestimmt als die geleistete Integration versus Desintegration in sechs verschiedenen Integritätsaspekten, welche sind: Biographische Kontinuität, Ökologische Konsistenz, Konsequenz in der Einstellungs-Verhaltens-Relation, Echtheit in der Gefühls-Verhaltens-Relation, Einzigartigkeit und Gleichwertigkeit (vgl. Haußer 1983, S. 59). Im Folgenden werden die einzelnen *Integritätsaspekte* kurz beschrieben (vgl. ebd., S. 59ff.):

1. *Biographische Kontinuität*: Darunter ist zu verstehen, daß ein Mensch seinen Vorstellungen und Überzeugungen (Selbstkonzept) treu bleibt.

Biographische Kontinuiät muß sich nicht unbedingt in einem gradlinigen Lebenslauf äußern. Wenn ein Mensch beispielsweise seinen Beruf wechselt, weil er merkt, daß dieser ihm nicht gemäß war, kann gerade dies ein Zeichen für biographische Kontinuität sein.

2. *Ökologische Konsistenz*: Damit ist gemeint, daß ein Mensch sich in unterschiedlichen Lebensbereichen als gleich erlebt. Ökologisch inkonsistent wäre beispielsweise eine Frau, die sich in ihrem Beruf autonom verhält und sich selbstsicher durchsetzt, aber sich zu Hause ihrem Mann unterordnet.

3. *Konsequenz in der Einstellungs-Verhaltens-Relation*: Darunter versteht der Autor, daß ein Mensch sein tatsächliches Verhalten in Übereinstimmung mit seinen Einstellungen und Überzeugungen erlebt. Nimmt ein Mensch in diesem Integritätsaspekt eine Inkonsistenz bei sich wahr, so kann er damit gut leben, wenn dieser Sachverhalt ihm wenig bedeutet und ihn auch kaum betroffen macht. Aber eine solche Inkonsistenz in subjektiv bedeutsamen oder betroffen machenden Sachverhalten wird bei dem Menschen mindestens Unwohlsein auslösen, welches sich über längere Zeit in einer psychosomatischen Erkrankung manifestieren kann.

4. *Echtheit der Gefühls-Verhaltens-Relation*: Das bedeutet, daß ein Mensch sein tatsächliches Verhalten in Übereinstimmung mit seinen Gefühlen erlebt. Voraussetzung für das Erkennen einer Übereinstimmung oder einer Diskrepanz in diesem Integritätsaspekt ist, daß der Mensch seine Gefühle wahrnimmt.

5. *Einzigartigkeit*: Damit ist gemeint, daß der Mensch sich in bestimmten Gegenstandsbeziehungen als unverkennbar, originell und unersetzlich empfindet (im Gegensatz zu austauschbar). Im beruflichen Bereich sind Menschen gelegentlich leicht austauschbar (z.B. Briefträger, Verkäufer), während sie sich in engen zwischenmenschlichen Beziehungen am ausgeprägtesten als einzigartig erleben können.

6. *Gleichwertigkeit*: Darunter ist zu verstehen, daß ein Mensch sich im Vergleich zu anderen Menschen ebenbürtig erlebt. Bei diesem Integritätsaspekt gibt es eine Spannbreite vom Bewußtsein der Minderwertigkeit anderen gegenüber bis zum Bewußtsein der Höherwertigkeit anderen gegenüber.

Menschen mit einem *positiven Selbstwertgefühl* fühlen sich wohl und selbstzufrieden, akzeptieren sich, achten sich, erleben Sinn und Erfüllung und sind unabhängig und selbständig, während Menschen mit einem *negativen Selbstwertgefühl* sich unbehaglich fühlen, unzufrieden mit sich selbst sind, sich verachten, eher Sinnlosigkeit empfinden sowie eher abhängig und unselbständig sind (vgl. zusammenfassend Hauser 1983, S. 65).

Das Material für die Bildung seines *Selbstwertgefühls* bezieht der Mensch hauptsächlich aus drei Quellen (vgl. Haußer 1983, S. 66f.):

1. Das globale Selbstwertgefühl eines Menschen kann durch eine situative Selbstbewertung einige Zeit beeinflußt werden. Hat ein Mensch beispielsweise erlebt, daß sich sein Partner von ihm getrennt hat, kann sein Selbstwertgefühl einige Zeit dadurch beeinträchtigt werden.

2. Das Selbstwertgefühl eines Menschen hängt von der Bewertung der Integritätsaspekte seines Selbstkonzeptes ab. Sind die Integritätsaspekte weitgehend erfüllt bzw. die verschiedenen Selbstwahrnehmungen eher vereinbar, fördert dies ein positives Selbstwertgefühl.

3. Das Selbstwertgefühl eines Menschen hängt auch von der Bewertung seiner generalisierten Kontrollüberzeugung ab. Hat ein Mensch beispielsweise aus seinen Erfahrungen geschlossen, daß er wenig Einfluß auf seine Umgebung nehmen kann, so fördert dies ein negatives Selbstwertgefühl.

Ebenso wie bei der situativen Selbstbewertung orientiert eine Person auch ihr Selbstwertgefühl an einem Richtwert. Die Quellen des Richtwertes sind erneut: der *individuelle Vergleich* (die Person vergleicht ihr Realbild mit ihrem Idealbild) und der *soziale Vergleich* (die Person vergleicht sich mit anderen Menschen in ähnlichen Situationen) (vgl. zusammenfassend Haußer 1983, S. 67).

In Anlehnung an Haußers Beschreibung der personalen Kontrolle wird die Kontrollüberzeugung vom Autor bestimmt als „*die generalisierte subjektive Erklärbarkeit und/oder Vorhersehbarkeit und/oder Beeinflußbarkeit*, jeweils dimensional gedacht einschließlich des Gegenteils. Eine *externe Kontrollüberzeugung* liegt somit vor, wenn jemand Umweltereignisse generalisiert für unerklärlich und/oder unvorhersehbar und/oder unbeeinflußbar hält. Eine *interne Kontrollüberzeugung* zeigt sich darin, daß jemand Umweltereignisse generalisiert als erklärbar und/oder als unvorhersehbar [gemeint ist wohl eher *vorhersehbar*, d. Verf.] und/oder als beeinflußbar betrachtet. Entsprechend dieser drei Dimensionen treten auch gemischte, also *intern-externe Kontrollüberzeugungen* auf" (Haußer 1983, S. 74).

Kontrollüberzeugungen werden erlernt über Prozesse der *Generalisierung*, können verändert werden über Prozesse der *Spezifizierung* und haben Auswirkungen auf das Erleben und Verhalten des Menschen. Beispielsweise kann man Depressionen als Ergebnis *global-stabiler externer* Kontrollüberzeugungen ansehen (vgl. zusammenfassend Haußer 1983, S. 76).

Haußer stellt weiterhin dar, daß die *situative Erfahrung* und die *übersituative Verarbeitung* für den Menschen *motivationale Konsequenzen* haben, welche auf ihr Erleben, Handeln und Verhalten einwirken.

Die Ausprägung des Selbstwertgefühls scheint nach einer Untersuchung von Wells und Marwell die Informationsaufnahme zu beeinflussen. Unangenehme Informationen werden danach von Menschen mit *hohem Selbstwertgefühl* eher gemieden, während sie von Menschen mit *niedrigem Selbstwertgefühl* eher bevorzugt werden. Entsprechend sind die Untersucher der Auffassung, daß Menschen mit einem *mittleren Selbstwertgefühl* Erfahrungen am ehesten *realitätsadäquat* verarbeiten (vgl. Wells/Marwell 1976, nach Haußer 1983, S. 68).

2.4.3 Identität als motivationale Quelle

Identität als motivationale Quelle besteht aus drei Komponenten:
- Innere Verpflichtung
- Selbstanspruch in Bedürfnissen und Interessen
- Kontrollmotivation, Selbstwertherstellung und Realitätsprüfung.

Innere Verpflichtung

Die verschiedenen *Gegenstandsbeziehungen* einer Person (z.B. zu einem Menschen, Tier, Gegenstand, Ereignis, Zusammenhang usw.) unterscheiden sich voneinander in ihrem Grad der *inneren Verpflichtung*, die diese Person ihnen gegenüber eingeht. Der Grad der inneren Verpflichtung in einer *Ge-*

genstandbeziehung beschreibt die Identitätsrelevanz dieses Gegenstandes (z.B. ein Freund) für die betreffende Person (vgl. Haußer 1983, S. 84).

Wenn man sich einem *Gegenstand* (z.B. einem Menschen) innerlich verpflichtet fühlt, dann ist man ihm gegenüber verbindlich, meint es ernst mit ihm, hat eher intensiven Kontakt, setzt sich mit ihm beständig auseinander und engagiert sich für diesen Gegenstand auch uneigennützig (z.B. gibt ihm Hilfe, Trost). Ist einem ein *Gegenstand* eher gleichgültig, vermißt man sein Fehlen nicht oder wendet man sich von dem betreffenden Gegenstand ab, fühlt man ihm gegenüber keine innere Verpflichtung. Das bedeutet, der inneren Haltung muß ein äußeres Engagement folgen. Wenn jemand eine innere Haltung kundgetan hat, aber nicht entsprechend handelt, so ist seine innere Verpflichtung nur geheuchelt (vgl. Haußer 1983, S. 85f.).

Die Identität als *situative Erfahrung* und *übersituative Verarbeitung* beeinflußt also den Grad der inneren Verpflichtung, die eine Person gegenüber ihren vielfältigen Gegenstandsbeziehungen einnimmt. Nach Erikson (1981, nach Haußer 1983, S. 85f.) ist vorstellbar, daß eine Person, die gerade nicht genau weiß, wer sie ist oder sein will, sich also in einer *Identitätskrise* befindet, eher weniger Verpflichtungen gegenüber *Gegenständen* empfindet, während eine Person, die eine solche Krise überwunden hat und sich für eine Identität entschieden hat, dazu neigt, innere Verpflichtungen gegenüber *Gegenständen* in den verschiedenen Lebensbereichen einzugehen.

Selbstanspruch in Bedürfnissen und Interessen

„Identitätsrelevant ist ein Bedürfnis oder Interesse eines Menschen dann, wenn es einen subjektiv bedeutsamen und betroffen machenden Selbstanspruch enthält" (Haußer 1983, S. 88). Andererseits wirken sich *identitätsbedingte Selbstansprüche* auf Bedürfnisse und Interessen eines Menschen aus.

Bedürfnisse und Interessen kann man der Kategorie der *Motive* unterordnen. Sie sind auf *Gegenstände* (z.B. Menschen, Tiere, Sachen, Zustände, Veränderungen, Ereignisse oder Zusammenhänge) gerichtet.

„Der im *Bedürfnis* enthaltene Selbstanspruch zielt auf Befriedigung; ist der Selbstanspruch erfüllt, existiert das Bedürfnis nicht mehr. Der im *Interesse* enthaltene Selbstanspruch zielt hingegen auf Realisierung, also auf eigene Gestaltung und Veränderung von Gegenständen in Gesellschaft und Natur ab" (Haußer 1983, S. 88).

Muß ein *Selbstanspruch* in einem Bedürfnis oder Interesse aufgegeben, herabgesetzt oder nur verschoben werden, hat dies mindestens eine Verarbeitung dieser Erfahrung zur Folge, wenn diese Erfahrung nicht gar zu Veränderungen im Selbstkonzept, im Selbstwertgefühl und in der Kontrollüberzeugung führt (vgl. ebd., S. 88).

Zwischen einzelnen Bedürfnissen gibt es Konflikte in bezug auf deren *Selbstansprüche* und *Handlungsziele*. Das gleiche gilt für die Interessen untereinander. Entsprechend können Menschen nicht alle ihre Bedürfnisse und Interessen gleichermaßen befriedigen bzw. verfolgen. Die Menschen entscheiden sich im Zweifelsfall zugunsten des identitätsrelevanteren Bedürfnisses oder Interesses (vgl. Haußer 1983, S. 89).

Interessen drücken die Identität einerseits in hohem Maße aus und tragen andererseits aber auch zur Identitätsbildung bei. Entsprechend stehen Interessen und die Identität eines Menschen nicht in einem Kausal-, sondern in einem Wechselwirkungszusammenhang (vgl. ebd., S. 89).

Kontrollmotivation, Selbstwertherstellung und Realitätsprüfung

Kontrollmotivation kann als das Bedürfnis eines Menschen angesehen werden, ihm wichtige *Gegenstände* (z.B. Menschen, Tiere, Sachen, Zustände, Veränderungen, Ereignisse, Zusammenhänge usw.) und deren Entwicklung zu beeinflussen. Kontrollmotivation setzt z.B. die Ausbildung einer *Kontrollüberzeugung* voraus (vgl. zusammenfassend Haußer 1983, S. 90f.).

Es wurde festgestellt, daß eher eine *mittlere Kontrollmotivation* mit psychischer Gesundheit einhergeht. So fand man bei depressiven Menschen eine *geringe Kontrollmotivation* verbunden mit einer *externen Kontrollüberzeugung*, bei Alkoholikern eine *geringe Kontrollmotivation* verbunden mit *interner Kontrollüberzeugung*, während bei Herzinfarktpatienten eine *hohe Kontrollmotivation* verbunden mit einer *internen Kontrollüberzeugung* gefunden wurde (vgl. zusammenfassend Haußer 1983, S. 92).

„Im *Selbstvertrauen* und *Selbstbewußtsein* liegen die emotionalen Entsprechungen der Kontrollmotivation. Selbstvertrauen betrifft die individuelle, Selbstbewußtsein die soziale Perspektive. *Selbstvertrauen* ist die *Erfolgszuversicht in Hinblick auf die Fähigkeit, eigene Bedürfnisse zu befriedigen, eigene Handlungsziele zu erreichen.* Es ist das Vertrauen auf die eigenen Kompetenzen und auf die situative Gewandtheit. *Selbstbewußtsein* im besonderen, auch Selbstsicherheit, ist hingegen die *Erfolgszuversicht in Hinblick auf die Fähigkeit, Zustimmung zu finden, andere zu überzeugen, sich zu behaupten und durchzusetzen*" (Haußer 1983, S. 91).

Identität als situative Erfahrung und *Identität als übersituative Verarbeitung* beeinflussen die *Ausprägung der Kontrollmotivation*. Korman (1967, nach Haußer 1983, S. 91) hat beispielsweise in seiner Untersuchung herausgefunden, daß Menschen mit einem höheren Selbstwertgefühl bei der Berufswahl eine stärkere Kontrollmotivation gezeigt haben als Menschen mit einem niedrigeren Selbstwertgefühl.

Als nächstes ist Haußer auf ein motivationales Problem eingegangen: den teilweisen Widerspruch zwischen dem *Bedürfnis nach Selbstwertherstellung* und dem *Bedürfnis nach Realitätsprüfung* eines Menschen. Bei der Wahrnehmung und Verarbeitung der Erfahrungen stehen Menschen in dem Zwiespalt, daß sie zum einen prüfen möchten, ob ihre Vorstellungen von realen *Gegenständen* richtig sind; zum anderen wünschen sie, daß das Ergebnis der Prüfung ihr Selbstwertgefühl hoch hält oder gar steigert (vgl. zusammenfassend Haußer 1983, S. 93f.).

Nach Auffassung des Autors ist das *Bedürfnis nach Realitätsprüfung* des weiteren gleichzusetzen mit dem *Bedürfnis nach Konsistenz*. Dieses *Konsistenzbedürfnis* wird vom Autor als der Wunsch von Menschen bestimmt, ihre „Selbstwahrnehmungen und Selbstbewertungen sich nicht nur einzubilden, sondern in der Realität zu bestätigen" (Haußer 1983, S, 94). Diese Gleichsetzung sehe ich als problematisch an, weil er sich mit seiner Definition des *Konsistenzbedüfnisses* im Widerspruch zu der eher einheitlichen Definition des *Konsistenzbedüfnisses* anderer Autoren – beispielsweise Frey/Benning – befindet: „Ausgehend von einem Bedürfnis nach kognitiver Konsistenz postuliert die Selbstkonsistenztheorie, daß Individuen Informationen präferieren, die sich in Übereinstimmung mit schon bestehenden Meinungen und Hypothesen über das eigene Selbst befinden" (Frey/Benning 1983, S. 160f.). Nach der Definition von Frey/Benning wollen die Menschen ihre Vorstellungen über sich selbst *gerade nicht überprüfen, sondern sie wählen selektiv nur* die Informationen aus den Erfahrungen aus, die zu ihren bisherigen Vorstellungen über sich selbst passen.

Wenn das Ergebnis der *Realitätsprüfung* gleichzeitig das Selbstwertgefühl hoch hält, ist es unproblematisch. Aber wenn das Ergebnis der *Realitätsprüfung* das Selbstwertgefühl senken würde, stünden die Menschen vor dem Konflikt, die Realität anzunehmen und sich schlecht zu fühlen oder die Realität (mindestens teilweise) nicht anzunehmen (z.B. selektive Informationsauswahl) und sich gut zu fühlen. Entsprechend den beiden Möglichkeiten wählen Menschen im Konfliktfall teilweise die eine und teilweise die andere Strategie (vgl. ebd., S. 94).

Schwarzer/Jerusalem (1982, nach Haußer 1983, S. 94) zeigten, daß Personen mit *hohem Selbstwertgefühl* positive Fremdbewertungen *intern* und negative Fremdbewertungen *extern* attribuierten, während Personen mit einem *niedrigen Selbstwertgefühl* positive Fremdbewertungen *extern* und negative Fremdbewertungen *intern* attribuierten. Somit haben die Personen die jeweiligen Fremdbewertungen *konsistent zu ihrem Selbstwertgefühl* attribuiert. Diese Untersuchungsergebnisse gehen von der Definition des *Konsistenzbedürfnisses* im Sinne von Frey und Benning (1983, S. 160f.) aus und passen aus diesem Grund eigentlich nicht in Haußers Argumentationskette bzw. haben nichts mit seinen Ausführungen zum *Bedürfnis nach Realitätsprüfung* bzw. mit seiner Definition vom *Konsistenzbedürfnis* zu tun.

Nach Frey und Benning macht die *Selbstkonsistenztheorie* andere Voraussagen für eine Person mit niedrigem Selbstwertgefühl als die *Selbstwerttheorie*. Im Sinne der *Selbstkonsistenztheorie* sollten Personen mit niedrigem Selbstwertgefühl negative Fremdbewertungen eher glauben und eine positive Fremdbewertung ablehnen, weil so ihre Erfahrungen konsistent zu ihrem Selbstwertgefühl wären. Im Sinne der *Selbstwerttheorie* sollten Personen mit einem niedrigen Selbstwertgefühl negative Fremdbewertungen dagegen ablehnen und positive Fremdbewertungen verstärkt glauben (vgl. Frey/Benning 1983, nach Haußer 1983, S. 94f.). Auch diese Aussagen stehen im Konflikt mit Haußers Definition vom *Bedürfnis nach Realitätsprüfung* und seiner Definition vom *Konsistenzbedürfnis*, da sie von der Definition des *Bedürfnisses nach Konsistenz* von Frey/Benning (1983, S. 160f.) ausgehen.

Haußer überlegt, wie die theoretische Kontroverse zwischen der *Selbstwerttheorie* und der *Selbstkonsistenztheorie* zu lösen ist. Das *Bedürfnis nach Selbstwertherstellung* scheint nur unter bestimmten Bedingungen aufzutreten. Auf keinen Fall könne man ein generelles und universelles *Bedürfnis nach Selbstwerterhöhung* postulieren, da schon die Reaktionsform der erlernten Hilflosigkeit oder der Depression dagegen sprechen (vgl. Haußer 1983, S. 67f.).

In Anlehnung an Frey/Benning (1983, nach Haußer 1983, S. 96) dominiert das *Bedürfnis nach Realitätsprüfung* über das *Bedürfnis nach Selbstwertherstellung*:

a. wenn ein Mensch kein klares Selbstkonzept seiner Fähigkeiten ausgebildet hat,
b. wenn der Mensch antizipiert, daß eine mögliche selbstwerterhöhende Erfahrung durch andere Menschen widerlegt werden könnte und
c. wenn das Bedürfnis nach Selbstwertherstellung mit einer positiven öffentlichen Selbstdarstellung in Konflikt gerät.

Hier *ersetzt Haußer* den *Terminus Bedürfnis nach Konsistenz* im Sinne von Frey/Benning (1983) *durch* das *Bedürfnis nach Realitätsprüfung* mit der *anderen Bedeutung*. Durch diese, meiner Meinung nach unzulässige, Ersetzung wird der von Frey und Benning (1983, S. 174f. u. 181) ausgesagte Sachverhalt verfälscht.

Im Anschluß an diese Ausführungen erwägt der Autor, „ob man nicht zudem eine *universelle Änderungsträgheit des Selbstwertgefühls* postulieren kann. Denn es ist kaum anzunehmen, daß ein Mensch mit Selbstkonzept, Selbstwertgefühl und Kontrollüberzeugung, die aufgrund bedeutsamer biographischer Erfahrungen mehr oder weniger generalisiert vorliegen, wegen einer einzelnen Erfahrung von heute auf morgen sein Selbstwertgefühl massiv ändert" (Haußer 1983, S. 96).

2.4.4 Modell der Identitätsregulation

In seinem *Regulationsmodell* faßt Haußer alle bisher beschriebenen Bestimmungsmerkmale und Komponenten von Identität zusammen und bringt diese in einen Wirkungszusammenhang (vgl. Abbildung 1). Außerdem zeigt er mit seinem Modell, daß der Mensch einerseits auf seine Erfahrungen *reagiert* und andererseits aber auch durch die entwickelte *Identität* zu Handlungen anregt bzw. durch sein Selbstkonzept, Selbstwertgefühl und seine Kontrollüberzeugung *initiativ* wird (vgl. Haußer 1983, S. 102).

Will man den *reaktiven* Prozeß betrachten, muß man im Modell bei *Verhalten, Handeln, Erleben* zu lesen beginnen. Der Mensch erlebt sich selbst über seine Erfahrungen und Handlungen. Wenn dies für ihn *subjektiv bedeutsam* ist oder/und ihn *betroffen macht*, nimmt er sich selbst wahr, bewertet sich selbst und gewinnt ein Gefühl von personaler Kontrolle in der Situation.

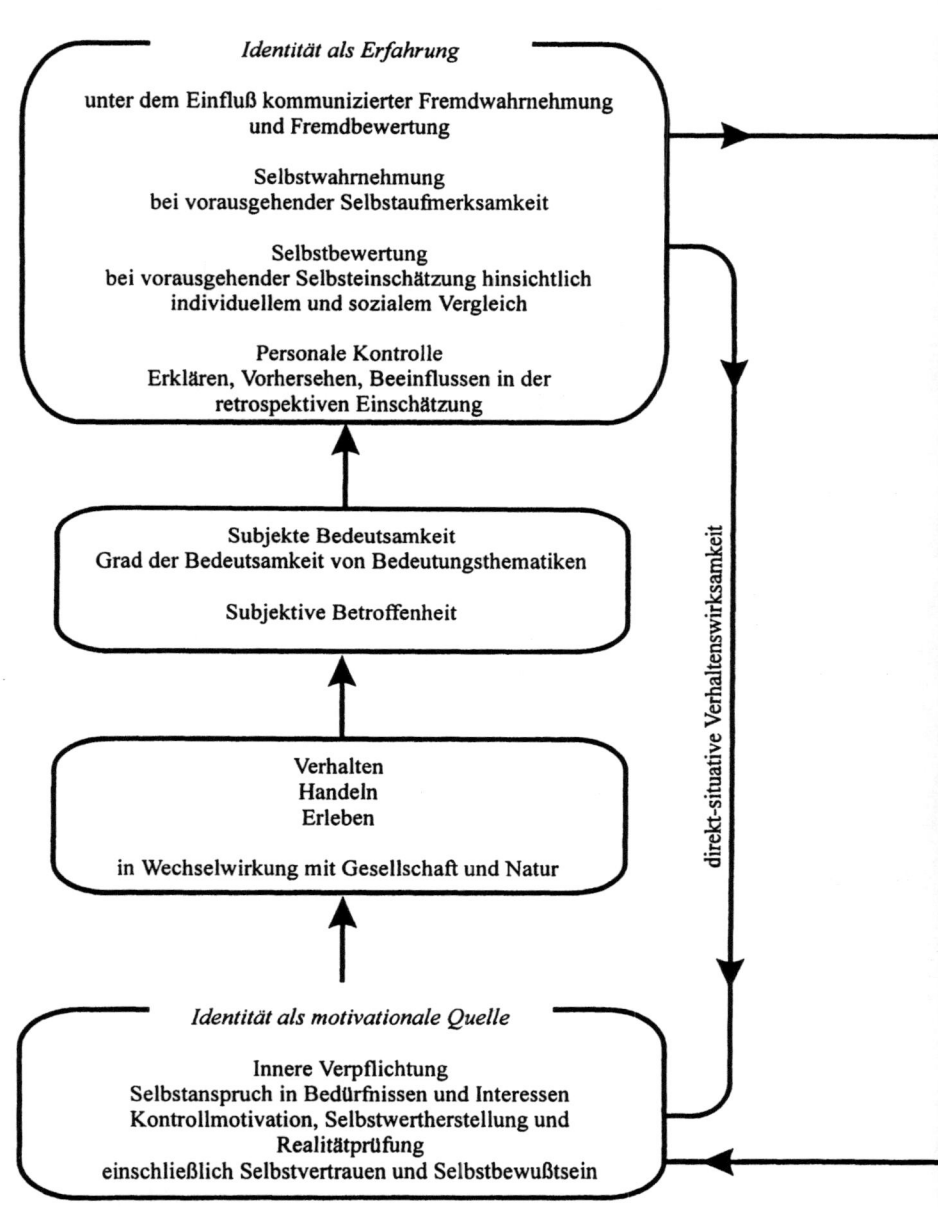

Abbildung 1: Modell der Identitätsregulation. *Quelle:* Haußer 1983

Identität als übersituative Verarbeitung

unter dem Einfluß des sozialen Spiegels bei möglicher
Generalisierung und Spezialisierung

Selbstkonzept
bezüglich der Integritätsaspekte:
biographische Kontinuität
ökologische Konsistenz
Konsequenz in der Einstellungs-Verhaltens-Relation
Echtheit in der Gefühls-Verhaltens-Relation
Einzigartigkeit
Gleichwertigkeit

Selbstwertgefühl
in den Komponenten
Wohlbefinden und Selbstzufriedenheit
Selbstakzeptierung und Selbstachtung
Erleben von Sinn und Erfüllung
Selbständigkeit und Unabhängigkeit
aus der Generalisierung situativer Selbstbewertungen
aus der Bewertung von Selbstkonzepten
in ihren Integritätsaspekten
aus der Generalisierung von interner und externer
Kontrollüberzeugung
aufgrund der Real-Ideal-Relation
im individuellen Vergleich
und im sozialen Vergleich

Kontrollüberzeugung
in den Komponenten:
Erklärbarkeit
Vorhersehbarkeit
Beeinflußbarkeit

indirekt-übersituative
Verhaltenswirksamkeit

Solche situativen Selbstwahrnehmungen, Selbstbewertungen und Erfahrungen personaler Kontrolle lösen, wenn sie für den Menschen *wichtig* sind, bei ihm eine übersituative Verarbeitung zu einem Selbstkonzept, Selbstwertgefühl und einer Kontrollüberzeugung aus (vgl. ebd., S. 102).

Will man den *initiativen* Prozeß betrachten, muß man im Modell bei *Selbstkonzept, Selbstbewertung, Kontrollüberzeugung* zu lesen beginnen. Hat der Mensch ein Selbstkonzept, eine Selbstbewertung und eine Kontrollüberzeugung entwickelt, beeinflussen diese zunächst seine innere Verpflichtung, seinen Selbstanspruch in Bedürfnissen und Interessen, seine Kontrollmotivation, sein Bedürfnis nach Realitätsprüfung und sein Bedürfnis nach Selbstwertherstellung. Und des weiteren haben die *Identität als übersituative Verarbeitung* und die *Identität als motivationale Quelle* Auswirkungen auf das Erleben (meint die Gefühle der Person), das Handeln (meint die geplanten Handlungen der Person) und das Verhalten (meint jegliche Äußerungsform der Person-Umwelt-Beziehung) der Person. Das bedeutet, das Selbstkonzept, das Selbstwertgefühl und die Kontrollüberzeugung einer Person regen diese zum Agieren an, bzw. die Person wird von sich aus initiativ (vgl. ebd., S. 102).

Identität als situative Erfahrung wirkt sich zum einen über die *Identität als motivationale Quelle* direkt-situativ (enge Schleife) auf das Verhalten des Menschen aus. Zum anderen wirkt sich *Identität als übersituative Verarbeitung* auch über die *Identität als motivationale Quelle* indirekt-übersituativ (weite Schleife) auf das Verhalten des Menschen aus. Sowohl der direkt-situative als auch der indirekt-übersituative Ablauf ist möglich. Beide Abläufe können auch zur gleichen Zeit geschehen (vgl. Haußer 1983, S. 102).

„Die Bezeichnung des Modells als ein Modell der Identitätsregulation trägt dem Umstand Rechnung, daß es bei der Aktualgenese von Identität immer um die potentiell kontroversen Bedürfnisse der Realitätsprüfung und der Selbstwertherstellung geht, aber auch um die Verwirklichung von Selbstansprüchen" (Haußer 1983, S. 102).

Ein Regulationsmodell basiert immer auf einem oder mehreren *Sollwerten*, welche angezielt werden. Für die Identitätsregulation des Menschen lautet der Sollwert des Selbstkonzepts *Ich sehe mich richtig*, der Sollwert des Selbstwertgefühls *Ich fühle mich gut* und der Sollwert der Kontrollüberzeugung *Ich bringe etwas zustande*. Ist die Identitätsregulation eines Menschen intakt, bzw. ist der Mensch psychisch gesund, so liegt sein Selbstwertgefühl eher im mittleren Bereich.

Mit seiner *Selbstwertherstellung* kann er negative Sollwerte wieder in die positive Richtung bringen. Und mit der *Realitätsprüfung* kann er eine zu positive Selbstsicht wieder auf einen realistischen Stand bringen. Mit der *Verwirklichung seiner Ansprüche* kann er ebenfalls sein Selbstwertgefühl steigern. Bei einer gestörten Identitätsregulation liegt das Selbstwertgefühl eines Menschen dagegen eher im Extrembereich (sehr hoch oder ziemlich niedrig) (vgl. ebd., S. 102f.).

An Haußers *Modell der Identitätsregulation* ist schätzenswert, daß es differenziert, umfassend und durch seine bildliche Darstellung übersichtlich ist. Er integriert viele wichtige identitätsrelevante Komponenten in sein Modell und beschreibt diese relativ genau in ihren Zusammenhängen. Mit seinem Modell kann er viele Aspekte der Entwicklung, Ausprägung und Veränderung von Selbstkonzpten, Selbstwertgefühlen und Kontrollüberzeugungen erklären und einige Auswirkungen des gebildeten Selbstkonzepts, des gewonnenen Selbstwertgefühls und der gewonnenen Kontrollüberzeugung besonders auf die Motivation, aber auch auf das Erleben und das Verhalten zeigen. Sein Modell macht deutlich, daß Menschen einerseits auf ihre Erfahrungen reagieren, aber andererseits auch durch ihre entwickelte Identität initiativ werden.

Die Einschränkungen der *Gesamtheit der Eigenerfahrungen* des Autors auf die *subjektiv bedeutsamen* und *betroffen machenden* Erfahrungen für die Bildung des Selbstkonzeptes scheinen mir sinnvoll, weil der Mensch sicher nicht alle Erfahrungen in seinem Selbstkonzept berücksichtigen kann. Dies würde seinen Entscheidungsprozeß verkomplizieren und seine Handlungsfähigkeit wegen der langandauernden Sortierprozesse verlangsamen.

Hervorzuheben ist auch Haußers umfangreiche Auseinandersetzung mit den motivationalen Komponenten, wenngleich ich seine Gleichsetzung des *Bedürfnisses nach Realitätsprüfung* mit dem *Bedürfnis nach Konsistenz* als problematisch ansehe (vgl. die Ausführungen auf S. 70f.). Dieser Aspekt beeinträchtigt aber nicht den Stellenwert seines Modells.

Haußers Auffassung, daß Menschen die *Neigung haben,* ihre Selbstwahrnehmungen und Selbstbewertungen *gezielt zu überprüfen,* stimme ich nicht zu. Nach Sichtung der mir vorliegenden Forschungsliteratur scheint es eher so zu sein, daß Menschen nach Möglichkeit ihre Selbstwahrnehmungen und Selbstbewertungen bestätigen möchten bzw. hauptsächlich im Sinne des

Bedürfnis nach Konsistenz reagieren, in zweiter Linie ihr Selbstwertgefühl erhöhen möchten (*Bedürfnis nach Selbstwerterhöhung)* und nur selten bzw. unter gewissem Druck (z.B. in sehr wichtigen Situationen) ein *Bedürfnis nach realistischer Informationsverarbeitung* haben.

Besonders interessant ist die Integration der verschiedenen Komponenten in ein *Regulationsmodell*, welches bestimmte *Sollwerte* anstrebt. Dies liefert wiederum einigen Erklärungswert für menschliche Motivation.

In Haußers Modell fehlt nach meiner Aufassung ein *Filter*, der ausdrückt, daß nur sehr *wichtige* und *zentrale* Selbstwahrnehmungen, Selbstbewertungen und Gefühle personaler Kontrolle zu Selbstkonzept, Selbstwertgefühl und Kontrollüberzeugung generalisiert werden.

2.5 Konzepte eines vielstimmigen Selbst

Neben meist kognitiven Ansätzen zum Selbstkonzept und Selbstwertgefühl treten in jüngster Zeit Ansätze in Erscheinung, die das *Selbst* als durch ein Beziehungsgeflecht miteinander verbundener *innerer Stimmen* bzw. *Positionen* charakterisieren. Nachfolgend wird der Ansatz von Hermans (1996) dargestellt und unter 4.5.2 eine eigene Konzeption des *Selbst als Kollektiv innerer Stimmen* entwickelt.

2.5.1 Das dialogische Selbst nach Hermans

Neben tatsächlichen Dialogen mit tatsächlichen anderen ist jeder Mensch oft, insbesondere wenn er allein ist, in einer *imaginierten* Diskussion mit beispielsweise einem Elternteil, seinem Partner, einem Filmschauspieler, einer Figur aus seinem Traum, seinem Vorgesetzten/Lehrer oder sich selbst. Diese vorgestellten Dialoge haben einen großen Anteil an der Konstruktion von Wirklichkeit eines jeden Menschen (vgl. Hermans 1996, S. 41).

Die Hauptthese von Hermans (1996) ist, daß die bisherige Selbst- bzw. Selbstkonzeptforschung (Selbstkonzept wird vom Autor definiert als ein System affektiver und kognitiver Strukturen über das Selbst) von der Sichtweise eines *Selbst im dialogischen Austausch* sehr profitieren kann, weil das *dialogische Selbst* seiner Meinung nach eine wichtige Rolle in der Selbstorganisation der Menschen spielt. Die aktuelle Forschung hat diese bedeutsame Fähigkeit bisher anscheinend vernachlässigt. Die vor allem kognitive Sichtweise der bisherigen Forschung von der *Vielgesichtigkeit des Selbst* (z.B. bereichsspezifische und situationsspezifische Selbstkonzepte) ist, seiner Auffassung nach, in Richtung einer *Vielstimmigkeit des Selbst* auszuweiten, in der sowohl eine *zeitliche* als auch eine *räumliche* Dimension enthalten ist. Seines Erachtens besteht das *dialogische Selbst* aus vielen Einzelteilen (*Stimmenpositionen*), welche untereinander sprachliche Beziehungen unterhalten (vgl. ebd., S. 31ff.).

Die Begriffe *Stimme* und *Position* werden von ihm benutzt, um das *dialogische Selbst* als einen imaginären Raum darzustellen, welcher zwischen einer Vielzahl von *Positionen* bzw. *Standpunkten* ausgedehnt ist. Entsprechend „ist das Selbst ein Prozeß dialogischer Wanderungen in einem imaginären Raum" (Hermans 1996, S. 44, Übersetzung von A. L.).

Wie kann man sich das *dialogische Selbst* nun konkret vorstellen? Zur Verdeutlichung der Konzeption des *dialogischen Selbst* seien hier kurz zwei Beispiele aufgeführt (vgl. zusammenfassend Hermans 1996, S. 33ff.):

Beispiel 1:
Man stelle sich vor, ein Sohn möchte das Auto seiner Mutter borgen, um sich einen schönen Abend zu machen. Welche Gedanken kommen der Mutter, wenn der Junge sie fragt? Einerseits würde sie gern hilfreich sein („Ich kann mir vorstellen, daß..."), und andererseits kann sie Sorge um das Wohl des Jungen und des Autos entwickeln („Ich fürchte, daß..."). Sie kann zwischen diesen beiden *Positionen* schwanken bzw. in einen inneren Dialog zwischen diesen beiden *Standpunkten* treten. Durch bisherige Erfahrungen hat die Mutter ein *interpersonales Skript* (stereotypes Beziehungsmuster, in Form einer kognitiven Struktur) entwickelt, in welchem die übliche Abfolge von Aktionen und Ereignissen gespeichert ist. Das *dialogische Selbst* bedient sich dieses *interpersonalen Drehbuches*. Die Mutter greift aus diesem *interpersonalen Skript* teilweise die *Positionen* bzw. *Standpunkte* ab, kann aber auch darüber hinaus gehen. Beide *Positionen*, also auch der Blickpunkt des Sohnes, sind innewohnende Teile des *dialogischen Selbst* der Mutter. Das *Selbst* der Mutter ist in diesem Fall verteilt zwischen zwei *Positionen*. Die Mutter kommt zu ihrer Entscheidung über die dialogischen Bewegungen zwischen diesen beiden *Positionen*, die aber auch durch weitere Äußerungen des Sohnes (z.B. „Ich werde auch vorsichtig fahren" oder „Ich

komme vor 24.00 Uhr zurück") beeinflußt werden. Durch solche Äußerungen versucht der Sohn, die *innerliche Position* der furchtsamen Mutter („Ich fürchte, daß...") zu schwächen, damit die *Position der hilfreichen Mutter* („Ich kann mir vorstellen, daß...") im innerlichen Dialog der Mutter siegt. Die tatsächliche Entscheidung der Mutter ist eigentlich eine *Vereinbarung beider Stimmenpositionen* in dem Selbst der Mutter.

Beispiel 2:
Man stelle sich vor, ein Autor reicht ein Manuskript bei einer wissenschaftlichen Zeitung ein. Daraufhin bekommt er sein Manuskript mit drei Kritiken zurückgeschickt. Nur wenn er diese berücksichtigt, wird es veröffentlicht. Um die Kritiken berücksichtigen zu können, muß der Autor die *Position* eines jeden Kritikers einnehmen und in Beziehung zu seiner eigenen *Position* bzw. *Standpunkt* setzen. Wiederum muß sich der Autor zwischen den einzelnen *Positionen* (und seiner) hin und her bewegen. Anfänglich werden die unterschiedlichen *Positionen* wenig Gleichklang aufweisen. Aber nach einigen Runden dialogischen Austausches nähern sich die *Positionen* langsam an. Am Ende kann der Autor an einen Punkt gelangen, von wo aus er die verschiedenen Sichtweisen gleichzeitig sehen und eventuell sogar integrieren kann. Durch den *dialogischen Austausch* kann also eine neue Struktur (hier ein überarbeitetes Manuskript) entstehen, welche die Informationen aller *Positionen* (der drei Kritiker und seiner ursprünglichen Position) enthalten und sich bedeutsam von der ursprünglichen Struktur bzw. *Position* unterscheiden kann. Die ursprüngliche Sichtweise des Autors hat sich durch den *dialogischen Austausch* der verschiedenen *Positionen* verändert.

Nach Hermans können die einzelnen Sichtweisen (Orginalsichtweise des Autors, Sichtweisen der einzelnen Kritiker, neue Sichtweise des Autors) als Teile eines offenen, dynamischen, *vielstimmigen Selbst* betrachtet werden. Denn die Sichtweisen der Kritiker sind vom Autor als Teile seines *Selbst* internalisiert worden. Menschen verfügen über die Sichtweisen wichtiger anderer, die sie aus bisherigen Erlebnissen gewonnen haben, zu einem *interpersonalen Drehbuch* zusammengestellt haben und sich diese teilweise zueigen gemacht haben (vgl. Hermans 1996, S. 42).

Diese Beispiele verdeutlichen den Unterschied zwischen dem *dialogischen Selbst* und einem *Beziehungsschema* bzw. der *Konzeption verbundener Schemata* (Selbstschema, Schema über andere Personen und interpersonale Skripte). Während ein *Beziehungsschema* ein eher *stabiles* Muster fe-

78

ster, bestimmter Elemente darstellt, ist anzunehmen, daß die verschiedenen *Positionen* in dem *dialogischen Selbst* jeweils durch ganz eigene Sichtweisen, Motive, Wünsche, Erinnerungen und Gefühle ausgezeichnet sind. Die einzelnen Teile des *dialogischen Selbst* funktionieren relativ *autonom*. Einzelne Positionen können andere Positionen fragen, kritisieren, lächerlich machen, und sie können mit anderen Teilen übereinstimmen oder nicht (vgl. ebd., S. 42). Manche Positionen sind eher flüchtig, während andere eher andauern. Einige Positionen haben einen stärkeren Einfluß auf die Person (sind dominanter) als andere Positionen (vgl. ebd., S. 44).

Eine Position im *dialogischen Selbst* kann man vergleichsweise betrachten wie eine von anderen unterschiedene Person, welche ihre ganz eigene Perspektive ausdrückt. „Dies bedeutet, daß jede Position ausgestattet ist mit handlungsrelevanten Qualitäten und somit als ein ursprüngliches Zentrum der Organisation im Selbst fungiert" (Hermans 1996, S. 42, Übersetzung von A.L.).

Die dem *dialogischen Selbst* innewohnende relative Autonomie eröffnet zwei Möglichkeiten zur Veränderung der Sichtweisen der Person (vgl. Hermans 1996, S. 43):

1. Das *dialogische Selbst* hat die Fähigkeit, vielfältige Standpunkte einzunehmen. Neue Positionen umfassen auch neue Informationen und Kenntnisse. Während des *dialogischen Austausches* können die einzelnen Positionen voneinander lernen und so zu einer differenzierteren Sichtweise gelangen.

2. Da Positionen als Perspektiven verstanden werden, welche für eine gewisse Zeit den direkten Austausch mit der sozialen Umgebung der Person beeinflussen, kann man davon ausgehen, daß reale andere aus der Umgebung der Person von der Person als Positionen im *Selbst* reflektiert bzw. ins *Selbst* übernommen werden. Also wird die innere Dynamik des *Selbst* auch von realen anderen sehr beeinflußt. Dabei stellen aber die inneren Positionen nicht einfache Nachbildungen der realen anderen dar, denn der Akt der *Standpunktfindung* ist ein aktiver Prozeß.

Selbstveränderung bzw. *Selbsterneuerung* kann also als *Positions- oder Standpunktfindung* betrachtet werden. Es ist ein hochaktiver Prozeß, der sich in der Dynamik von *Selbstverhandlungen* und *Selbstintegration* ausdrückt. Durch den *inneren Dialog* verändern sich die Sichtweisen der Menschen, ähnlich wie dies auch durch Gespräche mit realen anderen geschieht (vgl. Hermans 1996, S. 43ff.).

Ein *Beziehungsschema* stellt dagegen nach Hermans eine internalisierte Struktur dar, die sich auf die Vergangenheit bezieht. Ein Schema ändert sich nur durch äußerliche Faktoren. Es besitzt kein inneres Potential für Selbstveränderung, während das *dialogische Selbst* durch den Austausch der einzelnen Positionen ein Zentrum für Initiative darstellt bzw. ein inneres, konstruktives Potential für Veränderung bietet (vgl. ebd., S. 43).

Es stellt sich nun die Frage, wie unterscheidet sich das *dialogische Selbst* von der bisher dargestellten Konzeption verbundener Schemata, und wie läßt es sich damit verbinden? Welche *Rolle* spielt es in diesem Schemageflecht?

Nach Auffassung des Autors ist das *dialogische Selbst*, durch seine beziehungsmäßige und organisierende Konzeption, *die wirkende Kraft*, welche die drei unterschiedlichen, relativ unflexibel angeordneten Schemata (Selbstschema, Schema von anderen Personen und interpersonale Skripte bzw. Drehbücher) der Menschen koordiniert und korrespondieren läßt (vgl. ebd., S. 44).

Wenn man das *Selbst* als dynamisches Zusammenspiel zwischen einer Vielzahl von Stimmenpositionen ansieht, eröffnet sich damit eine Vielfalt von Möglichkeiten für Verhaltensunterschiede verschiedener Menschen und Verhaltensunterschiede eines Menschen in verschiedenen Situationen (vgl. Hermans 1996, S. 44).

Welche neuen Möglichkeiten bietet das *dialogische Selbst*? Mit dieser Konzeption kann man auch Prozesse oder Verhalten erklären, die über den anregenden Charakter der unmittelbaren Situation hinausgehen. *Erwünschte* und *unerwünschte Selbstkonzpte* können als Positionen des *Selbst* eingenommen werden. Menschen sind im allgemeinen bemüht, ihrer *Idealvorstellung von sich* näherzukommen, ebenso wie sie sich auch davor fürchten, eine *Person* zu werden, *die sie nicht sein mögen*. Entsprechend muß eine *Selbstkonstruktion* auch Möglichkeiten bieten, die Vergangenheit und die Zukunft zu integrieren (vgl. ebd., S. 44). Mit diesem Modell ist es möglich, zeitliche Strukturen in räumliche umzuwandeln. Eine Person kann in die Vergangenheit oder Zukunft schauen und mit sich selbst z.B. in der Zukunft sprechen, ob ihre aktuellen Handlungen auch in der Zukunft noch einen Sinn ergeben. Diese Position an einem Punkt in ihrer Zukunft kann ihr sehr dabei helfen, den Nutzen ihrer aktuellen Handlungen für später abzuschätzen. Das Ergebnis dieses inneren Dialoges kann, aufgrund beispielsweise einer Nichtübereinstimmung des *Heute-Selbst* mit dem *Morgen-Selbst*, dazu führen, daß sie ihre Sichtweise in der Gegenwart verändert, weil sie sich auf diese Weise neue wesentliche Informationen eröffnet hat (vgl. ebd., S. 33).

Durch die Autonomie der inneren Stimmenpositionen im *dialogischen Selbst* kann man mit dieser Konzeption auch zeigen, daß eine Position über eine andere Position dominiert. Dialog (Bewegung zwischen einzelnen Positionen) kann im imaginären Raum sowohl in Bewegung von hier nach dort (*horizontaler Austausch*) als auch in einer *vertikalen Kraftbewegung* von oben nach unten dargestellt werden (vgl. ebd., S. 45).

Hermans sieht – im Gegensatz zu den meisten anderen Forschern – nicht das Selbstkonzept als *die treibende Kraft* des Menschen an, die seine Wahrnehmungen und Handlungen steuert. Seiner Auffassung nach ziehen sich Menschen – in einer spezifischen Situation – unterschiedliche Sichtweisen aus ihrem *interpersonalen Skript* (Schema über bereits erlebte Beziehungsmuster), die nach einer inneren Diskussion ihr Verhalten bestimmen und die zwischen den einzelnen Teiltheorien vermitteln. Das Selbst eines Menschen ist danach quasi das Abbild seiner Bezugsgruppe, die sich im Innern dieses Menschen widerspiegeln. Aus der Diskussion der inneren Positionen gewinnt der Mensch auch Vorstellungen über sich selbst (Selbsttheorie) und die anderer Personen (Theorie über andere).

Interessant an diesem Ansatz ist, daß er sich sehr eng an der tatsächlichen *Gedankenwelt* der Menschen orientiert, eine völlig neue Denkweise zur Organisation des Verhaltens des Menschen darlegt und einige interessante Anregungen zur Entwicklung und Veränderung des Selbstkonzeptes eines Menschen liefert. Der Autor kann mit seinem Ansatz viele Verhaltensunterschiede innerhalb eines Menschen und auch zwischen verschiedenen Menschen, ein breites Gedankenspektrum (z.B. Vergangenheitsselbst, Zukunftsselbst, Idealselbst) der Menschen und auch die Vorherrschaft bestimmter Gedankenkomplexe erklären.

Der Autor macht leider nicht deutlich, welche Funktion der Selbsttheorie jetzt noch zukommt. Außerdem formuliert er leider nur vage und äußerst knapp, in welcher Form das *dialogische Selbst* zwischen den einzelnen Teiltheorien (Selbsttheorie, Theorie über andere und interpersonales Skript) vermittelt: „Wie funktioniert die Koordination zwischen den unterschiedlichen Elementen, und welcher Agent vollzieht diese Aufgabe? Das dialogische Selbst löst dieses Problem durch die Konzeptionierung des Selbst als verhältnismäßig und organisierend anstelle der Annahme eines externalen Koordinations-Schemas oder Elements." (Hermans 1996, S. 44, Übersetzung A.L.) Eine ausführlichere Behandlung dieses wichtigen Prozesses wäre notwendig.

Meiner Auffassung nach kann diese neue Sichtweise recht fruchtbar für die Selbstkonzeptforschung sein. Bisher liegt allerdings nur eine eher grobe Skizze vor, die der weiteren Differenzierung und Ausformung bedarf.

2.5.2 Kollektiv innerer Stimmen als Ausdruck des Selbstkonzeptes

Wie weiter vorn gezeigt, beeinflußt das Selbstkonzept neben der Informationsverarbeitung und dem Verhalten auch die Gedanken. Die Gedanken stellen sich aber meist nicht als ein gleichförmiger Fluß gleichgerichter Vorstellungen dar. Vielmehr entsteht häufig der Eindruck, daß eine Person aus einem Kollektiv von unterschiedlichen *inneren Stimmen* besteht, die miteinander kommunizieren. Auch Kaufmann (1993, S. 3) ist der Auffassung, daß das *innere Selbstgespräch* einer Person wesentlich von ihrem speziellen Selbstkonzept beeinflußt wird.

Die Stimmen können in friedlicher Kooexistenz leben. Sie können sich aber auch streiten bzw. eine Seite kann mit einer anderen hadern. So mag sich eine Stimme in uns *kritisch* äußern wie: „Ich habe heute nur wenige meiner anstehenden Arbeiten fertiggestellt." Die *ängstliche Stimme* mag dazu sagen: „Oh wei, das wird noch böse enden, heutzutage wird man so schnell entlassen." Der *Perfektionist* mag hinzufügen: „Ich muß meine Zeit besser einteilen. Ich darf nicht alle Dinge gleich intensiv machen, sondern ich muß Prioritäten setzen." Die *ängstliche Stimme* mag einwenden: „Aber wenn man so auswählend arbeitet, kann man sich verschätzen, Dinge zu oberflächlich erledigen, Wichtiges übersehen und so zu einem schlechten Ergebnis kommen oder gar Fehler machen." Der *Perfektionist* mag antworten: „Aber man kann nicht alles kontrollieren, denn man hat nicht alle Zeit der Welt, man muß sie gut einteilen, sonst wird man einige Dinge nicht rechtzeitig fertigbringen." Die *depressive Stimme* mag hinzufügen: „Das ist alles immer so schwierig."

So gesehen ist der Mensch eigentlich nie allein unterwegs. Er hat ständig eine strenge Gouvernante, ein ängstliches Kind, einen mutigen Ritter, eine tröstende Mutter usw. dabei.

Der *innere Dialog mit sich selbst* ist abzugrenzen von einer anderen Form inneren Dialoges, in dem sich die besagte Person vorstellt, sich mit einer anderen Person (z.B. Freundin, Mutter, Gott usw.) zu unterhalten.

Oft spiegelt der Umgang eines Menschen mit sich selbst wider, wie er von wichtigen anderen bewertet und behandelt worden ist oder wie er diese Bewertungen und Behandlungen interpretiert hat .

Aus den Erfahrungen mit seinen frühen Bezugspersonen werden Objekteigenheiten, Objektinteraktionen, Beziehungsmuster, Rollenbeziehungen und Phantasien über diese Beziehungen in das Selbstkonzept des Kindes übernommen bzw. internalisiert. Das, was die Person in frühen Jahren an zwischenmenschlichen Erfahrungen in sich aufgenommen hat, wirkt sich zum einen auf das Selbstkonzept und die Selbstbewertung aus und zum anderen auf den *inneren Dialog*, den der Mensch mit sich selbst führt. In aktuellen Situationen leben diese früh internalisierten *Objektrepräsentanzen* im *inneren Dialog* wieder auf (vgl. Kaufmann 1993, S. 80ff.). Das bedeutet: „Man spricht zu sich in der Art, wie zu einem Zeitpunkt der Abhängigkeit von den primären Bezugspersonen zu einem selbst gesprochen wurde" (Kaufmann 1993, S. 104). Wenn man eher negative Zuschreibungen verinnerlicht hat, werden diese oft zum *Kritiker von innen*. Viele Selbstgesprächsanteile, z.B. der *innere Kritiker*, sind also sozial erlernt und gehen auf internalisierte *Objektrepräsentationen* zurück (vgl. Kaufmann 1993, S. 104). Solche *Objektrepräsentationen* wurden von der Person teilweise direkt und teilweise interpretiert übernommen.

Bei manchen Menschen sind die *inneren Seiten* nicht in einer Balance. Einige Menschen gehen überwiegend *kritisch* und sich selbst *drangsalierend* (du mußt ..., du mußt ..., du mußt ...) mit sich um, wie dies im ersten Teil des oberen Dialoges angedeutet ist. Bei ihnen sind die *ausgleichenden Stimmen* wenig ausgeprägt. Zum einen ruft dies meist auch die *ängstliche Stimme* vermehrt auf den Plan. Zum anderen wird man mit der Zeit unzufrieden bis depressiv und wird schließlich auch sein Selbstwertgefühl senken. Das bedeutet, der *innere Dialog* bestimmt, wie ein Mensch eine Situation interpretiert. Dies hat entsprechend Auswirkungen auf seine Gefühle und sein Verhalten. Auch Kaufmann (1993, S. 83ff.) bestätigt, daß die Auseinandersetzung mit den *inneren Selbst-Objekten* Auswirkung auf das Verhalten und die Gefühle, sogar auf das Selbstwertgefühl des Menschen, hat.

Wenn die *ausgleichenden* inneren *Seiten* fehlen, gibt es oft noch ein zweites Problem. Wenn diese Menschen kritisiert werden, fehlt auch oft eine *innere Stimme*, die beispielsweise fragt: „Wie schlimm ist das denn jetzt wirklich? Hätte das auch anderen passieren können? Wieviel Schuld muß ich mir hier wirklich zuschreiben?" Stattdessen meldet sich auch in diesem Fall die *kritische* innere *Stimme*: „Mensch, das hätte ich doch erkennen müssen. Das war schlecht. Ich habe das anscheinend immer noch nicht richtig kapiert. Wenn das man keine schlimmen Folgen hat ...". Diese *innere Stimme* fällt dem Menschen dann quasi in den Rücken. Ein solcher Mensch ist dann im Wortsinne von Kritik umzingelt. Er erlebt beide Kritiken kumuliert und schreibt oft die Summe dem äußeren Kritikgeber zu. Das bedeutet, er hat das Gefühl, viel schärfer kritisiert worden zu sein, als er tatsächlich kritisiert worden ist. Und sein Gefühl und sein Verhalten entspringen der doppelten Kritik. Weil diese doppelte Kritik aber unangemessen ist, fühlt er sich ungerecht behandelt. Er ist oft enttäuscht von anderen und wird mit der Zeit wahrscheinlich auch mißtrauisch gegenüber anderen, denn er realisiert nicht, daß er selbst die Kritik unangemessen aufgepumpt hat.

Wenn also der *innere Umgang* der Person mit sich selbst eher kritisch ist, wirkt sich dies auf ihr allgemeines Kontrollgefühl, ihr Selbstkonzept und ihr Selbstwertgefühl anders aus, als wenn der *innere Umgang* der Person mit sich selbst eher unterstützend und wertschätzend ist.

Wieso haben nun einige Menschen keine *ausgleichenden Stimmen* ausgebildet? Einen Hinweis dazu finden wir bei Tarr Krüger (1993, S. 73f.), die der Auffassung ist, daß sich alle Szenen mit früheren Menschen und die jeweilige Atmosphäre im Gedächtnis einprägen und die aktuellen Erfahrungen beeinflussen.

Epstein (1984, S. 19) ist der Auffassung, daß Menschen dann ein hohes Selbstwertgefühl entwickeln konnten, wenn sie liebevolle Eltern internalisiert haben, welche tolererant und wertschätzend mit ihnen umgegangen sind. Menschen, welche von ihren Eltern eher feindselig, nämlich sehr kritisch und wenig tolerant und wertschätzend, behandelt wurden, haben dagegen in der Regel ein niedriges Selbstwertgefühl entwickelt.

Eine ähnliche Erklärung bietet Kaufmann an:

„Menschen, die zu einem frühen Zeitpunkt ihrer Entwicklung, als sie noch von einem äußeren Selbst-Objekt in ihrem Selbstsein abhängig gewesen sind, von diesem eine massive Versagung erlebt haben, in ihrem Gefühl also jäh von ihm im Stich gelassen worden sind, können infolge dieser entscheidenden Frustration keine ausreichenden selbst-regulierenden inneren Strukturen aufbauen, die tröstende und beruhigende Funktionen körperlicher und affektiver Wärme übernehmen" (Kaufmann 1993, S. 83).

Wenn Eltern oder andere wichtige Bezugspersonen sich dem Kind gegenüber also nicht tröstend, unterstützend und wertschätzend verhalten haben, konnten die Kinder solche ausgleichenden elterlichen Umgangsformen auch nicht in ihr Selbstkonzept übernehmen. Daher fehlen die *ausgleichenden Seiten* im Umgang der Kinder mit sich selbst bzw. sind nur sehr wenig ausgeprägt.

Zusätzlich läßt sich denken, daß der Streit unter den *inneren Stimmen* um so stärker und energieabsorbierender ist, je unterschiedlicher die Objekte waren, die eine Person internalisiert hat. Nehmen wir an, eine Person ist in einem streng religiösen Elternhaus aufgewachsen und hat entsprechende Elternobjekte (exakt oder interpretiert) internalisiert. Wenn diese Person sich selbst später aber mehr weltlich orientiert hat und entsprechend ziemlich weltliche Freundes-Objekte (exakt oder interpretiert) dazu internalisiert hat, treten zwischen den verschiedenen internalisierten *Selbst-Objekten* bzw. *inneren Stimmen* der Person sehr große Spannungen oder Widersprüchlichkeiten auf. Diese werden sich wahrscheinlich in der Form äußern, daß einige *innere Seiten* mit anderen *inneren Stimmen* oft streiten und hadern.

Die inneren Selbst-Objekte haben für den Menschen drei wichtige Funktionen (vgl. zusammenfassend Kaufmann 1993, S. 84ff.):

1. Funktion: *Inneres Bezugssystem*
Die inneren Selbst-Objekte dienen in Form von Abbildungen bekannter, äußerer Objekte im eigenen Inneren als eine Art inneres Bezugssystem. Sie fungieren für die Person als innere, bekannt-bewährte Vergleichsgrößen, die ihr helfen, neue bedrohliche Erfahrungen mit ihrem bisherigen Selbst- und Umweltkonzept in Einklang zu bringen. Die inneren Objekte dienen dem Menschen quasi als Raster, das ihm hilft, neue Erfahrungen zu erfassen, zu ordnen und zu verstehen.

2. Funktion: *Leitbild für Partnerwahl*
Die inneren Selbst-Objekte, insbesondere des gegengeschlechtlichen Elternteils, dienen auch als innere Leitbilder in Bezug auf die Partnerwahl.

3. Funktion: *Stütz- und Schutzsystem*
Die inneren Selbst-Objekte können bei Erreichen eines recht hohen Niveaus an Ich-Entwicklung und Differenzierung des Menschen in Zeiten der Krise, Einsamkeit und fehlender äußerer Unterstützung als innere Tröster, Beruhiger, Unterstützer, Selbst-Bestätiger usw. wirken und so das Selbstwertgefühl stärken, wenn es durch die Realität bedroht wird. Sie können also zur Er-

haltung oder Wiederherstellung des inneren Gleichgewichts des Menschen beitragen und machen ihn so in bestimmtem Maße von seiner Umgebung unabhängiger. So gesehen fördern innere Selbst-Objekte auch die Autonomie des Menschen. Hat der Mensch aber kein so hohes Niveau an Ich-Entwicklung und Differenzierung erreicht, können innere Selbst-Objekte (besonders, wenn sie eher negativ sind) auch eine destruktive Macht entwikkeln, der die Person ausgeliefert sein kann.

Darüber hinaus sind internalisierte positive Objekte auch Voraussetzung für die Fähigkeiten des Menschen, andere Personen zu lieben, zu trösten, zu helfen, sich in andere einfühlen bzw. Mitgefühl empfinden zu können (vgl. Kernberg 1978, nach Kaufmann 1993, S. 87f.).

„Im inneren Gespräch mit den Selbst-Objekten vermag sich das Selbst-System im günstigsten Fall zu stabilisieren und zu regulieren" (Kaufmann 1993, S. 83). Denn die selbst-kommunikativen Prozesse bilden nach Kaufmann (1993, S. 125ff.) die Grundlage dafür, daß das Selbstsystem sich *eigenständig* regulieren kann. Außerdem halten sie es in Funktion. Die Person erarbeitet quasi in ihrem *inneren Selbstgesprächen* unentwegt ein Konzept bzw. Bild von sich selbst, der Welt und der interaktionellen Bezüge zwischen diesen beiden Teilkonzepten.

Sind bei einem Menschen die *ausgleichenden Stimmen* wenig ausgeprägt oder gar nicht vorhanden, ist das *innere Selbstgespräch* bei einer Selbstwertbedrohung aber nicht ausreichend, um die innere Balance wiederzuerlangen (vgl. Kaufmann 1993, S. 83f.).

Bei der Herstellung der *Balance innerer Stimmen* geht es weniger darum, die *kritische* und *perfektionistische Stimme* zu eliminieren, denn auch diese *inneren Stimmen* erfüllen wichtige Funktionen, wie die Bewahrung des Menschen vor unüberlegten Handlungen, Fehlern und dergleichen. Es geht vielmehr darum, die *ausgleichenden Stimmen* (wertschätzende, tröstende, unterstützende usw.) einzuführen, um mit sich selbst etwas mehr *in Frieden* sein zu können, um sich besser fühlen und stabilisieren zu können. In diesem Falle haben die *inneren Stimmen* untereinander eine eher unterstützende Beziehung. Sie sind ein gutes *inneres Team*.

3. Individuelle Einflußfaktoren bei der Entstehung des Selbstkonzeptes

Die Entstehung des Selbstkonzeptes unterliegt einer Vielzahl von individuellen Faktoren wie z.B. physische Attraktivität, soziale Kompetenz, Ängstlichkeit oder spezifischen Ausprägungen psychischer Prozesse. Im Rahmen dieser Arbeit werden zwei Bereiche, die als wesentlich eingeschätzt werden besonders behandelt: der Einfluß der Kausalattribution und der Einfluß der Geschlechtszugehörigkeit. Die anderen Bereiche werden vernachlässigt, weil sie entweder zuwenig Potential für eine Änderung des Selbstkonzeptes bieten (z.B. Attraktivität) oder weil der Forschungsbedarf gedeckt ist (z.B. soziale Kompetenz).

3.1 Das Zusammenspiel von Kausalattribution, Leistungsmotivation und Selbstkonzept

3.1.1 Kognitionspsychologischer Ansatz

Zu Beginn dieses Abschnittes sollen zunächst die Begriffe *Leistungsmotiv* und *Leistungsmotivation* erläutert und die einzelnen *Stufen eines Motivierungsprozesses* geschildert werden, weil dies die Grundlagen für die darauffolgenden Erörterungen sind.

Das *Leistungsmotiv* gehört in die Gruppe der *Motive*, wie das Anschlußmotiv, das Machtmotiv, das Hilfemotiv und das Aggressionsmotiv, die sich oft durch das ganze Leben von Menschen ziehen und sein Handeln beeinflussen. Wenn Menschen motiviert sind, dann sind sie bestrebt oder geneigt, bestimmte Dinge zu tun, um gewisse Ziele zu erreichen, die sich je nach Motiv voneinander unterscheiden können (vgl. Heckhausen 1974, S. 146ff.).

Motive sind zu unterscheiden von *Trieben* und *Bedürfnissen* (wie z. B. Hunger, Schlaf.), die darauf abzielen, elementare Mangelzustände auszugleichen (vgl. Mayrhofer 1993, S. 3f.).

Heckhausen (1974, S.147f.) hat folgende gemeinsame Merkmale von *Motiven* zusammengestellt:

„1. Motive sind nicht angeboren, sondern erlernt.

2. Motive sind Niederschläge langdauernder Erfahrungen und bestehen deshalb aus hoch verallgemeinerten Zielvorstellungen und Handlungserwartungen.

3. Motive führen nie unmittelbar zu Handlungen. Sie müssen erst durch ihnen entsprechende Situationsbedingungen wachgerufen und angeregt werden. Sie beeinflussen damit die momentane Motivierung. Die Motivierung wiederum steuert das Verhalten. Motive beginnen sich schon während der frühen Entwicklung herauszubilden. Sie verfestigen sich zunehmend und werden so zu relativ überdauernden Systemen, die das Verhalten des einzelnen steuern.

5. Jeder Mensch hat zu jeder Art der aufgezählten Grundsituationen mit ihren wiederkehrenden Anliegen ein entsprechendes Motivsystem. Das Verhalten jedes Menschen ist zuweilen anschlußmotiviert, aggressionsmotiviert, machtmotiviert, hilfemotiviert oder leistungsmotiviert. Nur: in welcher Ausprägung und Gerichtetheit dies beim einzelnen der Fall zu sein pflegt, hängt von den Besonderheiten der individuellen Motiventwicklung ab. (...)

6. Je nach der individuellen Erfahrungshäufigkeit ist das individuelle Motivsystem mehr aufsuchend oder mehr meidend orientiert, stärker durch Hoffnung auf Befriedigung oder Furcht vor Nichtbefriedigung bestimmt. So läßt sich jedes Motiv grob in zwei Teiltendenzen gliedern: Aggression und Aggressionshemmung, Hoffnung auf Anschluß und Furcht vor Zurückweisung, Hoffnung auf Machtgewinn und Furcht vor Machtverlust, Hoffnung auf Erfolg und Furcht vor Mißerfolg. Individuen unterscheiden sich danach, welche der jeweiligen Teiltendenzen überwiegt."

So kann ein Kind, das in seinen frühen Beziehungen wenig Zuwendung erhalten hat, die generelle Erwartung entwickelt haben, daß es von anderen Menschen zurückgewiesen wird. Das Anschlußmotiv würde dann durch *Furcht vor Zurückweisung* geprägt sein und auf das Verhalten des Kindes in den folgenden sozialen Situationen entsprechend Einfluß nehmen (vgl. Heckhausen 1974, S. 146). Die Folge könnte sein, daß sich das Kind dadurch entweder sehr überangepaßt oder sehr mißtrauisch und zurückhaltend verhält.

In bezug auf die Motivation zu Leistungsverhalten führt Meyer aus: „Leistungsmotivation (Motivierung) ist die situativ angeregte Tendenz, leistungsbezogenens Verhalten zu vollziehen oder zu unterlassen. Leistungsbezogen ist Verhalten immer dann, wenn das Individuum dessen Resultat anhand von selbst oder von anderen auferlegten Gütemaßstäben, die es als verbindlich erachtet, einschätzt. Dabei kann der Handlungseffekt Erfolg oder Mißerfolg sein." (Meyer 1973, S. 37) *Gütemaßstäbe* sind Standards zur Bewertung von Handlungsergebnissen, die sich aus einer *Bezugs- oder Vergleichsnorm* ableiten lassen. Es gibt drei Arten von Bezugsnormen:

1. Individuelle Bezugsnorm: Vergleich des Leistungsergebnisses mit eigenen früheren Leistungsergebnissen.

2. Soziale Bezugsnorm: Vergleich des Leistungsergebnisses mit den Leistungsergebnissen anderer Personen (z.B. Schüler der gleichen Klasse).

3. Kriteriumsorientierte Bezugsnorm: Vergleich des Leistungsergebnisses an einem festgelegten Kriterium, z.B. bestimmten Schwierigkeitsstufen der Aufgabe (vgl. Heckhausen 1980, S.574f.).

Verschiedene Leistungsmotivforscher gehen davon aus, daß unterschiedliche Menschen in verschiedenen inhaltlichen Bereichen leistungsmotiviert sind. Einige sind bestrebt, sportliche Höchstleistungen zu vollbringen, andere möchten erfolgreiche Krimis schreiben oder wieder andere möchten kranke Menschen heilen usw. (vgl. Harten-Flitner 1978, S. 131).

Wie kann man sich den Ablauf einer allgemeinen Leistungsmotivierung vorstellen? Heckhausen hat in seinem *Prozeßmodell der Motivation* den Motivationsablauf in fünf Teilschritte eingeteilt (vgl. Abbildung 2).

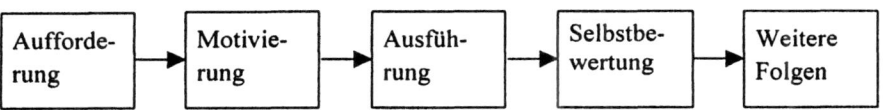

Abbildung 2: Prozeßmodell der Motivation. *Quelle*: Heckhausen 1974, S. 151ff.

Beispiel: Ein Schüler soll einen Deutschaufsatz schreiben. Das in der Sozialisation entwickelte Leistungsmotiv wird zunächst durch situative Bedingungen angeregt. Im Fall des Schülers könnte es folgende Aufforderungsgehalte geben: Der Aufsatz muß eh' irgendwann geschrieben werden. Das Thema ist eine interessante Aufgabe. Das Thema entspricht einem mittleren Schwierigkeitsgrad. Wenn nun der Schüler davon ausgeht, daß er diese Aufgabe erfolgreich bewältigen kann, ergeben sich für ihn noch zusätzliche Anreize, und eine Motivierung wird angeregt. So baut der Schüler Erwartungen über die unmittelbaren emotionalen Folgen der Handlung (wie das Gefühl, stolz und zufrieden über seine Leistung zu sein) wie auch über die weiteren Folgen des Handlungsausganges auf (erwartete Belohnung z. B. durch Erhalt einer guten Note oder Geld, oder erwartete Fremdbewertung, z. B. Lob und Achtung vom Lehrer, den Eltern und den Mitschülern, oder erwarteten instrumentellen Wert für das Näherbringen an ein Oberziel). Die situativen Anregungsbedingungen und die Anreize bedingen den jeweiligen Grad der Motivierung, aus dem sich die tatsächliche Ausführung ableitet, je nach dem, wie die Bilanzabwägung aller positiven und negativen Anreizwerte ausgefallen ist und je nachdem, wie hoch die Erfolgserwartung eingeschätzt wird. Die Handlung hängt auch ab von der Bilanzabwägung und der Erfolgserwartung möglicher Handlungsalternativen, die in diesem Moment vom Schüler als möglich erachtet werden. Wenn der Schüler neben der Möglichkeit, seinen Aufsatz zu schreiben z. B. auch noch die Wahl hat, mit seinen Freunden nett zusammen zu sein, entscheidet er sich für die Handlung, die die größte Summe an positiven Anreizwerten bietet. In der Regel schließt sich der Handlung eine Selbstbewertung an. Man vergleicht den tatsächlichen Handlungsausgang mit dem eigenen Gütemaßstab, welcher sich aufgrund der Ausprägung des eigenen Leistungsmotivs ergibt. Dieser Vergleich kann noch weitere Folgen haben. Nur wenn man in seiner bisherigen Sozialisation ein eigenverantwortliches Zuschreibungsmuster entwickelt hat, kann es zu einer positiven oder negativen Selbstbekräftigung – auch Selbstmotivation genannt – kommen, je nachdem, ob man den erstrebten Gütemaßstab erreicht oder verfehlt hat.

Auf die Ausbildung des Leistungsmotivs und auf den Prozeß der Selbstbewertung wird im folgenden näher eingegangen.

Die kognitive Motivationsforschung stellt heraus, daß einige Menschen eher *erfolgsmotiviert* und andere dagegen eher *mißerfolgsängstlich* sind (vgl. Weiner 1975, S. 54ff.). Bei der ersten Gruppe überwiegt in Leistungssituationen die *Hoffnung auf Erfolg*, und bei der zweiten Gruppe überwiegt in Leistungssituationen die *Furcht vor Mißerfolg*. Daraus ergibt sich bei der ersten Gruppe das Leistungsmotiv: Streben nach Erfolg = hohe Leistungsmotivation. Die Menschen dieser Gruppe suchen entsprechend ihrer hohen Leistungsmotivation gern Leistungssituationen auf und mögen Wettbewerbe. Bei der zweiten Gruppe ergibt sich das Leistungsmotiv: Tendenz zur Vermeidung von Mißerfolg = niedrige Leistungsmotivation. Die Menschen dieser zweite Gruppe neigen entsprechend ihrer niedrigen Leistungsmotivation dazu, Leistungssituationen und Wettbewerbssituationen eher zu meiden.

Außerdem scheint es Unterschiede bei der Bevorzugung der Schwierigkeitsgrade von Aufgaben zu geben. Statt Aufgaben mittlerer Schwierigkeit vorzuziehen, wie dies die Erfolgsmotivierten tun, scheinen Mißerfolgsängstliche eher sehr leichte oder sehr schwere Aufgaben zu wählen (vgl. Weiner 1976a, S. 264 und Heckhausen 1980, S. 260f.).

Wie entstehen diese sehr unterschiedlichen Leistungsmotive? Viele Autoren der kognitiven Motivationsforschung fanden heraus, daß *erfolgsmotivierte* Menschen in ihrer Sozialisation andere Attributionsvoreingenommenheiten in der Ursachenzuschreibung entwickelt haben als *mißerfolgsängstliche* Menschen, durch die das unterschiedliche Verhalten verständlich wird (vgl. Weiner 1976a, S. 236 und Heckhausen 1980, S. 523).

„Attributierungsverhalten wird in der Regel als Ausfluß einer allen Menschen gemeinsamen Tendenz betrachtet, das eigene Verhalten und sämtliche beobachtbaren Geschehnisse der Umwelt auf bestimmte Ursachen (Motive, Umwelteinflüsse, Fähigkeiten, etc.) zurückzuführen" (Keller 1981, S. 325).

Da jeder Mensch gern Voraussagen für die Zukunft treffen möchte, um sein Verhalten effektiver und angemessener gestalten zu können, ist es sein Bestreben, zu verstehen, wie erlebte Ereignisse oder Handlungen entstanden sind. Besondes, wenn die Erfahrungen wichtige selbstbezogene Informationen bieten (z.B. Handlungserfolge oder Handlungsmißerfolge aufzeigen), neigt der Mensch dazu, Erklärungen für die Entstehung der Handlungsergebnisse zu suchen.

Ereignisse und Handlungen (Erfolge und Mißerfolge) lassen sich nach Heider (1958) und Weiner (1976) auf Ursachen zurückführen, die personenbedingt (z. B. Fähigkeit und Anstrengung) oder umweltbedingt (wie Zufall und Aufgabenschwierigkeit) sind (vgl. Weiner 1976a, S. 175f.).

Weitere Forschungsergebnisse zeigen, daß *erfolgsmotivierte* Menschen (mit hoher Leistungsmotivation) dazu tendieren, Erfolge auf sich selbst, auf ihre eigenen Fähigkeiten oder ihre Anstrengung zurückzuführen und Mißerfolg als Folge mangelnder Anstrengung zu erklären.

Mißerfolgsängstliche Menschen (mit niedriger Leistungsmotivation) haben dagegen die Neigung, Erfolge auf äußere Umstände wie Glück, Zufall oder Aufgabenleichtigkeit zurückzuführen und Mißerfolge eher ihrer mangelnden Fähigkeit zuzuschreiben (vgl. Weiner 1976a, S. 237 ff; Heckhausen 1980, S. 523 und Meyer 1973, 146).

Weiner und andere haben dazu eine spezifizierte Kausalattributierungstheorie entwickelt, welche genauere Hinweise zur Verhaltensaufschlüsselung bietet (Weiner/Frieze/ Reed/Rest/Rosenbaum 1971, nach Weiner 1976b, S. 82). Er erweiterte die Betrachtung der Ursachenzurückführung von Erfolg und Mißerfolg, die sich bisher nur auf die personenabhängige Kausaldimension (*internal* vs. *external*) beschränkt hatte, um eine weitere Dimension wahrgenommener Verursachung von Erfolg und Mißerfolg, die Stabilität (*stabil* vs. *variabel*), und setzte beide Dimensionen zu einem zweidimensionalen taxonomischen System zusammen (vgl. Tabelle 2).

Stabilität	Personenabhängig	
über Zeit	internal	external
stabil	Begabung	Aufgabenschwierigkeit
instabil	Anstrengung	Zufall

Tabelle 2: Klassifikationsschema wahrgenommener Determinanten leistungsbezogenen Verhaltens. *Quelle*: Weiner 1976b, S. 82.

Begabung, Anstrengung, Aufgabenschwierigkeit und Zufall werden als die vier bedeutendsten Attributionen erachtet, auf die Personen ihre Leistungsergebnisse zurückführen. Andere Ursachen wie Müdigkeit, Krankheit, Mißverstehen der Instruktion usw. erscheinen dagegen als wenig aussagekräftig.

Während Begabung und Aufgabenschwierigkeit vom Menschen als relativ *feststehend über die Zeit* eingeschätzt werden, betrachtet er dagegen Anstrengung als *zeitlich veränderbar* und Zufall als *über die Zeit schwankend*. Entsprechend wird Begabung als *internale, stabile* Einflußgröße, Anstrengung als *internal/variabel*, Aufgabenschwierigkeit als *external/stabil* und

Zufall als *external/variabel* angesehen. (vgl. Weiner 1976a, S. 219ff. und Weiner 1976b, S. 82).

Eine Änderung der Erfolgserwartung wird von der Dimension *stabil* vs. *variabel* beeinflußt. Wenn man Handlungsergebnisse (Erfolge oder Mißerfolge) auf *stabile* Ursachen (wie Begabung oder Aufgabenschwierigkeit) zurückführt, wird man bei Mißerfolg seine zukünftige Erfolgserwartung unter ähnlichen Anforderungen senken und bei Erfolg seine zukünftigen Erfolgserwartungen erhöhen, weil man erwartet, daß sich die Ursachen für die Handlungsergebnisse nicht ändern werden.

Bei veränderlichen Ursachen (Anstrengung oder Zufall) von Handlungsergebnissen lassen sich jedoch keine klaren Erwartungen ableiten (vgl. Weiner 1984, S. 274ff.). Danach bewirkt die unterschiedliche Verwendung der Stabilitätsdimension, daß Mißerfolgsmotivierte nach Mißerfolg ihre Erfolgserwartung senken, während Erfolgsmotivierte nach Mißerfolg ihre Erfolgserwartung trotzdem beibehalten können (vgl Meyer 1973, nach Heckhausen 1980, S. 532).

Aus den Ausführungen zur Erfolgserwartung geht hervor, daß Internalität nicht gleich Kontrollierbarkeit bedeutet. Während Anstrengung (internal, variabel) als kontrollierbar gilt, wird Fähigkeit (internal/stabil) aber als (weitgehend) unkontrollierbar eingeschätzt (vgl. Weiner 1984, S. 271).

Die Dimension *intern* vs. *extern* hat Auswirkungen auf die selbstwertbezogenen Gefühle. Wird Erfolg oder Mißerfolg *intern* attribuiert (z.B. auf die eigene Fähigkeit), so erlebt man bei Erfolg sehr intensive Gefühle des Stolzes (selbstwertdienlich und motivierend) oder bei Mißerfolg entsprechende Gefühle der Beschämung bzw. Inkompetenz (selbstwertreduzierend).

Wird Erfolg oder Mißerfolg dagegen auf *externale* Ursachen (Glück, Pech, Schwierigkeitsgrad der Aufgaben) zurückgeführt, werden die Gefühle sich selbst betreffend weniger stark ausfallen. Bei externaler Kausalattribuierung wirkt ein Erfolg also kaum selbstwerterhöhend und ein Mißerfolg kaum selbstwertsenkend (vgl. Weiner 1984, S. 295 und Heckhausen 1980, S. 525), denn Menschen mit externer Kausalattribuierung haben, egal ob sie erfolgreich sind oder nicht, eher ein Gefühl der Unkontrollierbarkeit gegenüber den Situationen und fühlen sich entsprechend hilflos.

Erfolgsmotivierte Menschen haben eher die günstige Attributionsvoreingenommenheit entwickelt, während *mißerfolgsorientierte Menschen* eher die ungünstige Attributionsvoreingenommenheit gewonnen haben.

Im Folgenden werden wir sehen, warum die eine Form günstig und die andere ungünstig ist und wie die verschiedenen Attributionsvoreingenommenheiten sich selbst verstärken (Selbstverstärkungsmechanismen). Dazu wenden wir uns noch einmal dem eingangs in Zusammenhang mit dem „Prozeßmodell der Motivation" erwähnten Teilschritt der Motivierung zu: der Selbstbewertung.

Nach Ausführung der Handlung vergleicht eine Person ihr erzieltes Ergebnis, wie zu Beginn des Kapitels schon erwähnt, in der Regel mit ihrem eigenen Anspruchsniveau. Das Anspruchsniveau kann höher oder niedriger sein, je nach Ausprägung ihres Leistungsmotivs (erfolgsmotiviert oder mißerfolgsängstlich) und ihres Selbstkonzepts der Begabung. Ob dieser Vergleich zur Selbstbekräftigung führt oder nicht, hängt von der Art ihrer Kausalattribuierung der Handlungsergebnisse ab (vgl. Heckhausen 1980, S. 571 u. 582 und Schwarzer 1980, S. 72ff.).

Menschen, die *Erfolg* ihren *Fähigkeiten* zuschreiben, empfinden nach ihrer Selbstbewertung starke positive Gefühle der Zufriedenheit und des Stolzes („Ich bin begabt dafür") und entwickeln positive Erwartungen für ihr zukünftiges Leistungsverhalten. Wenn Erfolg intern/stabil (am besten auch noch: global) attribuiert wird, entsteht daher eine hohe Leistungsmotivation. Ebenso macht die Vorstellung, daß *Mißerfolg* durch *mangelnde Anstrengung* verursacht wurde, Hoffnung für die Zukunft. Erfolgsmotivierte Menschen erleben Mißerfolg beeinflußbar und scheinen viel stärker einen Zusammenhang zwischen Anstrengung und Handlungsergebnis zu erkennen. Erfolg hat für sie sehr viel mit Anstrengung zu tun, was sie zu verstärkter Anstrengung motiviert und sie ausdauernd auf ein Ziel zustreben läßt (vgl. Weiner 1984, S. 302f. und Heckhausen 1980, S. 524). Erfolgsmotivierte haben also allen Grund, von einem positiven Selbstkonzept eigener Begabung auszugehen, und können dieses positive Selbstkonzept durch ihre günstige Attributionsform sogar bei Mißerfolgen aufrecht erhalten. Diese Strategie führt zu Selbstbekräftigung.

Andererseits erleben Menschen, die *Erfolg* auf *Glück/Zufall* zurückführen, nach ihrer Selbstbewertung wenig positive Gefühle, denn wenn man *zufälligerweise* Erfolg hat, hat man keinen Grund, darauf stolz zu sein. Wenn sie *Mißerfolge* ihrer eigenen *Unfähigkeit* (intern/stabil) zuschreiben, empfinden sie nach ihrer Selbstbewertung starke negative Gefühle der Beschämung bzw. Inkompetenz. Und wegen der stabilen Attribution „nehmen Mißerfolgsmotivierte ihren Mißerfolg als kaum änderbar hin" (Heckhausen,

1980, S. 524), weil sie meinen, keinen Einfluß darauf zu haben. Das geht darauf zurück, daß sie anscheinend das Zusammenwirken von Anstrengung und Ergebnis unzureichend wahrnehmen können. Daher führen sie den Unterschied von Erfolg und Mißerfolg nicht auf die eigene Anstrengung zurück. Sie glauben nicht an den lohnenden Effekt der Anstrengung. Diese Strategie behindert eine Selbstbekräftigung. Kinder mit dieser Attributionstendenz sind wenig motiviert, zeigen geringe Lernbereitschaft, vermeiden Anstrengung und Leistungssituationen (vgl. Weiner 1984, S. 302f. und Schwarzer 1980, S. 72ff.) und entwickeln kaum Ausdauer. Sie erwarten, in der Zukunft weiter zu versagen, was sie ängstlich werden läßt. Sie werden ihr Selbstkonzept dieser Situation anpassen („Ich bin anscheinend dafür nicht sehr begabt") und es senken müssen (vgl. Schwarzer 1980, S. 74).

Die affektiven Konsequenzen der verwendeten Attributionsvoreingenommenheiten bedingen, ob es zu Selbstbekräftigung kommt oder nicht (vgl. Schwarzer 1980, S. 77). Außerdem beeinflußt die von der Person gewählte Attributionsvoreingenommenheit maßgeblich die Ausprägung ihres Selbstkonzeptes.

„Das gleiche Handlungsresultat wird ganz unterschiedliche Selbstbekräftigungsfolgen haben, je nachdem, ob die Person sich selbst als Verursacher dieses Resultates erlebt oder ob sie es externalen Ursachenfaktoren zuschreibt, ob sie es als stabil oder veränderbar erlebt. (...) Trotz annähernd gleich häufiger Erfolge und Mißerfolge wird dabei die Affektbilanz [bei Erfolgsmotivierten] positiv" (Halisch 1976, S. 155) und bei Mißerfolgsmotivierten eher negativ gestaltet.

Weil Mißerfolgsmotivierte bei Erfolg nur mäßig Freude erleben, während sie bei Mißerfolg durch ihre Art zu attribuieren schwere Selbstwertbelastungen empfinden und sich als Versager fühlen, sind sie bestrebt, sich vor Selbstwertbelastungen zu schützen (vgl. Halisch 1976, S. 155f.). Entsprechend werden sie versuchen, Leistungssituationen aus dem Weg zu gehen, was sich bekanntlich nicht immer durchhalten läßt. Selbstwertbelastungen lassen sich aber auch dadurch verhindern, daß man sein Anspruchsniveau verändert.

Normalerweise hat jeder Mensch das Anliegen, so viel Informationen wie möglich über seine eigene Tüchtigkeit zu gewinnen, um die Zusammenhänge zwischen der Umwelt und dem eigenen Verhalten zu verstehen. Dieses Bedürfnis nach Information legt nahe, daß man sich mit Vorliebe Aufgaben mittlerer Schwierigkeit (oder mittlerer subjektiver Erfolgswahrscheinlichkeit) aussucht, wie es die Erfolgsmotivierten auch zu tun pflegen, weil diese Bedingung die meisten Informationen über sich selbst (aufgewendete Anstrengung bzw. eigene Fähigkeit) bietet. Solche Aufgaben werden von einigen bewältigt und von anderen nicht; so kann man eine erfolgreiche Bewältigung sich selbst zuschreiben. Dagegen geben Aufgaben geringer oder großer Schwierigkeit wenig Informationen über sich, weil sehr leichte Aufgaben fast alle bewältigen und sehr schwere kaum jemand. Dies entspricht der sozialen Norm (vgl. Weiner 1984, S. 292).

Da Mißerfolgsängstliche aber Selbstwertbelastungen bei Mißerfolg vorbeugen wollen, wählen sie mit Vorliebe (oder sehr viel häufiger als Erfolgsmotivierte) eher leichte oder schwere Aufgaben und Ziele. Denn leichte Aufgaben werden sie fast immer schaffen. Und wenn sie schwere Aufgaben nicht bewältigen, brauchen sie sich nicht zu schämen, weil bei den schweren Aufgaben fast jeder versagt hätte.

„Die eigentliche systemstabilisierende Funktion liegt darin: der negative Affekt nach Mißerfolg bei schweren Aufgaben ist geringer als die antizipierte Beschämung bei Mißerfolg bei mittelschweren Aufgaben. Bekräftigungstheoretisch ließe sich die Wirkung durch einen *relativen* Bekräftigungseffekt erklären. Geringe Bestrafungsintensität wirkt im Vergleich zu hoher Bestrafungsintensität wie Bekräftigung." (Halisch 1976, S. 155f.)

Steiner hat die Beziehung zwischen Anspruchsniveau und Selbstkonzept noch differenziert. Er stellte fest, daß sehr hohe Ziele eher von Menschen mit einem unsicheren Selbstkonzept gewählt werden, während sehr niedrige Ziele eher mit einem pessimistischen Selbstkonzept in Wechselbeziehung stehen (vgl. Steiner 1957, nach Heckhausen 1980, S. 583).

Das heißt, daß die Attributionstendenz nicht nur Einfluß auf das leistungsbezogene Selbstkonzept der eigenen Begabung nimmt, sondern auch den individuellen Gütemaßstab bestimmt, den die Person sich setzt. Während die Attributionsvoreingenommenheit Erfolgsmotivierte zu einem günstigen, realistischen Anspruchsniveau anregt, bringt die Attributionstendenz Mißerfolgsänstliche dazu, eher unrealistische (reduzierte oder unangemessene) Standards zu wählen (vgl. Schwarzer 1980, S. 76f. und Heckhausen 1980, S. 400).

Durch diese Verschiebung ihres Anspruchsniveaus können Mißerfolgsängstliche nur scheinbar ihr Selbstkonzept schützen. Sie fühlen sich zwar zunächst nicht so schlecht, aber eigentlich können sie bei leichten Aufgaben über ihre Erfolge nicht stolz sein und können sie auch nicht sich selbst zuschreiben, und bei schweren Aufgaben werden sie sowieso meist versagen (vgl. Halisch 1976, S. 156). Da diese Ergebnisse der sozialen Norm nicht widersprechen, wird dadurch ihre Tendenz, external zu attribuieren, verstärkt (vgl. Weiner 1984, S. 292).

Während also bei Erfolgsmotivierten die Attributionsvorgenommenheit und das bevorzugte Anspruchsniveau zu einer vorteilhaften Selbstbewertungsbilanz führen, wird bei Mißerfolgsängstlichen durch eben ihre eigene Attributionsvoreingenommenheit und ihr bevorzugtes Anspruchsniveau eine positive Selbstbekräftigung verhindert (vgl. Heckhausen 1980, S. 570ff. und Schwarzer 1980, S. 77). So „bestätigen und bekräftigen beide Motivgruppen (...) immer wieder erneut durch ihre voreingenommene – eher zu positive oder eher zu negative – Selbstbewertung ihr bestehendes Motivsystem" (Heckhausen 1980, S. 570).

Was ist die Ursache dieser so unterschiedlichen Attributionstendenzen, die einige Menschen erfolgsmotiviert und andere mißerfolgsängstlich werden lassen?

Die Entstehung der Attributionsvoreingenommenheit hängt eng zusammen mit der Ausbildung der Kontrollüberzeugung des Menschen. Die Kontrollerwartung eines Menschen besagt, ob und wie er seine Umwelt als erklärbar, vorhersehbar und kontrollierbar ansieht (vgl. Haußer 1983, S. 74). Einzelne wichtige Kontrollerlebnisse werden vom Menschen zu einer grundsätzlichen Kontrollerwartung oder Kontrollüberzeugung generalisiert.

Aus Sicht der kognitiven Motivationsforschung scheinen die *vorschulischen Erfolgs- und Mißerfolgserfahrungen*, die das Kind im Rahmen seiner familiären Sozialisation macht, die Kontrollerwartungen und Leistungsmotive zu prägen (vgl. Tiedemann 1985, S. 110). Es wird davon ausgegangen, daß einige Faktoren der elterlichen Erziehung auf die Ausbildung der Leistungsmotivation Einfluß nehmen, wie die elterliche Ermutigung zur Leistung und Selbständigkeit, der Leistungsdruck der Eltern, die elterlichen Erwartungen und ihre Kompetenzüberzeugungen dem Kind gegenüber, sowie ihre Toleranz, demokratisches Familienklima, emotionale Wärme, ihr Belohnungs- und Bekräftigungsverhalten und sogar der leistungsthematische Anregungsgehalt der häuslichen Umwelt (z.B. Fahrrad, Laufställchen, Spielzeug, Malzeug, Fernsehdauer). Eine vollständige Klärung konnte wegen vielfältiger forschungstechnischer Probleme bisher nicht erfolgen. Aber bisher kann man sagen, daß der entscheidende Punkt ist, daß z.B. die elterliche Ermutigung zur Leistung und Selbständigkeit und die elterlichen Erwartungen und ihre Kompetenzüberzeugungen dem Entwicklungsstand des

Kindes entsprechen sollten, damit das Kind eine erfolgsorientierte Überzeugung gewinnen kann (vgl. Weiner 1984, S. 171; Tiedemann 1985, S. 115; Trudewind 1976, S. 211ff. und Heckhausen 1980, S. 684ff.).

Elterliche Erwartungen äußern sich z.b. darin, wie Eltern die Handlungsergebnisse ihres Kindes (Erfolg oder Mißerfolg) beurteilen oder attribuieren. Kinder glauben und übernehmen häufig solche Urteile und Attributionen ihrer Eltern („Du bist schon ein schlaues Kerlchen." oder „Mein Gott, du kriegst echt alles kaputt.") bzw. machen sie sich zu eigen. Tiedemann (1985, S. 115) meint dazu:

„Eine ständige Überschätzung der kindlichen Leistungsfähigkeit durch die Eltern sensibilisiert diese[s Kind] nicht für die Effekte seiner eigenen Anstrengung. Bemüht es sich, so versagt es. Bemüht es sich nicht, so versagt es ebenso. Was bleibt ihm anderes übrig, als das ständige Versagen auf einen stabilen Faktor zurückzuführen, und sich z.b. die eigene Unfähigkeit einzugestehen? Sind dagegen die elterlichen Anforderungen an die kindliche Selbstständigkeit entwicklungsangemessen, so bietet Erfolg und Versagen in Leistungssituationen unmittelbare Rückmeldung für die positiven Effekte eigener Anstrengung – eine wesentliche Voraussetzung für das Entstehen einer erfolgszuversichtlichen Handlungsbereitschaft."

Dabei ist es unwichtig, ob ein Kind zu oft Mißerfolg oder Erfolg erlebt. Hat ein Kind zuviel Erfolg oder wird von den Eltern zuviel verwöhnt, erkennt es den Zusammenhang von Anstrengung und Effekt schlecht, kann später zudem nur schwer mit Mißerfolgserlebnissen umgehen, und sein Durchhaltevermögen wird kaum ausgeprägt sein (vgl. Petermann/Petermann 1989, S. 32).

Wir gewinnen also als Kinder aus dem Erziehungsverhalten unserer Bezugspersonen sowie durch Modellernen *Erwartungen über die Effektivität unseres eigenen Handelns*. Wir entwickeln eine Überzeugung über das Ausmaß, indem wir auf unsere Umwelt oder eine Situation Einfluß und Kontrollmöglichkeiten haben (vgl. Petermann/Petermann 1989, S. 28).

Kontrollierbarkeit gilt als wichtiger Begriff in der „Theorie der erlernten Hilflosigkeit" von Seligman. Seligman geht davon aus, daß ein Kind, welches erlebt, daß nichts von dem, was es tut, etwas bewirkt, die Überzeugung ausbildet, daß Verhalten und Konsequenz voneinander unabhängig sind. Entsprechend wird das Kind sich unzufrieden und hilflos fühlen. Wenn dieser Zustand länger andauert oder wiederholt auftritt, werden emotionale Störungen auftreten (Ängste und Depressionen). Aufgrund der negativen Einstellungen und Erwartungen wird sich ein Motivationsverlust bezüglich des willentlichen Handelns einstellen. Das Kind wird zunehmend passiver werden, weil aktives Handeln keine Wirkung zeigt (motivationale Störungen). Darüberhinaus sind auf die Dauer Beeinträchtigungen der Lernfähigkeit und kognitive Störungen zu erwarten (vgl. Seligman 1986 und Petermann/Petermann 1989, S. 29ff.).

Es bildet sich nach Seligman eine proaktive Hemmung heraus. Das heißt, wenn man einmal gelernt hat, daß Reaktion und Konsequenz voneinander unabhängig sind, behindert dies beträchtlich das Erkennen von Zusammenhängen zwischen Verhalten und Konsequenzen in späteren Situationen (vgl. Seligmann 1986, S. 47).

Wenn ein Mensch weniger Zusammenhänge zwischen Verhalten und Ergebnis erkennen kann, wird das Individuum sich viele Situationen anders erklären als jene Menschen, die mehr Zusammenhänge erkennen. Er wird Erlebtes viel eher als Ereignis anstatt als Handlungsergebnis betrachten. Das bedeutet, es wird sich zwangsläufig die Überzeugung herausbilden, daß viele Ereignisse durch äußere Mächte wie Schicksal, Zufall, Glück usw. verursacht werden (externe Attribution). Dies führt dazu, daß Mißerfolge eher schicksalshaft hingenommen werden, weil Handlungsmöglichkeiten nicht wahrgenommen werden. Außerdem dürften sich diese Menschen auch stärker von äußeren Ansprüchen bedroht fühlen als solche, die Kontrollmöglichkeiten erkennen.

Es ist zu vermuten, daß Menschen, die weniger in der Lage sind, Zusammenhänge zu erkennen, sich viel weniger Gedanken über das eigene Verhalten und über ihre Umwelt machen. Entsprechend wird die Folge sein, daß sie über ihre Umwelt schlechter informiert sind. Ihre Möglichkeit, Situationen im voraus zu planen und Vorsorge zu treffen, wird eingeschränkt sein, weil sie viele Wahrnehmungen nicht in Erwartungen umwandeln können. Das bedeutet, daß sie allgemein mit schwierigen Situationen schlechter umgehen können. Ihre Selbstständigkeit wird darunter leiden, und ihre soziale Kompetenz wird geringer sein. Auch werden sie weniger bereit sein, Belohnungen aufzuschieben, was eine wichtige Fähigkeit zur Erlangung von höheren Zielen ist. Sie werden sich also weniger motiviert, zielstrebig, aktiv und ausdauernd verhalten. Zudem läßt sich denken, daß sie ihr Leben weniger optimistisch sehen, eine geringere emotionale Stabilität, ein höheres Angstpotential und ein schlechteres Selbstkonzept haben werden als Menschen mit einem selbstverantwortlichen Zuschreibungsmuster (vgl. Schneewind 1982, S. 204f.).

Die ursprüngliche Theorie der erlernten Hilflosigkeit geht davon aus, daß Unkontrollierbarkeit in jedem Fall zur Hilflosigkeit und Passivität führen muß. Aber die Erfahrungen haben gezeigt, daß Menschen unterschiedlich mit Unkontrollierbarkeit umgehen. Einige Menschen werden schon bei sehr kleinen Problemen hilflos, während andere in der Lage sind, selbst schwere Schicksalsschläge oder Aufgaben zu bewältigen. Daraus läßt sich ableiten, daß es noch weitere Bedingungen geben muß, die hier Einfluß haben.

So ist für die individuelle Ausprägung des Selbstwertgefühls von Menschen nach Schwarzer (1980, S. 84f.) auch relevant, ob sie sich *persönlich* oder *universell* hilflos fühlen. Wenn eine Person etwas nicht kontrollieren kann und sie der Meinung ist, nur sie allein könne die Situation nicht bewältigen, weil sie allein nicht über die nötigen Mittel zur Zielerreichung verfüge, während die Mehrheit der anderen Menschen diese besäßen, dann fühlt sie sich *persönlich* hilflos und neigt zu internaler Attribution. Wenn aber die meisten oder alle anderen Menschen keine angemessenen Handlungskompetenzen zu haben scheinen, um bestimmte gewünschte Ziele zu erlangen, dann wird darunter *universelle* Hilflosigkeit verstanden. Im letzteren Fall, z.B. wenn alle anderen Mitschüler auch eine 5 in Mathematik bekommen haben, wird das Subjekt eher zu externaler Attribution neigen. Geht jemand davon aus, daß die meisten anderen im Gegensatz zu ihm über ein angemessenes Reaktionsrepertoire verfügen, werden die Selbstwertverluste weit größer sein als bei erlebter universeller Hilflosigkeit.

Um so stärker sich also die eigenen Leistungsergebnisse von denen der anderen unterscheiden, um so eher wird man geneigt sein, sie auf selbstverursachte Bedingungen (eigene Fähigkeit oder geleistete Anstrengung) zurückzuführen. Soziale Normen bieten also auch Hinweise für die Beurteilung eigener Leistungen (vgl. Weiner 1976a, S. 213). Zudem wird das Selbstwertgefühl um so stärker leiden, je *wichtiger* die erwünschten und unerreichten Konsequenzen für den jeweiligen Menschen sind.

Abramson/Seligman/Taesdale haben noch eine weitere Kausaldimension: *global* vs. *spezifisch* eingeführt, mit der zusätzlich der Grad der Generalisierung der angenommenen Ursache für Erfolg oder Mißerfolg erfaßt wird (vgl. Abramson/Seligman/Taesdale 1978, nach Schwarzer 1980, S. 83).

Wenn man die Erklärung für ein Versagen sucht, wird die Ausprägung der Hilflosigkeitserwartung davon beeinflußt sein, wie allgemein man die Ursache einschätzt. Ein Schüler, der in Physik in letzter Zeit schlechte Noten bekommen hat, kann diese Mißerfolge *spezifisch* auf mangelnde Kompetenz für das letzte physikalische Thema zurückführen, oder er kann glauben, daß er *global* für das Fach Physik oder noch *globaler* für alle technisch-mathematischen Fächer ungeeignet ist. Er könnte auch noch einen Schritt weitergehen und seine Intelligenz anzweifeln. Je nachdem wie *spezifisch* oder *global* eine Person Mißerfolge attribuiert, kann sich in Zukunft die Ausprägung der Hilflosigkeit und das daraus folgende Verhalten (z.B. Passivität) auf wenige Bereiche begrenzen oder auf ganze Lebensbereiche generalisieren (vgl. Schwarzer 1980, S. 85f. und Heckhausen 1980, S. 509f.).

„Je mehr man stabile und nicht variable und zugleich globale und nicht spezifische Ursachen den [ungünstigen] Ergebnissen einer Tätigkeit zuschreibt – gleichgültig, ob die Ursachen internal oder external sind – resultiert eine weit generalisierende und chronische Hoffnungslosigkeit, künftig auch bei ähnlichen und anderen Tätigkeiten erwünschte Ergebnisse nicht erzielen zu können. Es ist diese, auf stabiler und globaler Ursachenzuschreibung beruhende Erwartungsänderung, die lang dauernde Hilflosigkeitsdefizite über ein weites Tätigkeitsspektrum zur Folge hat" (Heckhausen, 1980, S. 510).

Auch die spezielle Ausprägung des eigenen Selbstkonzeptes wirkt wieder auf die Kausalattributierung der Handlungsergebnisse zurück (vgl. Weiner 1984, S. 269). Ein negatives Selbstkonzept z.B. der schulischen Fähigkeiten legt der Person ein ungünstiges Attributionsmuster nahe (vgl. auch Frey/Benning 1983, S. 163ff.).

So entwickelt sich bei jedem Menschen durch die Erfahrung seiner Sozialisation ein eigenes Zuschreibungsmuster, welches nur schwer zu ändern ist, weil es unter anderem durch die *proaktive Hemmung*, durch die *Selbstbekräftigungsmechanismen der verschiedenen Attributionsvoreingenommenheiten* und durch die *Tendenz des Menschen, sein Selbstkonzept zu erhalten* aufrechterhalten bzw. wieder und wieder verstärkt wird.

Haußer findet allerdings diese monokausale Erklärungsweise problematisch, da in der Realität die Kräfte des Einzelnen mit den Kräften der Umwelt zusammenwirken (z.B. die Klassenarbeit war schwer und der Schüler war mittelmäßig vorbereitet). In der bisherigen Forschung waren die Versuchspersonen durch die Art der Fragebogen meist gezwungen worden, sich für eine *interne* oder *externe* Ursachenerklärung zu entscheiden. In einer eigenen Untersuchung über die Krisenbewältigung arbeitsloser Lehrer , in der auch eine kombinierte Variante wählbar war, zeigte sich denn auch, daß die Mehrzahl der arbeitslosen Lehrer eine *interaktionistische* Erklärungsform gewählt haben (vgl. Haußer 1983, S. 48f.).

3.1.2 Konzept *integrierter* Leistungsmotivation nach Harten-Flitner

Harten-Flitner (1978) kritisiert die traditionelle Leistungsmotivationsforschung. Ihrer Meinung nach hängt die Entwicklung der Leistungsmotivation eng mit der Entwicklung der *sozialen Kompetenz* zusammen. Das *Wirksamkeitsstreben* bzw. die *Kompetenzmotivation* des Kleinkindes formt sich danach nicht geradlinig zur Leistungsmotivation um. Das, was die traditionelle Leistungsmotivforschung als Leistungsmotivation bezeichnet, stellt nach Harten-Flitner eine zwar weiterentwickelte aber gleichzeitig auch verengte bzw. reduzierte Kompetenzmotivation (*restringierte Leistungsmotivation*) dar (vgl. Harten-Flitner 1978, S. 157ff.). Es sind bestimmte Erziehungsbedingungen, die ihrer Meinung nach die volle Entfaltung des Wirksamkeitsstrebens des Kleinkindes verhindern und sie auf eine eher unkooperative, restringierte Leistungsmotivation einschränken (vgl. Harten-Flitner 1978, S. 158).

Was Leistung ist, wird vorrangig von der jeweiligen Gesellschaft bestimmt und ist somit eher eine soziale denn eine psychologische Kategorie. In dem Moment, in dem das Kind Relationen bilden kann, hat es damit die Grundlage gewonnen, sich mit anderen zu vergleichen und kann mit anderen wetteifern. Sobald dann also Kinder auf Zureden der Erwachsenen beginnen, Leistungen zu zeigen und zu wetteifern, werden an sie Ansprüche der Gesellschaft bzw. der Eltern herangetragen und ihnen die Leistungsbewertungsmaßstäbe bzw. Gütemaßstäbe der Erwachsenen vorgegeben. Weiterhin verlangen die Erwachsenen vom Kind, daß es den Handlungsausgang auf sich selbst bezieht, bzw. sie legen dem Kind bestimmte Erfolgs- und Mißerfolgsursachenzuschreibungen nahe. Die Kinder müssen dann mit diesen Ansprüchen, den gesetzten Gütemaßstäben und nahegelegten Erfolg- und Mißerfolgsursachenzuschreibungen irgendwie umgehen und fertigwerden (vgl. Harten-Flitner 1978, S. 166f.).

Problematisch wird es nach Harten-Flitner zum einen dann, wenn der Vergleich mit drastischen sozialen Sanktionen (Belohnung, Strafe) einhergeht (vgl. ebd., S. 168). Unter dieser Bedingung bekommt das Kind bei Mißerfolgen verstärkt Angst und erlebt besondere Schamgefühle, weil so die Bedeutung der schlechten Leistung überbetont wird. Das kann das zukünftige Arbeitsverhalten des Kindes behindern.

Auch wenn der Wettbewerb von den Erwachsenen überbetont wird, hat dies ungünstige Auswirkungen auf das Selbstkonzept des Kindes. In diesem

Fall treten andere wichtige Kriterien der Selbsteinschätzug (wie der Fortschritt im Vergleich zu früheren Leistungen oder erfolgreiche Kooperation mit anderen) immer mehr in den Hintergrund. Statt dessen wird der soziale Vergleich im Wettbewerb zur beherrschenden Grundlage der Selbstachtung der Kinder. Es findet also eine Einengung der Selbsteinschätzung statt, wobei dies unabhängig davon ist, ob das Kind eher Erfolge oder eher Mißerfolge erlebt. In beiden Gruppen ist eine Abhängigkeit der Motivation vom sozialen Vergleich entstanden (vgl. Harten-Flitner 1978, S. 168). „Auch wenn in einer Situation eigentlich ihre autonomen Leistungsmotivationen oder Wirksamkeitsmotivationen verlangt wären und die Gütemaßstäbe auch ohne Wettbewerb klar sind, neigen sie dazu, sie als Wettbewerbssituation zu interpretieren – entweder, weil sie diese so fürchten, daß sie sie überall wittern oder weil sie diesen Anreiz brauchen, um überhaupt motiviert zu sein" (Harten-Flitner 1978, S. 168f.). Besonders bei Kindern, die oft erfolglos bleiben, kann die Überbetonung des Wettbewerbs und die Verhängung drastischer sozialer Sanktionen (im Rahmen des sozialen Vergleichs) dazu führen, daß die Kinder allgemein an ihrer Kompetenz zweifeln und ängstlich weitere Herausforderungen meiden (vgl. ebd., S. 168).

Des weiteren ist es ungünstig, wenn ein Kind zu früh mit diesen Wettbewerbssituationen konfrontiert wird. Selbst wenn das Kind in der Lage ist zu wetteifern, so kann es aber noch eine ganze Weile nur einige, wenige Aspekte der Wettbewerbssituation begreifen. So können Kinder z.B. anfangs nicht verstehen, wie das vom Erwachsenen festgelegte Ziel zustandekommt. Außerdem durchschaut es kaum die Bedingungen, unter denen das Resultat entsteht. Beispielsweise können diese Kinder nicht einschätzen, ob das Gegenüber die gleichen Voraussetzungen (wie es selbst) hat. Auch die Bewertungen der Erwachsenen können sie nur zum Teil begreifen. Sie sind nicht wirklich in der Lage, die Ursache für ihre Unzulänglichkeiten zu erfassen. Das Kind ist in einem solchen Fall also kognitiv eindeutig überfordert, die Situation richtig einzuschätzen. Entsprechend kann es leicht geschehen, daß es sich ungerechtfertigt stark unterlegen fühlt. Diese Erfahrung starker Hilflosigkeit aufgrund kognitiver Unterlegenheit löst bei den Kindern Schamgefühl aus. Dies ist erst der Ansatzpunkt, von dem aus ein besonderes Bedürfnis nach Überlegenheit entsteht (vgl. Harten-Flitner 1978, S. 163). In diesem Fall wird das Bedürfnis des Kindes nach der Fähigkeit kompetenten Handelns bzw. positiven Selbstwertgefühls mißachtet. Dieses Bedürfnis äußert sich zum Beispiel bei Mißerfolgen in der Neigung des Kindes, kindgemäße Erklärungsmuster, die ihr Selbstwertgefühl stabilisieren sollen, zu entwickeln (vgl. ebd., S. 166ff.).

Wenn also die Wettbewerbsorientierung zu früh einsetzt oder überbetont ist oder Leistungsforderungen der Erwachsenen die kognitiven Verstandesmöglichkeiten übersteigen bzw. das allgemeine Kompetenzbedürfnis des Kindes mißachten, kann bei den Kindern ein Geltungsstreben entstehen, das eine besonders auf seine eigenen Belange gerichtete, eingeengte Leistungsmotivation beim Kind provozieren kann.

Harten-Flitner ist der Meinung, daß durch diese Erziehungsbedingungen zwar eine hohe Motivation zu schulischen Leistungen entstehen kann, aber diese Leistungsmotivation mehr auf den Belohnungswert bzw. Bekräftigungswert der Erfolge (Noten, Geld, Ansehen) abzielt (vgl. ebd., S. 170). Das heißt, daß dadurch oft soziale Orientierungen (wie produktive Kooperation, soziale Wirksamkeit, der Aufbau gegenseitiger befriedigender sozialer Beziehungen usw.) von der Kompetenzmotivation abgespalten werden (vgl. Harten-Flitner 1978, S.157, 169ff.). Deshalb nennt sie diese belohnungsorientierte Leistungsmotivation *restringierte Leistungsmotivation*.

Wenn aber Wettbewerb maßvoll und zu einem Zeitpunkt einsetzen würde, zu dem für das Kind keine kognitive Überforderung mehr eintreten könnte, dann würden Mißerfolge eher Informationswert bekommen, kaum Schamgefühle auslösen, und der soziale Vergleich würde weniger zur Grundlage der Selbstachtung werden. Selbst bei frühem Wettbewerb könnte man das Selbstwertgefühl des Kindes schützen, indem man z.B. die vom Kind gewählten Erklärungsstrukturen gelten läßt (vgl. ebd., S. 166ff.).

Die letztgenannten Erziehungsbedingungen machten eher eine Integration zwischen intellekueller Kompetenz und moralischer Kompetenz (Kooperation, Solidarität) möglich. „In einer ‚integrierten Leistungsmotivation‘ wären Kompetenzmotivation und die Bereitschaft zur Erfüllung sozialer Forderungen/Erfordernisse miteinander vermittelt" (Harten-Flitner 1978, S. 171).

Integrierte Leistungmotivation entwickelt ein Kind besser in sanktionsfreien Situationen als durch strenge Arbeitserziehung (vgl. ebd., S. 171). Entsprechend sieht Harten-Flitner die in der Leistungsmotivforschung beschriebene und gemessene Leistungsmotivation oft als durch eine Überanpassungsreaktion entstandene *restringierte Leistungsmotivation* an (vgl. ebd., S. 173).

3.1.3 Geschlechtsspezifische Unterschiede bei der Attribution

Fremdattribution

Geschlechtsspezifische Unterschiede fanden sich in einigen Untersuchungen, bei denen Außenstehende die Gründe für Erfolg und Mißerfolg von Leistungen von Frauen und Männern einschätzen sollten.

So haben Deaux und Emswiller untersucht, auf welche Ursachen Menschen Schilderungen erfolgreicher Leistungen von anderen Frauen und Männern zurückführen. Die den Darstellungen zugrundeliegenden Aufgaben umfaßten einerseits typisch männliche und andererseits typisch weibliche Tätigkeiten. Die Versuchspersonen sollten die Ursache des Erfolges auf einer Skala von Fähigkeit bis Glück einschätzen. Die Versuchspersonen schrieben die erfolgreiche Leistung bei typisch männlichen Verrichtungen Männern weit eher ihrer Fähigkeit zu als sie dies bei Frauen taten. Bei typisch weiblichen Arbeiten fanden sich solche geschlechtsbedingten Unterschiede nicht (vgl. Deaux/Emswiller 1974, nach Weiner 1984, S. 266).

Auch Hansen/O'Leary (1985) haben in ihrer Veröffentlichung – die auf einer eigenen Untersuchung von 1983 und mehreren anderen Studien basiert – gezeigt, daß Außenstehende die Leistungen von Männern (sei sie gut oder schlecht) eher auf deren Fähigkeit zurückführen, wogegen die Leistungen von Frauen bei der Fremdattribution eher auf deren aufgewendete Anstrengung zurückgeführt wurde (vgl. Hansen/O'Leary, 1985).

Teilweise werden weibliche Leistungen von anderen (Testpersonen) schlechter beurteilt als identische männliche Leistungen. Besonders dann, wenn Frauen typisch männliche Tätigkeiten ausführen (vgl. Rustemeyer 1988, S. 123f.). Das bedeutet, daß Außenstehende Männern eher Kompetenz und Fähigkeit unterstellen als Frauen und daß Frauen entsprechend „um ihre intellektuelle Anerkennung kämpfen müssen" (Alfermann 1992, S. 305). Alfermann führt diese unterschiedlichen Erwartungen auf die Wirkung der zugeschriebenen, unterschiedlichen Eigenschaften der Geschlechtsrollenstereotype zurück (vgl. Alfermann 1992, S. 307).

Nach der kulturvergleichenden Untersuchung von William/Best werden dem männlichen Stereotyp eher von der Gesellschaft höher geschätzte Eigenschaften wie Fähigkeiten, Aktivität und Kompetenz zugeschrieben, während das weibliche Stereotyp sich mehr durch emotionale Eigenschaften wie Freundlichkeit, Sanftheit, emotionale Labilität und soziale Eigenschaften wie Hilfsbereitschaft, Einfühlsamkeit und Anpassungsfähigkeit auszeichnet (vgl. William/Best 1990, nach Alfermann 1992, S. 304). Eine Untersuchung von Trautner bestätigt dieses Ergebnis. Danach haben Zugehörige beider Geschlechter Eigenschaften, die dem männlichem Stereotyp entsprechen, positiver eingestuft als solche Eigenschaften, die dem weiblichen Stereotyp entsprechen (vgl. Trautner 1979, nach Rustemeyer 1988, S. 117).

Es ist ersichtlich, daß die männlichen und weiblichen Stereotype den Geschlechtsrollen und der gängigen geschlechtlichen Arbeitsteilung entsprechen. Nach Alfermann sind es denn auch „die vorrangigen Status- und Rollenverteilungen in unserer Gesellschaft, die die Geschlechterstereotype und damit auch die an Männer und Frauen gerichteten Erwartungen im sozialen Kontext bestimmen" (Alfermann 1992, S. 314f.).

Alfermann (1992) geht davon aus, daß die Geschlechtsrollenstereotype wie Voraus-Urteile auf die Kausalattribution von Leistungen einwirken. Dabei zeigen die Untersuchungsergebnisse der letzten Jahre nach Wallstron/O'Leary, daß immer weniger Verhaltensunterschiede zwischen Männern und Frauen existieren und sich auch in letzter Zeit die tatsächlichen Geschlechtsrollen verändern. Trotzdem hat sich die Überzeugung hartnäckig gehalten, daß deutliche Geschlechtsunterschiede bestehen (vgl. Wallstron/O'Leary 1981, nach Rustemeyer 1988, S. 118).

In den Köpfen der Menschen entstehen über die Geschlechtsrollenstereotype implizite Persönlichkeitstheorien (vgl. Bierhoff-Alfermann 1977, S. 32). Das geht wohl darauf zurück, daß Stereotype von den Menschen als Schema zur kognitiven Orientierung benutzt werden, welches den Wahrnehmungsprozeß organisiert. In diesem Fall würden Menschen selektiv schemakonsistente Informationen (geschlechtstypisches Verhalten) wahrnehmen und akzeptieren, während sie Erfahrungen, die nicht zum Schema passen (geschlechtsuntypisches Verhalten) eher ignorieren und schnell vergessen würden. Entsprechend „sind Stereotype sehr resistent gegenüber Veränderuungen, und zwar auch dann, wenn gegenteilige Erfahrungen gemacht werden, d.h. das Ausmaß, in dem das Verhalten von Männern und Frauen diesem Stereotyp entspricht, wird deutlich überschätzt" (Rustemeyer 1988, S. 118).

Die Geschlechtsstereotype und entsprechend die Fremdattribution halten sich auch deshalb so lange, weil Frauen überwiegend immer noch in den schlechter bezahlten und in den prestigeniedrigeren Berufen und Posten zu finden sind. Im folgenden werden einige Gründe für diesen Sachverhalt aufgezeigt.

Frauen haben weit mehr Hemmungen als Männer, andere darauf aufmerksam zu machen, daß sie etwas geleistet haben bzw. daß sie gut sind. Zum Teil verhalten sie sich so, weil man von ihnen Bescheidenheit erwartet, zum Teil aber auch, weil sie Erfolg eher auf Zufall zurückführen. So wird die Umgebung (z.B. der Chef/die Chefin) weniger aufmerksam auf die Leistung der Frau. Wenn dann ein höherer Posten frei wird, wird folgerichtig ein Mann genommen, dessen erfolgreiche Leistung besser wahrgenommen wurde (vgl. Benard/Schlaffer 1989, S. 164).

Außerdem obliegt den Frauen, durch die immer noch weit verbreitete geschlechtsbezogene Rollenverteilung, auch heutzutage noch der Hauptanteil an Arbeit im Haushalt und bei der Kinderbetreuung. In der noch verbleibenden Zeit hat eine Ehefrau und Mutter eventuell noch Zeit für einen Halbtagsjob, aber für eine berufliche Karriere reicht die verbleibende Zeit häufig kaum aus. Die gängige Rollenverteilung verhilft der Frau entsprechend zu einem ungünstigen Platz in der beruflichen Hierarchie (vgl. Alfermann 1992, S. 304ff.).

Auf der anderen Seite dürfte eine wettbewerbsorientierte, termingeplagte, ehrgeizige Karrierefrau wohl kaum den Vorstellungen eines Mannes von einer liebevollen Ehefrau und fürsorglichen Mutter seiner Kinder entsprechen. Das bedeutet, Karrierefrauen haben öfter Probleme, einen Partner zu finden. Einmal muß er tolerant genug sein, sich auf den Zeitplan seiner Partnerin einzustellen. Zum anderen muß er genügend Selbstsicherheit besitzen, um nicht durch die Stärke und Unabhängigkeit seiner Partnerin verunsichert zu werden.

Wenn Frauen aber den Mut aufbringen und sich auf typisch männliche Berufe bewerben, so haben sie dennoch gegenüber sich gleichzeitig bewerbenden Männern meist wesentlich geringere Chancen auf den Abschluß eines Arbeitsvertrages. Nun sind aber maskuline Berufe im allgemeinen besser vergütet und im Prestige höher angesiedelt. Das bedeutet, Frauen haben es auch deutlich schwerer, in besser bezahlte und prestigehöhere Berufe und Posten hineinzukommen (vgl. Rustemeyer 1988, S. 123).

Eagly/Steffen haben zudem darauf hingewiesen, daß einer Frau durch die gängige Rollenaufteilung in der Familie bestimmte Aufgaben zuteil werden, wodurch sie ganz bestimmte Eigenschaften und Stärken entwickelt, die von Frauen in einer Familie erwartet werden. Es erscheint dann nur natürlich, daß sie eher solche Berufe wählt (z.B. soziale Berufe oder Dienstleistungsberufe), wo genau solche Eigenschaften und Stärken gefragt sind, über die sie bereits verfügt und die sie gewohnt ist (vgl. Eagly/Steffen 1984, nach Alfermann 1992, S. 304). Dabei ist auffällig, daß Berufe, in denen weibliche Kompetenzen gefragt sind, recht geringe Anerkennung in unserer Gesellschaft finden.

Entsprechend den eben genannten geschlechtsrollenspezifischen Bedingungen von Frauen und den oben beschriebenen Befunden von Hansen/O'Leary (1985), daß Außenstehende von Männern mehr Kompetenz und Fähigkeiten als von Frauen erwarten, ist es nicht verwunderlich, daß sich in den höheren Positionen (Karriereposten) nur wenige Frauen finden lassen, weil sich diese Bedingungen auf die Selbstattribution von Frauen auswirken und sich Frauen in der Folge weniger zutrauen.

Subjektive Erfolgserwartung und Selbstattribution

Wie im folgenden gezeigt wird, haben verschiedene Untersuchungen gezeigt, daß Frauen tatsächlich eine niedrigere subjektive Erfolgserwartung (in Bezug auf ihre geistige Leistungsfähigkeit) haben als Männer.

So hat Crandall (1969) in vier Studien die Erfolgserwartungen von Menschen verschiedenen Alters zu verschiedenen Arten von Aufgaben in vier verschiedenen Settings einschätzen lassen. Sie fand, daß Mädchen auf neue Aufgaben mit weniger Vertrauen zugingen als Jungen, obwohl sie sich in ihren Leistungen und in ihrem Intelligenz-Quotienten von den Jungen nicht unterschieden (vgl. Crandall 1969, S. 23).

In einem anderen Versuch sollten Collegestudenten beiderlei Geschlechts auf einer 12-Punkte-Skala einschätzen, welche Notenstufe sie in den von ihnen gewählten Kursen wahrscheinlich erreichen würden. Auch hier zeigten Männer signifikant höhere Erfolgserwartungen als Frauen, obwohl die Männer bisher keine höheren Leistungen gezeigt hatten als die Frauen. Die Noten der Frauen waren sogar geringfügig besser als die der Männer gewesen (vgl. Crandall 1969, S. 27f.). Auch zwei weitere Versuche, unter der Bedingung konsistenter und inkonsistenter Verstärkung, haben die gleichen Ergebnisse erbracht.

Crandall vermutet, daß Mädchen eventuell sensibler auf negative Rückmeldungen reagieren als Jungen und ihre Erwartungen dann eher senken. Jungen reagieren dagegen stärker auf positive Rückmeldungen und steigern daraufhin ihre Erwartungen (vgl. Crandall 1969, S. 26). Unter der Bedingung der inkonsistenten Verstärkung zeigten Mädchen eine besonders negative Diskrepanz zwischen erwarteter und tatsächlicher Leistung, wogegen die Diskrepanz bei Jungen unter diesen inkonsistenen Verstärkungsbedingungen besonders positiv ausgefallen war (vgl. Crandall 1969, S. 34ff.).

Nach diesen Studien scheint es so zu sein, daß Jungen/Männer ihre Erfolgserwartung eher realistisch oder etwas zu optimistisch einschätzen (eher zur Überschätzung ihrer Leistungsfähigkeit neigen) und Mädchen/Frauen ihre Erfolgserwartung eher etwas zu niedrig ansetzen, also zur Unterschätzung ihrer Leistungsfähigkeit neigen (vgl. Crandall 1969, S. 41).

Auch Deaux (1976) hat beschrieben, daß Frauen deutlich niedrigere Erfolgserwartungen haben als Männer und entsprechend auch weniger Leistung zeigen, als aufgrund ihrer Kompetenzen möglich wäre.

Benard/Schlaffer (1989) haben zudem im Rahmen ihrer Untersuchung zur Lebens- und Berufssituation von Frauen immer wieder gefunden, daß Frauen besonders darauf achten, was sie schlecht gemacht haben und daß sie sich schnell als Versager sehen (vgl. Benard/Schlaffer 1989, S. 159). Sie fanden weiter, daß Frauen dazu neigen, ihren Erfolg im Beruf abzuwerten, indem sie ihn dem Zufall oder dem Schicksal zuschreiben. Entsprechend ihren „Beschreibungen hat man immer das Gefühl, eine Kette von glücklichen Zufällen sei aus dem Himmel auf sie heruntergeflattert" (Benard/Schlaffer 1989, S. 171), während Männer in der vorangegangenen Untersuchung der Autorinnen eher dazu neigten, selbst brüchige Lebensläufe als planvollen Aufstieg zu präsentieren (vgl. ebd., S. 200).

Nach den eben referierten Ergebnissen von Benard und Schlaffer (1989) hat es zudem den Anschein, als ob viele Frauen die ungünstigere Attributionsform wählen und entsprechend Kritik nicht als bloße Information sehen können, sondern Kritik als Bestätigung ihres Nichtkönnens überbewerten.

Bierhoff-Alfermann (1977) hat zu diesem Thema einige Studien zusammengestellt, in denen gefunden wurde, daß sich Frauen und Männer bezüglich ihrer Einschätzung ihrer Fähigkeiten und bezüglich ihres Attributionsverhaltens unterscheiden.

Auch Deaux (1976, S. 41) bestätigt, daß Frauen eher die ungünstige Attributionsform und Männer eher die günstige Attributionsform wählen.

Spätere Untersuchungen haben allerdings zunehmend seltener solche *signifikanten* Attributionsunterschiede zwischen Männern und Frauen bestätigen können (vgl. Alfermann 1992, S. 304). Die geschlechtsstereotypen Vorstellungen der Menschen scheinen sich langsam zu verändern. Aber es werden doch immer mal wieder eindeutige Attributionsunterschiede in beschriebener Form zwischen Jungen und Mädchen gefunden (vgl. Thiedemann/Farber 1995, S. 61).

Tiedemann/Faber (1995) vertreten die Auffassung, daß die inkonsistenten Befunde in den geschlechtsabhängigen Attributionsstudien wahrscheinlich auf die Vielzahl der unterschiedlichen Untersuchungsbedingungen, Merkmalsoperalisierungen, Erhebungsmethoden und Skalenformate zurückgehen (vgl. Thiedemann/Faber 1995, S. 63).

Weitere Ergebnisse haben gezeigt, daß eine Beschränkung auf die biologische Geschlechtszugehörigkeit nicht ausreicht, um den Prozeß der Selbstattribution bei Frauen zu beschreiben. Welch/Huston (1982) erklärten, daß man die Frauen danach unterscheiden muß, welches Selbstbild sie von sich haben. Sie ließen Frauen zuerst sich selbst beschreiben und haben dann Frauen mit einer eher *femininen* Geschlechtsrollenidentiät und Frauen mit einer *androgynen* Geschlechtsrollenidentität (Frauen, die sich selbst ausgeprägt weibliche und zugleich ausgeprägt männliche Eigenschaften zugesprochen hatten) getrennt untersucht. Nach ihren Befunden haben Frauen mit einem *androgynen Selbstbild* eher Erfolg intern und Mißerfolg extern attribuiert, während die Frauen mit *femininem Selbstbild* überwiegend das ungünstige Attributionsmuster zeigten (vgl. Welch/Huston 1982).

Weiterhin muß man bei der Selbstattribution von Frauen noch nach der Art der gestellten Aufgabe differenzieren. Bei Aufgaben, die typisch weibliche Fähigkeiten erforderten, haben Frauen ebenfalls das erfolgsorientierte Zuschreibungsmuster, das ansonsten eher von Männern bevorzugt wird, gezeigt (vgl. Rosenfield/Stephan 1978). Aufgrund der erlebten gesellschaftlichen geschlechtsspezifischen Verhaltenserwartungen trauen sich Frauen in männlichen Tätigkeitsbereichen meist weniger zu und halten sich entsprechend oft aus diesen fern (Selbstselektion z.B. in der Berufswahl).

Dies legt den Schluß nahe, daß Frauen in ihrer Selbstwahrnehmung, Selbsteinschätzung, Selbstbewertung und Selbstdarstellung durch die traditionellen Rollenerwartungen beeinflußt werden. „Intellektuelle Tüchtigkeit ist nach traditionellem Rollenverständnis keine Dimension, auf der von Frauen Leistung erwartet wird, sondern stellt sogar ihre Weiblichkeit in Frage. Sozial definierte Rollenvorschriften treten hier in Konkurrenz zu Leistungsnormen und dominieren sie vor allem bei denjenigen Frauen, die die traditionelle Geschlechterrolle als Teil ihrer Identität akzeptieren. Bei Aufgaben, die mit dem weiblichen Rollenbild in Einklang stehen, gibt es keinen Konflikt zwischen Weiblichkeit und Leistung."(Krahé 1987, S.159)

Den Einfluß der Gesellschaft verdeutlicht auch eine Untersuchung von Spence/Helmreich (1972). Kompetente Männer werden ihren Ergebnissen zur Folge von Frauen und Männern mehr gemocht und als angepaßter, intelligenter und aufrichtiger beurteilt als kompetente Frauen (vgl. Spence/Helmreich 1972, S. 210f.).

Man kann in Generalisierung der Spiegelbildfunktion wichtiger Bezugspersonen für das Kind auch formulieren, daß das Selbstbild von Frauen ebenso abhängig ist von dem *Spiegelbild des Frauenbildes* in der Gesellschaft. Weil die Gesellschaft ihnen weniger Fähigkeit und Leistung zubilligt, unterstellen sie sich auch weniger Fähigkeiten.

Wegen der niedrigeren Erfolgserwartung und ungünstigeren Attributionsform der Frauen verhalten sie sich auch weniger risikofreudig als Männer. Sie haben mehr Angst, bestehendes zu verlieren und sehen sich schneller als Versager.

Androgynie

Wie im vorangegangenen Kapitel gezeigt, neigen Frauen mit femininer Geschlechtsrollenorientierung eher zu den mißerfolgsorientierten Attributionsvoreingenommenheiten, während Frauen mit androgyner Geschlechtsrollenorientierung eher das erfolgsorientierte Attributionsmuster wählen. Nach Sieverding (1992, S. 47ff.) besitzen androgyne und maskuline Frauen auch ein hohes globales Selbstwertgefühl, während feminine und undifferenzierte Frauen über ein signifikant niedrigeres globales Selbstwertgefühl verfügen.

Undifferenzierte sind solche Männer und Frauen, die sich in der Selbstbeschreibung in geschlechtsbezogenen Eigenschaften (maskulin und feminin) niedrige Werte zugesprochen hatten (vgl. Bierhoff-Alftermann 1989, S. 19).

Neben der günstigen Attribution und dem hohen Selbstwertgefühl sollten Androgyne ob ihrer gleichermaßen hohen Ausprägung in der femininen und der maskulinen Geschlechtsrollenorientierung eigentlich auch besonders gut mit unterschiedlichsten Situationsbedingungen zurecht kommen. Männer müßten durch mehr Einfühlsamkeit und Selbstkritik umgänglicher und sympatischer und Frauen durch stärkeres Selbstwertgefühl und stärkeres Dominanzverhalten erfolgreicher und durchsetzungsfähiger sein.

Nach Ickes fällt es Androgynen beiderlei Geschlechts tatsächlich leichter, Kontakt zu anderen zu knüpfen und sich auf unterschiedliche Interaktionspartner einzustellen als Geschlechtstypisierten (maskuline Männer u. feminine Frauen), weil sie sowohl über expressive Fähigkeiten (z.B. Einfühlung, Verständnis) als auch über instrumentelle Fähigkeiten (z.B. Aktivität, Initiative) verfügen (vgl. Ickes 1981, nach Bierhoff-Alfermann 1989, S. 84ff.).

Man könnte annehmen, daß Androgyne in aufgabenorientierten Gruppensituationen ein gleichberechtigtes Interaktionsverhalten zeigen, daß also androgyne Frauen häufiger und länger reden, somit die Gruppenentscheidungen stärker beeinflussen als feminine Frauen und androgyne Männer sich umgekehrt mehr anpassen als maskuline Männer. Nach Kelly, Wildman und Krey verhielten sich androgyne und maskuline Personen zwar grundsätzlich dominanter als feminine unnd undifferenzierte Personen (niedrige Ausprägung in der femininen als auch maskulinen Geschlechtsrollenorientierung). Aber Männer verhielten sich wiederum dominanter als Frauen (vgl. Kelly/Wildman/Krey 1982, nach Bierhoff-Alfermann 1989, S. 93). Gesellschaftliche Regeln scheinen hier doch stärker Einfluß zu haben, so daß auch dominante Frauen sich in ihrem Interaktionsverhalten in gemischter Gruppensituation zurücknehmen.

Bierhoff-Alfermann (1989) hat eine Reihe solcher Untersuchungen zur sozialen Interaktion, sozialen Kompetenz und zum Verhalten in aufgabenbezogenen Gruppen zusammengestellt und kommt insgesamt zur Auffassung, „daß Androgynie in der Tat eine bessere Verhaltensanpassung an Situationen gewährleistet" (Bierhoff-Alfermann 1989, S. 96).

Wenn es dagegen um die Wahl von schulischen Interessen, des tatsächlichen Berufes oder um die Übernahme von Familien- oder Berufsrollen geht, hat sich gezeigt, daß die Geschlechtsrollenorientierung kaum Einfluß ausübt, sondern eher das biologische Geschlecht ausschlaggebend ist (vgl. Bierhoff-Alfermann 1989, S. 119).

Insgesamt scheint es so zu sein, daß die androgyne Geschlechtsrollenorientierung zwar einige Vorteile für beide Geschlechter mit sich bringt, welche aber durch gesellschaftliche Realitäten und soziale, normative Erwartungen deutlich begrenzt werden (vgl. Bierhoff-Alfermann 1989, S. 120).

3.2 Geschlechtsspezifische Ausprägungen des Selbstkonzeptes

Im Rahmen der Diskussion um die Chancen von Frauen in unserer Gesellschaft stellt sich die Frage, ob es geschlechtsspezifische Differenzen in der Herausbildung des Selbstkonzeptes gibt. Wenn man das Verhalten von Frauen und Männern in der Gesellschaft betrachtet, hat es den Anschein, daß in der Tendenz Frauen in niedrigeren beruflichen Positionen zu finden sind und in einigen Bereichen unsicherer wirken bzw. sich weniger zutrauen als Männer. Es scheint so, als ob Frauen ihre Fähigkeiten stärker anzweifeln als Männer. Als Ursache wird zumeist vermutet, daß Frauen in der Tendenz ein ungünstigeres Selbstkonzept ausbilden als Männer.

Die Ergebnisse der diesbezüglichen Untersuchungen sind uneinheitlich. Frühere Untersuchungen fanden häufiger Selbstkonzeptunterschiede zwischen den Geschlechtern. Neuere Untersuchungen finden diese immer seltener. Das würde mit den fortschreitenden Veränderungen des gesellschaftlichen Frauenbildes übereinstimmen.

Besonders interessant hierzu sind die Ergebnisse von Thiedemann/Farber. In einer früheren Längsschnittuntersuchung der Leistungsentwicklung von Jungen und Mädchen vom Vorschulalter bis zum Ende der Grundschule fanden Tiedemann/Faber, daß Mädchen in Mathematikleistungen im ersten Schuljahr den Jungen überlegen waren, aber in den folgenden zwei bis drei Jahren ihren Leistungsvorsprung wieder verloren (vgl. Tiedemann/Faber 1994, nach Tiedemann/Faber 1995, S. 61). Bekanntlich sinken mit steigender Jahrgangsstufe die Mathematikleistungen vieler Mädchen bis hin zu einer Leistungsunterlegenheit der Mädchen gegenüber den Jungen in diesem Bereich.

Tiedemann/Faber (1995) wollten mit einer neuen Untersuchung feststellen, ob hinter diesem Leistungsabfall der Mädchen im mathematischen Bereich eventuell bestimmte Attributionstendenzen und ein bestimmtes Selbstkonzept eigener Fähigkeit steckt. So untersuchten sie das Attributionsverhalten und das Selbstkonzept der Mathefähigkeit zu dem Zeitpunkt (im 3. und 4. Schuljahr), an dem die Leistungsniveaus von Jungen und Mädchen noch ausgeglichen waren. Tatsächlich fanden die Untersucher eindeutige Selbstkonzeptunterschiede und Attributionsunterschiede zuungunsten der Mädchen: „Mädchen schätzten ihre mathematischen Fähigkeiten bei objektiv gleichen Leistungen geringer ein und erwarteten schlechtere Leistungsergebnisse. Erfolg in der Arbeit führten sie seltener auf gute Fähigkeiten zurück. Mißerfolg wurde häufiger als bei den Jungen mit geringen Fähigkeiten und tendenziell weniger mit fehlender Anstrengung erklärt" (Tiedemann/Faber 1995, S. 61).

Die Autoren gehen davon aus, daß der oft beobachtete Leistungsabfall der Mädchen in Mathematik in den späteren Schuljahren auf das vergleichsweise negative Selbstkonzept der Mädchen in diesem Fach zurückgehen kann. Sie kamen zu der Auffassung, weil die Mädchen in diesem Fach im ersten Schuljahr den Jungen in den Leistungsergebnissen überlegen waren. Da überlegene Leistungsergebnisse eigentlich nicht das ungünstige Selbstkonzept der Mädchen hervorgerufen haben können, glauben sie, daß dies wenig zuversichtliche Selbstkonzept der Mädchen sich erst im Laufe der Grundschulzeit herausgebildet hat. Sie mutmaßen, daß unterschiedliche Lehrererwartungen im Hinblick auf mathematische Kompetenzen für Jungen und Mädchen und sich daraus ergebendes differentielles Lehrerverhalten (geschlechtstypisierende Anforderungs-, Beurteilungs- und Attributionskonzepte) den Jungen und Mädchen gegenüber eine Rolle dabei spielen, daß die Mädchen ein zunehmend ungünstiges Selbstkonzept und die Jungen ein zunehmend günstiges Selbstkonzept bezüglich ihrer Mathematikfähigkeit ausbilden (vgl. Tiedemann/Faber 1995, S. 68f.), mit den entsprechenden Folgen für das Leistungsverhalten der Jungen und Mädchen.

Auch die dargestellten Untersuchungen in Kap. 4.2.4 unterstützen die Annahme, daß geschlechtsspezifische Erwartungen der Lehrer („Mädchen sind in Mathematik schlechter als Jungen") das Lehrerverhalten beeinflussen, daß die Schülerinnen und Schüler wiederum solche Lehrererwartungen wahrnehmen, entsprechend in ihr Selbstkonzept übernehmen und daraufhin die Leistungen der Jungen immer besser und die Leistungen der Mädchen immer schlechter werden.

Nach Stäudel (1992, S. 282) beschrieben sich selbst erfolgreiche Frauen in ihrem Selbstbild (z.B. Kompetenz) deutlich negativer als vergleichbar erfolgreiche Männer, obwohl sie in ihrer Leistung und Intelligenz gleich waren.

Nach Schneidergruber (1990, S. 171) zeigen 14 bis 16 jährige Mädchen aber nur auf zwei von zehn Skalen (*Verhaltens- und Entscheidungssicherheit* und *Empfindlichkeit und Gestimmtheit*) niedrigere Selbstkonzeptwerte als entsprechende Jungen.

Trotz der zunehmenden Uneinheitlichkeit der Ergebnisse scheint das Selbstkonzept von der überwiegenden Zahl der Frauen in einigen Bereichen tatsächlich eher negativer zu sein als das von Männern. Hierfür sprechen folgende Feststellungen:

Erstens werden kleine Mädchen von ihrer Müttern in der Tendenz mehr bestraft und kritisiert als kleine Jungen. Mütter erwarten von einer Tochter grundsätzlich mehr verständnisvolle, einfühlsame und kompromißbereitere Reaktionen und mehr Rücksichtnahme für andere als von einem Sohn, weil sie solche sozialen Verhaltensweisen für die zukünftige Rolle einer Tochter als wichtiger ansehen als für die zukünftige Rolle eines Jungen. Um ein Mädchen dazu zu bringen, mehr solche sozialen Verhaltensweisen zu zeigen, müssen die Mütter strenger mit ihnen umgehen, denn Selbstkritik und Selbstrücknahme sind die Voraussetzungen für die Ausbildung dieser Verhaltensweisen. Die strengen Reaktionen der Mütter ihren Töchtern gegenüber haben aber auch zur Folge, daß sich Mädchen schon als Kind problematischer ansehen und sich von den Eltern weniger als Jungen angenommen fühlen, so wie sie sind bzw. sich weniger bedingungslos geliebt fühlen. Außerdem werden sie dadurch sensibler für Kritik als Jungen, denn sie haben in diesem Alter noch weniger Möglichkeiten zur Verfügung, Erlebnisse und elterliche Reaktionen angemessen einzuschätzen und zu bewerten. Daher bewerten sie vieles zu negativ bzw. stellen sich durch solche Kritik und Strafe oft als ganze Person in Frage.

Zweitens sind die gesellschaftlichen Rollenerwartungen an eine Frau komplexer als die an einen Mann. Die Rollenerwartungen an den Mann sind im Großen und Ganzen darauf ausgerichtet, ihn selbst möglichst kompetent und erfolgreich werden zu lassen. Die Rollenerwartungen an den Mann lassen untereinander kaum Unvereinbarkeiten entdecken.

Die gesellschaftlichen Rollenerwartungen an Frauen sind vielfältiger: Frauen sollen sich um sich selbst, aber auch um andere kümmern. Sie sollen zwar einerseits erfolgreich sein, andererseits aber sollen sie sich auch auf andere einstellen (einfühlsam und verständnisvoll sein, Rücksicht auf andere nehmen und sich um andere fürsorglich kümmern). Damit werden an Frauen zwei sich grundsätzlich widersprechende Erwartungsbereiche herangetragen.

Frauen haben beispielsweise in ihrem Beruf oft das Problem, daß sie, wenn sie erfolgreich sein wollen und eine Karriere anstreben, gegen die Erwartung der bescheidenen und rücksichtsvollen Mitarbeiterin/Frau verstoßen und Sanktionen befürchten müssen. Sie befinden sich in einem Konflikt, wenn sie einerseits auch gegen Widerstände eigene Interessen durchsetzen wollen, andererseits aber von ihrer Umgebung (auch von Vorgesetzten und von Konkurrenten) die Erwartung an sie herangetragen wird, einfühlsam zu sein und für Harmonie zu sorgen. Damit befinden sich diese Frauen in einer geschlechtsrolleninduzierten Double-Bind-Situation. Außerdem fühlen sie sich durch solche Erwartungen weniger selbstsicher und handlungsmächtig, weil sie sich selbst stark zurücknehmen, anpassen und sich selbst in Frage stellen müssen, um den rollentypischen Erwartungen gerecht zu werden.

Eine Frau hat zudem oft das Problem, Berufstätigkeit und Kindererziehung schlecht vereinbaren zu können. Die Zeit reicht meist nicht aus, um beides gut zu meistern. Es müssen ständig Kompromisse geschlossen werden. Bei jedem Kompromiß erlebt die Frau sich eher als unzureichend. Aber auch, wenn die Frauen sich für eins von beiden (Beruf oder Mutter) entscheiden, fühlen sie sich unvollkommen bzw. erleben sie für den fehlenden anderen Bereich einen gesellschaftlichen Erwartungsdruck.

Die Ausprägung des Selbstkonzeptes eines Menschen hängt nach Secord/Backman auch davon ab, wie gut sich die unterschiedlichen geschlechtsspezifischen Rollenerwartungen der Gesellschaft und der nahen Umgebung miteinander vereinbaren lassen (vgl. Secord/Backman 1974, nach Whitbourne/Weinstock 1982, S. 208). Wenn die unterschiedlichen Rollenerwartungen miteinander schlecht vereinbar sind, wird die Person immer eine Erwartung enttäuschen müssen, egal wie sehr sie sich auch bemühen mag. Aus diesem Grund wird sich die Person trotz ihres Erfolges auf einem Gebiet auf einem anderen gleichzeitig als Versager fühlen, wodurch sie nie wirklich mit sich zufrieden ist. Ihre Selbstbewertung (Selbstkonzept) wird dadurch negativ beeinflußt.

Drittens sehen Frauen den *Aufbau zwischenmenschlicher Beziehungen* und *gute Mutter sein* oft als wichtigere Leistungen für ihr Leben an als einen *beruflichen Erfolg*, wohingegen Männer hauptsächlich eine *erfolgreiche berufliche Karriere* als wichtige Leistung für ihr Leben erachten. Da aber unsere Gesellschaft hauptsächlich die *beruflichen Erfolge* als Leistungen anerkennt und diese *berufliche Karriere* entsprechend mehr achtet, höher bewertet und höher belohnt, wertet eine Frau ihre Leistungen eher ab, weil sie für eine berufliche Karriere neben den ihr wichtigen Leistungen (Aufbau von guten Beziehungen und gute Mutter sein) nicht mehr genügend Zeit übrig hat und sie für die ihr wichtigen Leistungen kaum Anerkennung erhält.

Viertens machen Frauen in ihrer Sozialisation noch immer die Erfahrung, daß ihre Eigenschaften schlechter bewertet werden (schlechtere Bezahlung der typischen Frauenberufe, in denen hauptsächlich weibliche Eigenschaften und Fähigkeiten gefragt sind), daß ihnen von Männern und auch von Frauen weniger zugetraut wird als konkurrierenden Männern, ihnen einige Chancen verwehrt und sie häufig direkt gegenüber Männern benachteiligt werden (z.B. ungleiches Gehalt bei gleicher Arbeit oder diskiminierendes Verhalten von Kollegen und Vorgesetzen) (vgl. Harten-Flitner 1978, S. 135f. u. Gold 1990, S. 56ff.).

Beispielsweise wird die Eignung weiblicher Eigenschaften für Führungsrollen sowohl von Management-Experten als auch von Frauen weit unterschätzt (vgl. Gold 1990, S. 55f.). Gold hatte in einer Untersuchung zum einen die Persönlichkeitseigenschaften erfolgreicher Manager und Managerinnen gegenübergestellt und zum anderen Management-Experten (Journalisten, Professoren, Unternehmensberater und Personalchefs) auf den Dimensionen des gleichen Tests einschätzen lassen, welche Eigenschaften Manager ihrer Meinung nach idealerweise aufweisen sollten. Im ersten Teil ihrer Untersuchung zeigte sich, daß weibliche Topmanager sich in ihrem Eigenschaftsprofil eigentlich kaum von dem der männlichen Topmanager unterschieden. Es zeigte sich, daß Führungskräfte allgemein eine außergewöhnliche, extreme Persönlichkeitsstruktur aufwiesen. Der zweite Teil der Untersuchung ergab, daß sich die Eigenschaftseinschätzungen der Experten recht deutlich von den tatsächlichen Eigenschaften der Topmanager aus beiden Geschlechtern unterschieden (vgl. Gold 1988, nach Gold 1990, S. 57f.).

„So sind Führungskräfte wesentlich kontaktfreudiger und dafür aber nicht so intelligent, wie die Experten vermuten. Das Maß an Sensibilität wurde unterschätzt und die emotionale Widerstandsfähigkeit überschätzt. (...) Die Ausprägungen von Persönlichkeitsmerkmalen wie Begeisterungsfähigkeit, Unbefangenheit und Unkonventionalität haben die Experten viel zu niedrig vermutet und eher den konventionellen Typ, der sich an Bewährtes und Strukturiertes hält, skizziert. Innovationsbereitschaft, ‚Helikopter-View‘, Kreativität und soziale Aufgeschlossenheit – was man in allen Management-Reports als unabdingbare Forderung an erfolgreiche Manager findet – kommen in diesem Profil nicht zum Ausdruck. In 12 von 16 Primärfaktoren zeigen sich signifikante Unterschiede zwischen dem Idealbild der Experten (das sehr konservativ und stark maskulin geprägt ist) und der Realität der Persönlichkeiten im Management" (Gold 1990, S. 58).

Obwohl also weder die weiblichen noch die männlichen Topmanager dem maskulinen Rollenideal entsprechen, beurteilen Experten (auch weibliche) maskuline Eigenschaften als besser geeignet für Führungsrollen.

Geschlechtsstereotype gesellschaftliche Erwartungen können nicht ohne Auswirkung auf das Selbstkonzept der Frauen bleiben. Frauen nehmen diese Mindererwartungen und schlechten Bewertungen weiblicher Eigenschaften ihrer Umwelt wahr und übernehmen diese mehr oder weniger (entsprechend ihren tatsächlichen Erlebnissen bzw. tatsächlicher Umwelt und Schichtzugehörigkeit) in ihr Selbstkonzept, senken ihr Selbstkonzept entsprechend ab oder halten es niedrig und entwickeln entsprechend oft Selbstzweifel. Männer nehmen dagegen eher die günstigen Erwartungen, höheren Ansprüche und positiven Bewertungen männlicher Eigenschaften wahr, integrieren sie in ihr Selbstkonzept, heben es entsprechend an oder halten es hoch und fühlen sich allgemein selbstsicherer.

Da das Selbstbild die Informationsverarbeitung, die Situationsauswahl, die Situationsmanipulation und das Verhalten der Menschen leiten, stabilisieren Frauen immer wieder ihr überwiegend negatives und Männer immer wieder ihr überwiegend positives Selbstkonzept, unabhängig davon, welche Resultate sie erzielen. Die Selbstzweifel, geringeren Erfolgserwartungen, Unsicherheiten, geringe Risikofreudigkeit und die allgemein niedrigeren beruflichen Positionen vieler Frauen lassen sich also mit der systematischen Ausbildung eines ungünstigeren Selbstkonzeptes dieser Frauen aufgrund der vier genannten Bedingungen erklären.

Dies soll nicht heißen, daß Männer automatisch ein günstigeres Selbstkonzept entwickeln als Frauen, sondern lediglich, daß sie systematisch größere Chancen von ihrer Umwelt eingeräumt bekommen, ein positiveres Selbstkonzept zu entwickeln. Wenn der größte Teil der Frauen weniger spektakuläre Leistungen zeigt als viele Männer, dann bedeutet das, „sie verhalten sich konform zu den Erwartungen ihrer Umwelt, die geringere Leistungen von ihnen erwartet. Dieses Beispiel verdeutlicht, daß das aktuelle Leistungsverhalten einer Person darauf ausgerichtet ist, eigene Erwartungen und Erwartungen anderer zu bestätigen" (Frey/Benning 1983, S. 167).

Diese allgemeine Aussage gilt es allerdings noch zu differenzieren, denn es zeigte sich, daß besonders Frauen mit femininer Geschlechtsrollenidentität in Bereichen und bei Aufgaben, die ihrem traditionellen Rollenbild widersprechen, ungünstige Erfolgserwartungen, ungünstige Attributionsmuster und negative Selbstkonzepte ausbilden (vgl. Alftermann 1989 und

Welch/Husten 1982). Anders geht es Frauen mit einer androgynen Geschlechtsrollenidentität. Frauen und Männer mit androgynem Selbstbild haben eher eine positive Erfolgserwartung und wählen eher die selbstwertfreundliche Attributionsform. Entsprechend ist auch das Selbstkonzept eigener Fähigkeiten von androgynen Frauen und Männern als positiv zu bezeichnen. Im Gesamtüberblick kann man sagen:

„Das typische Ergebnismuster zum Selbstwertgefühl je nach Geschlechtsrollenorientierung besteht darin, daß Androgyne und Maskuline das höchste, Undifferenzierte das niedrigste Selbstwertgefühl aufweisen, und Feminine entweder einen mittleren Platz einnehmen, oder ein ähnlich niedriges Selbstwertgefühl wie die Undifferenzierten aufweisen" (Bierhoff-Alftermann 1989, S. 72).

4. Bedeutung gesellschaftlicher Einflußfaktoren

4.1 Eltern-Kind-Beziehung

Wie im Folgenden gezeigt wird, sind sich Autoren verschiedenster Richtungen darüber einig, daß die Ausprägung des Selbstkonzeptes eines Menschen am stärksten von der Art der Beziehung seiner ersten Bezugspersonen bzw. seiner Ursprungsfamilie zu ihm abhängt. Denn das Selbstkonzept entwickelt sich im Kontakt mit anderen Menschen.

Da Eltern in der Regel die ersten Kontaktpersonen eines Menschen sind, prägen sie durch die eigene Art ihrer Äußerungen, Mimik und ihres Verhaltens die erste Selbstkonzepttendenz des Kindes (vgl. Filipp 1978, S. 111, Neubauer 1976, S. 80ff., Frey/Benning 1983, S. 159 und Krupitschka 1983, S. 61f.). Oder anders ausgedrückt, ist das Selbstkonzept oder die Selbstwertschätzung einer Person stark davon geprägt, welche Be- und Entwertung die Person, vermittelt über Sprache und Verhalten, von ihrer insbesondere frühen Umgebung erfahren hat (vgl. auch Tarr Krüger 1993, S. 72f.).

Bereits in den ersten Lebensmonaten beginnt die Entwicklung des Selbstkonzeptes über propriozeptive und kinästetische Wahrnehmungen. So erlebt das kleine Kind, wenn es sich selbst berührt, an zwei Körperteilen eine Empfindung, während es bei Berührung anderer Objekte nur an einem Körperteil eine Empfindung verspürt. So erkennt es langsam was *Ich* und was *Nicht-Ich* ist. Des weiteren erlebt das Kind die Effekte seiner sich wiederholenden Taten, die ihm zeigen, daß es etwas bewirken kann.

Zunächst entwickelt das Kind ein Schema von seinem Körper, aber es erlebt zunehmend weitere Trennungen zwischen der eigenen Person und der Umwelt, bis am Ende des ersten Lebensjahres erste Selbstkategorisierungen (z.B. nach Geschlecht und Alter) auftreten. In den weiteren Jahren wird das Selbstkonzept weiter ausdifferenziert und verfestigt. Im zweiten Lebensjahr drückt sich das Wissen um die Trennung von anderen beim Kind auch in der verbalen Verwendung des Pronomens *ich* aus (vgl. zusammenfassend Filipp 1980, S. 108ff.).

Für die Entwicklung einer positiven Selbstwahrnehmung und Selbstbewertung ist dabei wichtig, daß die kognitiven Eindrücke seiner Umgebung regelmäßig, konstant und gleichartig sind und die emotionalen Eindrücke seiner Umwelt durch Zuverlässigkeit gekennzeichnet sind (vgl. Haußer 1983, S. 137).

Die Eltern spiegeln die Aktionen des Babys und Kindes und reagieren bzw. antworten auf die kindlichen Aktionen in ihrer eigenen Art, die viel mit ihrer Persönlichkeit (Vorstellungen, Erwartungen, Wünschen, Bedürfnissen usw.) zu tun hat. Die Eltern lenken quasi durch ihre Reaktionen die Aufmerksamkeit, das Neugierverhalten, das Sicherheitsgefühl, die Affekte usw. des Kindes in bestimmte Richtungen (vgl. Bohleber 1992, S. 352f.), und übermitteln ihm zudem durch ihre Äußerungen und Verhaltensweisen ihrem Kind gegenüber eine Botschaft über sich selbst. Alle verbalen und nonverbalen Reaktionen der Eltern enthalten Beziehungsbotschaften der Eltern an das Kind. Aus diesen Beziehungsbotschaften geht hervor, wie die Eltern ihr Kind einschätzen (beispielsweise, ob sie dem Kind bestimmte Dinge zutrauen oder nicht) (vgl. Schulz von Thun 1982, S. 170ff.).

Kinder nehmen diese Botschaft wahr. Erste Selbstkonzeptvorstellungen werden vom Kind aus den Elternbewertungen übernommen und aus den Elternreaktionen naiv geschlossen. Das beginnt schon in den ersten Lebensmonaten, wo die Reaktionen der Eltern signalisieren: „Du bist uns willkommen" oder „Du bist lästig und und bist hier nicht erwünscht" (vgl. Schulz von Thun 1982, S. 171).

Da Kinder in den ersten Jahren (insbesondere ganz zu Anfang) noch kaum über die kognitiven Mittel verfügen, die elterlichen Zuweisungen und Reaktionen realistisch einzuschätzen oder zu kritisieren, werden die Elternbewertungen von ihnen meist einfach übernommen und Elternreaktionen oft zu negativ interpretiert. Kleinkinder können Fremdbewertungen nicht relativieren und ablehnen, wie dies Erwachsene normalerweise können. Sie können beispielsweise nicht einschätzen, daß die Mutter so grob ist, weil sie oft gestreßt oder ungeduldig ist. Sie können auch nicht einschätzen, daß die Mutter sich ihnen wenig zuwendet, weil sie selbst in ihrer eigenen Kindheit wenig Zuwendung erfahren hat oder vielleicht in ihrer Selbstübertragung auf das Kind gerade enttäuscht ist.

Das bedeutet, dadurch, daß Kinder über sehr eingeschränkte Möglichkeiten verfügen, ihre Erfahrungen bzw. ihre Interpretationen der Erfahrungen zu hinterfragen, nehmen sie oft unangemessene Generalisierungen ihrer erlebten Erfahrungen vor. Diese Generalisierungen stellen die ersten Selbstkonzeptvorstellungen dar.

Des weiteren sind die Eltern wichtig für das kindliche Selbstkonzept, weil in den frühen Jahren des Kindes Identifizierungen mit einer oder mehreren Personen aus ihrer nahen Umgebung – oft mit der Mutter – stattfinden, welche die Selbstwahrnehmungen, die Selbstkonzeptbildung, das Selbstwertgefühl, die Kontrollüberzeugung und das Verhalten des Kindes beeinflussen. Diese identifizierten Modelle dienen der Orientierungshilfe. Das Kind denkt, entscheidet und handelt oft so, wie es glaubt, daß das Modell (z.B. die Mutter) sich entschieden oder gehandelt hätte (vgl. Haußer 1983, S. 145ff.).

Natürlich sind die Eltern nicht die einzige Quelle für selbstbezogene Informationen. Mit zunehmendem Alter wird diese erste Selbstkonzepttendenz durch zunehmende Selbsterfahrungen auch durch andere Kontaktpersonen (z.B. über direkte und indirekte Eigenschaftszuweisungen oder soziale Vergleiche) immer differenzierter und integrierter. Dies führt bei dem Kind zu naiven Schlüssen: „So eine(r) bin ich". Einige dieser Selbsterfahrungen (z.B. aus Du-Botschaften oder Vergleichen) deuten darauf hin, daß das betreffende Kind erfolgreich Situationen meistern kann; andere Selbsterfahrungen legen ihm nahe, daß es unzulänglich ist. Zu viele Erfahrungen der Unzulänglichkeiten legen ihm ein ungünstiges oder negatives Selbstkonzept bzw. Minderwertigkeitsgefühle in den entsprechenden Bereichen nahe (vgl. auch Schulz von Thun 1982, S. 171). Die erste Selbstkonzepttendenz wird also immer weiter differenziert und integriert, bis einschneidende Erlebnisse diese erste grundsätzliche Prägung des kindlichen Selbstkonzeptes eventuell grundsätzlich ändern (vgl. Epstein 1984, S. 19). Analytiker wie Bohleber gehen davon aus, daß diese ersten Selbstkonzeptvorstellungen oder Selbstgefühle, die sich besonders durch die ersten Mutter-Kind-Erfahrungen gebildet haben, für immer bestehen bleiben und lebenslang den Rahmen vorgeben für die weitere Struktur des Selbstkonzeptes (vgl. Bohleber 1992, S. 354). Obwohl dieser Fall durchaus öfter eintreten mag, halte ich diese Verallgemeinerung in ihrer Ausschließlichkeit und Ausweglosigkeit für problematisch.

Ein größerer Teil der ersten Selbstkonzeptvorstellungen bleibt allerdings tatsächlich häufig weiterbestimmend. Denn diese frühen Generalisierungen bzw. Selbstkonzeptvorstellungen werden zu grundlegenden Postulaten (Postulaten höherer Ordnung) des kindlichen und später erwachsenen Selbstkonzeptes (vgl. Epstein 1984, S. 34). Auf ihrer Basis werden spätere Erfahrungen angeglichen.

„Während sich also das offene Verhalten von der Kindheit bis ins Erwachsenenalter deutlich und radikal ändert, behalten viele der frühen Postulate ihren Einfluß bis ins Erwachsenenalter bei, wenngleich modifiziert durch Postulate niederer Ordnung." (Epstein 1984, S. 33)

Der dem Selbstkonzept eigene Mechanismus der selektiven Wahrnehmung und die bisher etablierte Attributionsgewohnheit führen dazu, daß man die Realität entsprechend seiner Erwartung verzerrt wahrnimmt und sich dann so verhält, daß man immer wieder gleiche Erlebnisse produziert und sich auf diese Weise in seinen Selbstwahrnehmungen stabilisiert.

Wenn ein Kind beispielsweise durch seine Eltern die Selbsteinstellung gewonnen hat, daß es für sie eine Zumutung darstellt, wird es besonders auf entsprechende Signale auch bei anderen Menschen achten und uneindeutige Signale schnell als solche Zumutungssignale deuten, dagegen positive Signale von anderen eher nicht annehmen oder nicht wahrnehmen und sich entsprechend verkrampft, verletzt und unsicher verhalten sowie eher den Kontakt zu anderen meiden.

Dadurch wird sich seine Vorstellung eher erhalten und seine soziale Kompetenz nicht besonders gut entwickeln. Außerdem werden seine Beziehungen zu anderen Menschen darunter stark leiden. Entsprechend wahrscheinlich wird auch, daß sich diese Person auch als Erwachsener noch oft als Zumutung für andere empfindet.

Das heißt, die ersten bzw. primären Zuweisungen und Erfahrungen in den jeweiligen Selbstkonzeptbereichen (z.B. Sauberkeit, Wertschätzung, Geschicklichkeit) werden vom Kind passiv *erlitten*. Die sekundären bzw. darauf folgenden Erfahrungen und selbstbezogenen Informationen werden vom Kind und Erwachsenen auch selbst *gemacht*, weil die schon bestehenden Selbstkonzeptvorstellungen die weitere Erfahrungsverarbeitung leiten. Dies geschieht in der Weise, daß die ersten Selbstkonzeptvorstellungen nach Möglichkeit bestätigt werden (vgl. Schulz von Thun 1982, S. 168f.).

Nachfolgend werden einige elterliche Einflußfaktoren auf das Selbstkonzept des Kindes näher betrachtet:

Elterliche Zuwendung und Bestätigung:
1. Auswirkung der Beachtung bzw. Nichtbeachtung der kindlichen Gefühle
2. Auswirkung bedingungsloser vs. bedingungsabhängier Elternliebe
3. Einfluß des Körperkontaktes der Eltern zum Kind
4. Auswirkungen von Interesse und Bestätigung vs. Ignoranz und Nichtbestätigung der Eigenheit des Kindes

Elterliche Erwartungen:
1. Auswirkungen elterlicher Erwartungen und des entsprechenden elterlichen Verhaltens
2. Auswirkungen geschlechtsspezifischer Erwartungen an das Kind

Elterliches Erziehungsverhalten
1. Auswirkungen einzelner Erziehungsmittel
2. Auswirkungen elterlicher Erziehungsstile
3. Die Wichtigkeit der Selbständigkeitserziehung

4.1.1 Auswirkungen der elterlichen Zuwendung und Bestätigung

Beachtung bzw. Nichtbeachtung der kindlichen Gefühle

Aus psychoanalytischer Sicht wird das Selbstkonzept um so differenzierter und integrierter, je besser die Mutter die Gefühle und Bedürfnisse ihres Babys und Kleinkindes in der ersten Zeit gespiegelt, verstärkt und beantwortet hat. Wenn die Mutter die Gefühle ihres Kindes wenig beachtet, weil sie beispielsweise eher auf sich achtet und Monologe führt, so daß das Kind zum Zuhörer verurteilt ist und eher als Mittel zur Spiegelung und Erhöhung des elterlichen Selbst benutzt wird, werden die Gefühle des Kindes zu wenig verstärkt, wodurch es seine eigenen Gefühle zu wenig kennenlernt und seine Gefühle in der Folge schlechter strukturieren kann. Dadurch kann es seine eigenen psychischen Prozesse viel schlechter begreifen (vgl. Müller-Braunschweig 1975, S. 63ff.), ist sich selbst weniger bewußt und kann dadurch auch seine Umwelt und die Interaktion mit anderen ungenauer einschätzen.

Bedingungslose vs. bedingungsabhängige Elternliebe

Das jeweilige Selbstkonzept und das Selbstwertgefühl eines Menschen sind unter anderem vom Ausmaß seiner Selbstliebe abhängig. Diese kann sich z.B. darin zeigen, daß er der Meinung ist, so wie er ist, okay zu sein, oder daß er das Gefühl hat, nur dann liebenswert zu sein, wenn er sich in einer bestimmten Weise verhält.

Die Weise, in der der Mensch sich selbst bewertet, hängt stark davon ab, ob die Eltern oder andere wichtige Personen das Kind relativ bedingungslos lieben und akzeptieren konnten und entsprechend überwiegend liebevoll, verständnisvoll und tolerant mit ihm umgegangen sind, oder ob sie ein bestimmtes Verhalten oder bestimmte Leistungen von dem Kind erwartet haben und nur freundlich (z.B. kurze Freude bei Erfolg) bis liebevoll waren, wenn es diese Erwartungen erfüllt hat, während sie bei Nichterfüllung der Erwartungen (z.B. Mißerfolg) besonders kritisch, streng und ungeduldig reagiert haben (vgl. auch Epstein 1984, S. 19). Das Verhalten der Eltern ihrem Kind gegenüber ist für das Kind so wichtig, weil Kinder die Art des Umgangs der Eltern mit sich verinnerlichen (vgl. Tarr Krüger 1993, S. 40f.). Diese Verinnerlichung kann dauerhafter Bestandteil der Persönlichkeit des Menschen bleiben und sich auch im späteren Leben so auswirken, daß er mit sich ähnlich umgeht, wie die Eltern mit ihm als Kind umgegangen sind (vgl. Epstein 1984, S. 18f.). Er führt entsprechende innere Selbstgespräche wie z.B." Ich bin echt der letzte Idiot", „Man, ich kriege aber auch gar nichts geregelt" oder aber: „Nun ja, man kann halt nicht überall top sein".

Waren die Bezugspersonen überwiegend liebevoll und tolerant, ist die Wahrscheinlichkeit groß, daß das Individuum ein positives globales Selbstwertgefühl aufbauen konnte. Waren die Bezugspersonen dagegen eher kritisch, streng bis feindselig und ungeduldig, hat es wahrscheinlich ein niedriges globales Selbstwertgefühl ausgebildet (vgl. Epstein 1984, S. 19).

Wenn die Kinder eine weitgehend bedingungslose Liebe bzw. Verständnis und Vertrauen von den Eltern spüren, können die positiven, stützenden Elternaussagen von den Kindern internalisiert werden, so daß sie auch Vertrauen zu sich fassen können. Dieses Selbstvertrauen und die Selbstliebe erleichtert ihnen den Umgang mit Unsicherheiten, Schwierigkeiten und äußerem Druck, die im Laufe ihres Lebens auf sie zukommen, läßt sie autonomer und weniger ängstlich werden und läßt sie eine optimistische Lebenseinstellung entwickeln.

Kinder, die diese bedingungslose Liebe nicht erhalten haben, sondern sich eher auf die Erwartungen und Stimmungen ihrer Eltern einstellen mußten, um die benötigte Beachtung und Zuwendung zu bekommen, werden in ihrem Leben durch auftretende Probleme, Kritik und Alleinsein dagegen leicht verunsichert und reagieren sehr betroffen auf Mißerfolg und Zurückweisung durch andere. Aus alter Erfahrung fühlen sie sich schnell als ganze Person nicht angenommen. Das heißt, sie bewerten einen Mißerfolg oder eine Zurückweisung negativer, als es der Situation angemessen wäre. Entsprechend ist ihre Frustrationstoleranz nur gering und ihre Lebenseinstellung eher pessimistisch (vgl. auch Epstein 1984, S. 19). Weil sie keine stützenden Elternaussagen internalisiert haben, können sie sich selbst nicht aufbauen und stützen. Ihr Selbstwertgefühl ist nicht tragfähig. Sie brauchen weiterhin Stütze von außen (Lob, Zuspruch), und so bleiben sie auch meist als Erwachsener abhängig von anderen Menschen. Auf der anderen Seite haben sie aber Angst vor starker Abhängigkeit, weil sie fürchten, dabei ihre eigene Identität in einer symbiotischen Beziehung zu verlieren (vgl. auch Müller-Braunschweig, 1975, S. 58ff.).

Körperkontakt der Eltern zum Kind

In ursprünglichen Gesellschaften trugen und tragen Mütter ihre Babys und Kleinkinder oft den ganzen Tag am eigenen Körper mit sich herum, ohne dabei ihre normalen Tätigkeiten sehr einzuschränken. Liedloff (1995) hat einige solche ursprünglichen Gesellschaften, insbesondere venezolanische Indianer, beobachtet, und dabei fiel ihr auf, daß diese Indianer ganz besonders glücklich, zufrieden und entspannt waren, sehr harmonisch zusammenlebten, sich durch wenig Aggressionsneigung auszeichneten und bei unangenehmen Umständen (z.B. bei unangenehmer Arbeit, Verletzungen) viel weniger Frustrationen und Unzufriedenheit zeigten. Sie ist der Ansicht, daß die Ursache für das offensichtliche innere Glück und die Gelassenheit dieser Indianer im Umgang der Mütter mit ihren Kleinkindern zu finden ist (Liedhoff 1995, S. 19ff.).

Liedloff (1995) ist der Meinung, daß Babys ein Bedürfnis nach ständiger körperlicher Nähe zu ihren Bezugspersonen haben bzw. ein Bedürfnis nach Bestätigung durch Körperkontakt, und daß es für ihre seelische und geistige Entwicklung sehr wichtig ist, so viel wie möglich am Körper der Bezugsperson herumgetragen bzw. ständig bewegt zu werden (vgl. Liedloff 1995,

S. 76ff.). Ständige körperliche Nähe zu der Bezugsperson sei grundlegend für die kindlichen Gefühle der Geborgenheit, Sicherheit, Vertrauen zu anderen (vgl. ebd., S. 78ff.) und außerdem für das Gefühl, sich im tiefsten Inneren von seinen Bezugspersonen angenommen zu fühlen. Die so empfangene Bestätigung ist Basis des sich herausbildenden Selbstvertrauens (vgl. ebd., S. 103ff.). Das bedeutet, ständiger Körperkontakt fördert bei Kindern das Gefühl, bedingungslos geliebt zu werden (vgl. ebd., S. 147). Damit fühlt es sich in Ordnung, so wie es ist und ist glücklich und zufrieden, was sich darin zeigt, daß es seltener das Bedürfnis hat, durch Weinen Signale zu setzen (vgl. ebd., S. 71).

Außerdem kann es durch den nahen körperlichen Kontakt zur Mutter weiterhin ihre Herztöne (oder mindestens ähnliche bei anderen) hören, die es während der langen Zeit der Schwangerschaft begleitet haben, an die es sich so gewöhnt hatte und die seit der Geburt verloren sind. Diese Herztöne sind zu einer Art Sicherheitssignal geworden, entsprechend wirken sie sehr beruhigend auf das Baby. Auch das ständige in Bewegung sein ist es aus dem Mutterleib gewohnt. Es hat dieselbe beruhigende Wirkung. Ein Klinikversuch, bei dem kranken Babys Herzschlagtöne über Lautsprecher vorgespielt wurden, zeigte schnellere Heilungserfolge bei den in dieser Weise unterstützten Babys. Ein weiteres Experiment zeigte, daß Frühgeborene, die in Inkubatoren lagen, welche mittels Maschinen in ständiger Bewegung gehalten wurden, schneller ihr Gewicht vergrößerten und weniger weinten (vgl. Liedhoff 1995, S. 99). Viele Eltern nutzen diesen Effekt zur Beruhigung ihrer Babys und Kleinkinder, indem sie sie schaukeln oder im Auto spazierenfahren.

Wenn Eltern ihre Babys aufgrund der Vorstellung, es sonst zu sehr zu verwöhnen, fernab in ein Kinderbett legen, es wenig herumtragen und auf sein Schreien einige Zeit nicht reagieren, vernachlässigen sie nach Liedloff (1995) ihre Babys, weil sie damit sehr wichtige Bedürfnisse ihrer Kleinkinder unerfüllt lassen. Babys und Kleinkinder haben noch kein Zeitgefühl. Sie können nicht abschätzen, daß ihre Mutter bald wiederkommt. Sie erleben ohne ihren Kontakt ein Gefühl unerträglicher geräuschloser Leere, Verlassenheitsgefühle, Angst und Gefühle der Hoffnungslosigkeit, die später Auswirkungen zeigen in Form von allgemeiner Angespanntheit, allgemeiner Unzufriedenheit, Vertrauensmangel, größerer Ängstlichkeit, Aggressionsbereitschaft und Selbstabwertungs- und Resignationstendenzen (vgl. Liedloff 1995, S. 44ff.). Außerdem bleibt das unerfüllte Bedürfnis nach Bestätigung,

Aufmerksamkeit, Nähe und Umhegtwerden weiter bestehen. Und so bleiben Erwachsene, die als Baby weniger getragen wurden, abhängiger von anderen Menschen als solche, deren Nähebedürfnis als Kleinkind befriedigt wurde (vgl. ebd., S. 97ff.). Die Gefühle des Babys sind ein „mächtiger Bestimmungsfaktor dafür, woran es denkt, wenn Denken möglich ist" (Liedloff 1995, S. 55). Babys, die sich in der ersten Zeit sicher, erwünscht und angenommen gefühlt haben, werden spätere Erfahrungen anders verarbeiten als solche Babys, die sich verlassen, ängstlich und unerwünscht gefühlt haben, auch wenn ihre Erlebnisse später identisch sind. Die ersten Erlebnisse werden zu einem *Überzeugungsgerüst* (Wirklichkeitstheorie), auf das das Kind und später der Erwachsene alles beziehen wird (vgl. Liedloff 1995, S. 55ff.).

Liedloff meint mit ihrer Weisung zum ständigen Tragen des Kindes allerdings nicht, daß das Kind ständig Aufmerksamkeit erhalten sollte. Eltern sollten nur dann auf ihr Baby reagieren und seine Bedürfnisse befriedigen, wenn es danach verlangt (vgl. ebd., S. 108f.). Die Bezugspersonen sollten, während sie ihr Kind tragen oder auf dem Schoß haben, soweit als möglich ihr tägliches Leben fortsetzen (z.B. Essen zubereiten, einkaufen, Besuche machen usw.), damit das Kind in soviel Lebensbereiche wie möglich als Zuschauer einbezogen ist. Dadurch kann das Baby sehr viele wichtige Erfahrungen machen, die es in Richtung Selbstverantwortung und Selbstvertrauen vorbereiten (vgl. ebd., S. 152). Viele Alltagsverrichtungen, zeitliche Tagesabläufe und soziale Interaktionen kann es so schon sehr früh erleben, und entsprechend früher kann es sich solche Bereiche geistig erschließen. Je mehr Kinder ins tägliche Leben einbezogen werden, desto förderlicher ist dies für ihre soziale, sprachliche und geistige Entwicklung. Denn in den ersten Lebensjahren ist *Lernen durch Nachahmung* besonders wichtig (vgl. Largo 1997, S. 28). Eine günstige soziale, sprachliche und geistige Entwicklung wirkt sich auch positiv auf die Entwicklung der sozialen Kompetenz und des allgemeinen Selbstkonzeptes des Kindes aus. Die ersten Alltagserfahrungen vermitteln dem Baby schon viel über die Fähigkeiten und Fertigkeiten, die in seinem späteren Leben für es wichtig sind und organisieren schon seine selektive Aufmerksamkeit auf die Bereiche, die dafür nützlich sind (vgl. Liedloff 1995, S. 75).

Auch Largo (1997) fragt sich, ob bei Kindern ohne diesen häufigen Körperkontakt und ohne das Getragenwerden durch die Mutter nicht ein wichtiges Bedürfnis der Babys unerfüllt bleibt (vgl. Largo 1997. S. 211), da eine enge körperliche Beziehung und Geborgenheit wesentlich zur Entwicklung des kindlichen Urvertrauens und Selbstbewußtseins beitragen und auch das psychische Wohlbefinden des Kindes stark beeinflussen (vgl. ebd., S. 177).

Entsprechend wurde in einer Untersuchung von Hunziker/Barr auch gefunden, daß es zu einer erheblichen Verminderung des Schreiverhaltens der Babys kommt, wenn Mütter ihre Babys über den Tag verteilt ca. 3 Std. herumtragen. Dabei war es wichtig, daß die Babys nicht erst auf den Arm genommen wurden, wenn sie zu schreien begonnen hatten (vgl. Hunziker/Barr 1986, nach Largo 1997, S. 211).

Als ein weiteres Indiz für die Notwendigkeit von Körperkontakt der Kinder kann angesehen werden, daß nach Untersuchungen in unterschiedlichen Kulturen Kinder in westlichen Ländern, in denen wenig Körperkontakt zwischen Mutter und Kind die Regel ist, weit öfter ein Bedürfnis nach Übergangsobjekten (Teddybären, Stofftieren, Puppen, Windeln und Kissenbezügen) zeigen als Kinder in Kulturen, in denen ein enger Körperkontakt zwischen Mutter und Kind üblich ist (vgl. zusammenfassend Largo 1997, S. 85f.). Ein Übergangsobjekt scheint die Funktion zu haben, die körperliche Nähe der Mutter zu ersetzen.

Bestätigung vs. Nichtbestätigung der Eigenheit des Kindes

Für ein positives Selbstkonzept braucht das Kind Eltern, die zwar Regeln setzen, aber ihm gleichzeitig auch die Möglichkeit geben, sich in seiner Eigenheit entwickeln zu können, bzw. einen gewissen Spielraum lassen, in dem es handeln kann wie es will. Jedes Kind und jeder Mensch ist ein individuelles Wesen mit einer speziellen Art, eigenen Bedürfnissen, Wünschen, Zielen. Jedes Individuum hat seine ganz spezielle Art und Weise, Fehler zu machen und Schlüsse daraus zu ziehen.

Damit ein Kind lernt, anderen gegenüber Grenzen zu setzen, zu sich zu stehen, Entscheidungen zu treffen, wer und was zu seiner Persönlichkeit am besten paßt, und ein positives Selbstkonzept zu entwickeln, braucht es das Interesse, den Respekt, die Bestätigung und die Ermutigung bzw. Unterstützung seiner Eigenart von seinen wichtigsten Bezugspersonen.

Eltern, die sich nicht wirklich für das besondere Wesen ihrer Kinder interessieren und dieses entsprechend auch nicht bestätigen und unterstützen, sondern hauptsächlich bestimmte Erwartungen an ihre Kinder haben (welche sie über Liebesentzug einfordern) und der Besonderheit des Kindes mit Verständnislosigkeit, Kritik, negativen Botschaften und Ablehnung begegnen, behindern die freie Entfaltung der Eigenheit ihres Kindes. Die Eltern können zwar damit bei ihren Kindern gehorsames Verhalten fördern, aber sie geben dem Kind nicht die Grundlage, daß es zu sich stehen, persönlichkeitsspezifische Entscheidungen treffen und Grenzen anderen gegenüber setzen kann. Denn dazu muß es von anfang an auch diesbezügliche Möglichkeiten eingeräumt bekommen. Geben sie ihrem Kind diese Möglichkeiten nicht, so fördern sie mit ihrer Ignoranz gegenüber der Eigenheit ihres Kindes bei ihm ein negatives Selbstkonzept (vgl. Ladisich-Raine 1990, S. 61ff.).

4.1.2 Auswirkungen elterlicher Erwartungen

Elterliche Erwartungen und entsprechendes Verhaltens

Das Selbstkonzept des Kindes ist weiterhin abhängig von der Kontrollüberzeugung des Kindes bzw. von der Erwartung des Kindes, ob es auf seine Umwelt Einfluß nehmen kann oder nicht.

Erste Wirksamkeitsgefühle werden aus psychoanalytischer Sicht schon durch die Erfahrungen gebildet, ob ein Baby Einfluß auf die Reaktionen der Mutter nehmen kann. Es lernt, daß es zwischen Kind und Mutter bestimmte wiederkehrende Abläufe gibt und erkennt dann, daß es diese Abläufe durch eigene Handlungen beeinflussen kann. Je nach Reaktion der Mutter entstehen beim Baby starke oder schwache Wirksamkeitsgefühle (vgl. Bohleber 1992, S. 354f.), die Einfluß auf die ersten Selbstkonzeptvorstellungen haben.

Nach der kognitiven Motivationsforschung werden Kontrollerwartungen am stärksten durch die ersten Erfolgs- und Mißerfolgserfahrungen geprägt, die ein Kind im Familienverband (oder mit anderen ersten Bezugspersonen) macht. Wie ein Kind diese ersten Effektivitätserfahrungen (Erfolg oder Mißerfolg) erlebt, hängt stark von den elterlichen Bewertungen der kindlichen Äußerungen und Handlungen ab, die dem Kind eine bestimmte Attributionsform der Handlungsausgänge (Erfolge oder Mißerfolge) nahelegen. Kinder übernehmen oft die Zuschreibungen der Erwachsenen in ihr Selbstkonzept. Um so häufiger das Kind ungünstige Zuschreibungen aus seiner Umgebung erfährt, um so mehr paßt es sein Selbstkonzept daran an.

Die elterlichen Bewertungen spiegeln des weiteren deren Erziehungsvorstellungen, Erwartungen, Kompetenzüberzeugungen und Gefühle das Kind betreffend wider und beeinflussen neben ihrer Wahrnehmung (selektiv) auch ihr Ermutigungs-, Toleranz- und Bekräftigungsverhalten und ihre emotionale Zuwendung bis Liebe oder ihre emotionale Passivität bis Ablehnung. Damit das Kind eine positive Kontrollüberzeugung erlangen kann, sollten die elterlichen Erwartungen, Kompetenzüberzeugungen und die Anforderungen an das Kind und deren Ermutigungen zum Handeln dem Entwicklungsstand desselben angepaßt sein.

Wenn die Erwartungen und Kompetenzüberzeugungen der Eltern zu hoch sind, werden die Anforderungen und Ermutigungen beim Kind zu häufigem Mißerfolg führen. Es fühlt sich als Versager und wird entmutigt (vgl. Brophy/Good 1976, S. 55). Da es sowohl *mit* als auch *ohne* seine Anstrengung versagt, kann es den positiven Effekt von Anstrengung nicht wahrnehmen. Aus seiner Sicht scheint das Ergebnis von seinem Engagement bzw. Verhalten unabhängig zu sein. Die Situation wird von dem Kind als nicht beeinflußbar erlebt. Da die Eltern aber entsprechende Erwartungen gezeigt haben, nimmt es an, daß es die Anforderungen eigentlich hätte schaffen müssen, denn es kann selbst die Zusammenhänge der Ergebnisentstehung zu wenig durchschauen. Also zieht das Kind den konsequenten Schluß daraus, daß es für viele Handlungen, die die Eltern von ihm erwarten, zu unfähig ist. Damit nimmt es eine ungünstige stabil interne Attribution seiner Mißerfolge vor. Entsprechend dieser Attribution erwartet das Kind, weiter zu versagen, und wird sich auch nach Erfolg nicht als fähig einschätzen, sondern befürchten, vielleicht das nächste mal zu versagen, und deshalb seinen Erfolg eher dem Zufall oder dem Glück zuschreiben.

Wenn das Kind einmal eine negative Erwartungshaltung gegenüber bestimmten Anforderungen aufgebaut hat, wird es sich besonders bei Mißerfolg hilflos fühlen. Als Konsequenz wird sein Selbstvertrauen und seine Handlungsmotivation sinken. Es wird sein Selbstkonzept diesen Selbsterwartungen anpassen müssen, wodurch dieses negativer wird.

Wenn die Erwartungen und Kompetenzüberzeugungen der Eltern zu niedrig sind, wird das Kind durch die Dauererfolge den Wert von Anstrengung ebenso nicht lernen, zudem seine Erfolge weniger schätzen und sich nicht an Mißerfolge gewöhnen. Wenn später Mißerfolge auftreten, wird es diese nur schwer verkraften und wenig Durchhaltevermögen aufbringen (vgl. Petermann/Petermann 1989, S. 32 u. Seligmann 1986, S. 150f.).

Geschlechtsspezifische Erwartungen an das Kind

Von Frauen und Männern erwartet die Gesellschaft unterschiedliche Verhaltensweisen. Von einer Frau wird beispielsweise erwartet, daß sie schön und zart ist, Harmonie und Eintracht herstellt, sich fürsorglich um andere oder ihre Kinder kümmert, sanft, lieb und verständnisvoll ist, sich unterordnet, folgsam, höflich und fleißig ist und begrenzt Kompetenzen und Ziele entwickelt.

Von einem Mann wird beispielsweise erwartet, daß er kompetent, logisch, objektiv, entscheidungssicher, dominant, smart, erfolgreich, sportlich, kämpferisch, hart und nicht zu empfindlich ist. Er soll lernen, Gebrauchsgegenstände zu reparieren und eventuell zu konstruieren. Weiterhin soll er vielseitig interessiert und leistungsorientiert sein, sich gut durchsetzen können und eigene, hohe berufliche Ziele entwickeln.

Die geschlechtsspezifisch unterschiedlichen Rollenerwartungen haben schon bei der Erziehung der Kinder eine große Tragweite, weil die Rollenerwartungen der Eltern ihre Bewertungen und Reaktionen beeinflussen. Wenn Eltern die Erwartung haben: *Jungen sind aktiv, draufgängerisch und öfter mal aggressiv, aber Mädchen sind nicht aggressiv, sondern eher lieb, passiv, folgsam und fürsoglich*, dann bewerten sie einen aggressiven Jungen eher als *durchsetzungsfähig* und ein aggressives Mädchen eher als *hysterisch* oder *zickig*, und entsprechend verhalten sie sich aggressiven Jungen und aggressiven Mädchen gegenüber unterschiedlich. In einer Studie von Sears/Maccoby/Lewin haben Mütter denn auch berichtet, daß sie bei Jungen ein größeres Maß an aggressivem Verhalten dulden als bei Mädchen (vgl. Sears/Maccoby/Lewin 1957, nach Schneidergruber 1990, S. 46). Entsprechend wird ein Mädchen, welches öfter Aggressionen auslebt, sich eher negativ bewerten und dazu tendieren, diese negative Verhaltensweise abzubauen,wohingegen ein Junge, welcher öfter aggressiv reagiert, sich viel positiver bewerten kann und entsprechend diese Verhaltensweise eher beibehalten mag.

Entsprechende geschlechtsdifferente Rollenerwartungen werden den Kindern zwar anfangs noch in geringerem Ausmaß, mit zunehmenden Alter aber immer deutlicher von den Eltern und ihrer sonstigen Umgebung über unterschiedliches Erziehungsverhalten Jungen und Mädchen gegenüber und Modellverhalten nahegebracht. Diese Bewertungen und Erwartungen werden vom Kind wahrgenommen und – soweit sie von für es wichtigen Personen geäußert werden – vom Kind als gültig übernommen (vgl. Whitbourne/Weinstock 1982, S. 212). Es übernimmt die elterlichen Erwartungen, weil es Kritik, Sanktionen und Ablehnung von den Eltern und der Umgebung erhält, wenn sie sich außerhalb seiner Rolle verhält, wohingegen es Lob und Anerkennung erwartet, wenn es rollenkonform reagiert.

Bei vielen Mädchen werden aus Gründen der weiblichen Rollenerwartung aggressives, sich durchsetzendes, überhebliches und dominantes Verhalten und gestellte Machtansprüche eher sanktioniert. Ruhiges, einfühlsames, freundliches, bescheidenes, fleißiges und gelegentlich auch schon fürsorgliches Verhalten wird bei Mädchem in der Regel gefördert, und ihnen werden schon einige hauswirtschaftliche Verrichtungen nähergebracht. Und sie werden bereit gemacht, andere Meinungen und Kritik anzuhören. Dementsprechend werden Mädchen von ihren Müttern öfter kritisiert und nach Schneidergruber (1990, S. 169) auch signifikant häufiger von ihren Müttern bestraft als Jungen, um die obengenannten Eigenschaften zu erreichen. Jungen dürfen aus der männlichen Rollenerwartung heraus nicht zu ruhig, wehleidig, bescheiden und folgsam reagieren, sondern bei ihnen wird eigene Initiative, Neugierde, Entschlußkraft und Aktivität gefördert, und sie sollen sich schon mal im Durchsetzen üben. Außerdem werden den Jungen in der Regel von den Eltern mehr Machtansprüche zugestanden als Mädchen. Jungen werden allerdings nach Schneidergruber (1990, S. 169) von ihren Vätern signifikant häufiger eingeschränkt als Mädchen.

Die geschlechtsspezfischen Rollenerwartungen und das entsprechende Verhalten der Eltern hat zum einen zur Folge, daß viele Jungen weit weniger Aggression, Wildheit, Machtansprüche und sonstige Wünsche unterdrücken müssen und im allgemeinen auffälliger und dominanter werden als Mädchen, wodurch sie meist ernster genommen werden als diese. In der Folge trauen sich viele Jungen durch dieses Elternverhalten mehr zu bzw. werden selbstsicherer. Dadurch, daß ihnen weniger Strafe und Tadel durch die Eltern zuteil wird, werden sie weniger diszipliniert als Mädchen.

Mütter haben bezüglich Jungen in der Regel weniger klare Erziehungsvorstellungen, die sie aktiv durchsetzen wollen. Die meisten Jungen brauchen sich beispielsweise weniger kooperativ, einfühlsam, ordentlich, freundlich zu verhalten und sich in geringerem Maße im Haushalt zu engagieren. Das heißt, die Mütter lassen vielen Jungen mehr Freiheiten bzw. lassen sie mehr gewähren als Mädchen. Dies gewinnt dadurch an besonderem Gewicht, daß Mütter noch immer die meiste Erziehungsarbeit leisten, da die Väter meistens arbeitsbedingt außer Haus sind. Die größere Toleranz der im Mittelpunkt der Erziehung stehenden Mutter Jungen gegenüber läßt diese meist viel lauter, wilder, frecher und fordernder werden als Mädchen. Entsprechend müssen die Väter bei Jungen viel öfter einschränkend eingreifen, damit diese nicht zu extrem (z.B. in ihrem Aktionsdrang, Übermut, Forderungen) werden. Zwar hat Schneidergruber (1990, S. 156) auch gefunden, daß *elterliche Einschränkung* eher ein negatives Selbstkonzept bei Kindern fördert, aber nur, wenn sinnvolle Erprobungsmöglichkeiten der kindlichen Kompetenz dadurch verlorengehen. Da Jungen durch ihre Väter zum großen Teil in übertrieben forderndem, aggressivem und übermütigem Verhalten eingeschränkt werden, welches erst durch die zuwenig gelenkte Erziehung mütterlicherseits entstanden ist, haben die väterlichen Einschränkungen der extremen Verhaltenstendenzen der Jungen kaum negative Auswirkungen auf das Selbstkonzept der Jungen.

Zum anderen hat das beschriebene Elternverhalten zur Folge, daß viele Mädchen weitgehend ihre dominanten, aggressiven, draufgängerischen und überheblichen Anteile unterdrücken und statt dessen ruhig, freundlich und folgsam, aber auch unsicherer, weniger risikofreundlich und vorsichtiger bzw. ängstlicher werden. Die Mädchen scheinen das mütterliche Tadeln und Strafen, welches ihnen gegenüber häufiger als gegenüber den Jungen praktiziert wird, eventuell als mütterliche Ablehnung zu interpretieren. Dabei ist zu bedenken, daß Schneidergruber herausgefunden hat, daß das mütterliche Strafverhalten eine noch eindeutig negativere Wirkung auf das kindliche Selbstkonzept hat als das väterliche Strafverhalten (vgl. Schneidergruber 1990, S. 158ff.).

Wenn man also bedenkt, daß elterliches Strafen und Tadeln ein negatives Selbstkonzept fördert, und dazu betrachtet, daß Mütter, die heute noch immer den größten Teil der Erziehung übernehmen, Mädchen häufiger tadeln und strafen als Jungen, dann dürften viele Mädchen in der Tendenz ein negativeres Selbstkonzept ausbilden als Jungen. Des weiteren dürften auch viele Mädchen sensibler auf Kritik reagieren als Jungen, weil die Mütter Mädchen durch das häufigere Kritisieren und Strafen eine negativere Attributionsform nahelegen als Jungen.

Schneidergruber (1990) hat diese Hypothese untersucht. Er fand in seiner Untersuchung allerdings nur für die zwei Faktoren *Verhaltens- und Entscheidungssicherheit* und *Empfindlichkeit und Gestimmtheit* signifikant niedrigere Selbstkonzeptwerte für Mädchen. Die restlichen 8 Selbstkon-

zeptfaktoren (allgemeine Leistungsfähigkeit, allgemeine Problembewältigung, Standfestigkeit gegenüber Gruppen und bedeutsamen anderen, Kon-
takt- und Umgangsfähigkeit, Irritierbarkeit durch andere, Gefühle und Beziehungen zu anderen, Wertschätzung durch andere und allgemeine Selbstwertschätzung) ergaben keine signifikanten Unterschiede zwischen Jungen
und Mädchen im Alter von 14 bis 16 Jahren. Leider hat der Autor nicht berichtet, ob auf den anderen Skalen die Mädchen in leichterer Tendenz negativer waren oder sich tatsächlich gar nicht von Jungen unterschieden.

In anderen Untersuchungen – besonders in früheren – sind wiederum signifikante Selbstkonzeptunterschiede zwischen Mädchen bzw. Frauen und
Jungen bzw. Männern gefunden worden. Die Ergebisse zu dieser Frage sind
nicht einheitlich.

4.1.3 Elterliches Erziehungsverhalten und kindliches Selbstkonzept

Auswirkungen einzelner Erziehungsmittel

Erzieherisches Verhalten umfaßt sowohl die offensichtlichen Verhaltensweisen des Erziehers bzw. der Elternperson als auch dessen Erziehungsein-
stellungen und Erziehungsziele (vgl. Filipp 1971, S. 14).

Schneidergruber (1990) hat in Österreich an 266 Schülern in der 8. und 9.
Schulstufe (14 bis 16 Jahre alt) mehrerer Gymnasien, Höheren Technischen
Lehranstalten (HTL), einer Frauenberufsschule und einer Volksschule den
Zusammenhang zwischen einzelnen *elterlichen Erziehungsmitteln* und dem
kindlichen Selbstkonzept untersucht. Der Autor hat das mütterliche und väterliche Erziehungsverhalten/Erziehungsmittel getrennt betrachtet und zudem differenziert zwischen einem *allgemeinen kindlichen Selbstkonzept* und
10 einzelnen Selbstkonzeptfaktoren (allgemeine Leistungsfähigkeit, allgemeine Problembewältigung, Verhaltens- und Entscheidungssicherheit,
Standfestigkeit gegenüber Gruppen und bedeutsamen anderen, Kontakt- und
Umgangsfähigkeit, Irritierbarkeit durch andere, Gefühle und Beziehungen
zu anderen, Wertschätzung durch andere, Empfindlichkeit und Gestimmtheit
und allgemeine Selbstwertschätzung) (vgl. Schneidergruber 1990, S. 116).
Somit hat der Autor seiner Untersuchung ein sehr umfassendes und differenziertes Selbstkonzeptkonstrukt zugrundegelegt.

Er fand einen signifikanten *positiven Zusammenhang* zwischen *mütterlicher als auch väterlicher Unterstützung* und dem *allgemeinen kindlichen Selbstkonzept*. Dieser signifikante positive Zusammenhang von *beidelterlicher Unterstützung* bezog sich ebenso auf *alle Dimensionen des kindlichen Selbstkonzeptes* (vgl. Schneidergruber 1990, S. 153). Elterliche *Unterstützung* fördert eindeutig ein positives Selbstkonzept bei Kindern.

Des weiteren zeigten Jungen und Mädchen signifikant niedrigere allgemeine Selbstkonzeptwerte, wenn sowohl die *Mutter als auch der Vater* sich *einschränkend* verhielten, als solche Kinder, die ihre Eltern nicht als *einschränkend* erlebten. Dieser signifikante negative Zusammenhang von *mütterlicher Einschränkung* bezieht sich wiederum auf *alle Dimensionen (Skalen) des kindlichen Selbstkonzeptes*. Und mit Ausnahme der Skala *Kontakt- und Umgangsfähigkeit* gilt der gefundene negative Zusammenhang von *väterlicher Einschränkung* auch für die übrigen *9 kindlichen Selbstkonzeptskalen* (vgl. Schneidergruber 1990, S. 156).

Ein signifikant *negativer Zusammenhang* wurde auch gefunden zwischen dem *mütterlichen Tadel* und dem *allgemeinen Selbstkonzept der Kinder*. Dieser Zusammenhang bezieht sich auch auf alle anderen kindlichen Selbstkonzeptskalen. Auch der *väterliche Tadel* steht im signifikanten *negativen Zusammenhang* mit dem *allgemeinen kindlichen Selbstkonzept*. Dieser negative Zusammenhang gilt ebenso, ausgenommen die Skalen *Standfestigkeit gegenüber Gruppen und bedeutsamen anderen, allgemeine Leistungsfähigkeit, allgemeine Problembewältigung* und *Kontakt- und Umgangsfähigkeit*, für die verbleibenden *6 Skalen des kindlichen Selbstkonzeptes* (vgl. Schneidergruber 1990, S. 158f.).

Dieses Ergebnis wird durch andere Untersuchungen – z.B. von Bonn – bestätigt. Danach wirkt sich besonders mütterliche Strenge und Tadel negativ auf das Selbstkonzept der Kinder aus (vgl. Bonn 1975, nach Schneidergruber 1990, S. 40).

Entgegen den Erwartungen von Schneidergruber (1990) zeigte sich in seiner Untersuchung *kein positiver Zusammenhang* zwischen *‚mütterlichem sowie väterlichem Lob* und *dem allgemeinem Selbstkonzept*. Lediglich auf den Skalen *allgemeine Leistungsfähigkeit* und *Wertschätzung durch andere* wiesen die Kinder beiderlei Geschlechts signifikant höhere Werte auf, wenn sie ihre Mutter als lobend beschrieben hatten, als solche Kinder, die ihre Mutter nicht als lobend erlebt hatten, während sich zwischen *väterlichem*

Lob und den *einzelnen Skalen des kindlichen Selbstkonzeptes* überhaupt keine signifikanten Zusammenhänge fanden.

Der Autor vermutet, daß elterliches Loben sich fast ausschließlich auf den Leistungsbereich beschränkt und die Kinder Lob entsprechend eher auf bestimmte Leistungen und weniger auf ihre Person beziehen. Unter diesem Gesichtspunkt könnte *elterliches Lob* sogar negative Auswirkungen auf das Selbstkonzept des Kindes haben. Außerdem offenbarten anschließende Gespräche mit den Eltern die elterliche Einstellung, daß man nur dumme Kinder loben müsse. Dies zeigte, daß Eltern *Lob* als kognitive Strategie ansahen und dieses elterliche Erziehungsmittel mit einer bestimmten negativen Einschätzung des Kindes zusammenhing. Der Autor geht davon aus, daß Kinder entsprechende elterliche Einschätzungen wahrnehmen und übernehmen (Schneidergruber 1990, S. 162f.).

Zu diesem Zusammenhang lassen sich aber auch andere Ergebnisse aufzeigen. So fanden Darpe und Schneewind *signifikant positive Zusammenhänge* zwischen *elterlichem Lob* und den *emotionalen kindlichen Selbstkonzeptvariablen* (vgl. Darpe/Schneewind 1978, zitiert nach Schneidergruber 1990, S. 41).

Aber zwischen *beidelterlichem inkonsistenten* (wechselhaften) Verhalten und dem *allgemeinem kindlichem Selbstkonzept* zeigte sich in der Untersuchung von Schneidergruber (1990) wieder ein *signifikanter negativer Zusammenhang*, welcher sich bei *beiden Elternteilen* sogar auch auf *alle Dimensionen des kindlichen Selbstkonzeptes* bezog. Das bedeutet, daß wechselhafte Elternbewertungen und wechselhaftes Elternverhalten dem Kind keinerlei Anhaltspunkte und Regeln vermitteln, so daß das Kind nur verunsichert wird. Somit kann das Kind auch kein stabiles, tragendes Selbstkonzept bzw. gesichertes Selbstvertrauen ausbilden (vgl. Schneidergrber 1990, S. 164f.). *Inkonsistentes Elternverhalten* fördert demnach eindeutig ein *negatives Selbstkonzept*.

Helmke/Väth-Szusdziara (1980, S. 212ff.) konnten dieses Ergebnis in ihrer Untersuchung bestätigen. *Konsistentes Elternverhalten* und *stabile Elternerwartungen* fördern beim Kind die *Selbstakzeptanz* und ein *positives Selbstkonzept*. Auch zwischen der zunehmenden *mütterlichen wie auch zunehmenden väterlichen Strafintensität* und dem *allgemeinen kindlichen Selbstkonzept* wurde ein *signifikanter negativer Zusammenhang* gefunden, der sich auf *mütterlicher Seite* auf *alle Selbstkonzeptskalen* und auf *väterlicher Seite*, mit Ausnahme der Skala *Kontakt- und Umgangsfähigkeit*, auf *alle restlichen Dimensionen kindlichen Selbstkonzeptes* bezog. Dies deutet darauf hin, daß Kinder elterliches Strafen als elterliche Ablehnung interpretieren, und daß sie sich entsprechend ohnmächtig und als minderwertig erleben (vgl. Schneidergruber 1990, S. 166ff.).

Entsprechend den angeführten Ergebnissen erscheint die Aussage zulässig, daß die *Form des elterlichen Erziehungsverhaltens* (bzw. der Einsatz der Erziehungsmittel) als sehr wichtig für die *Ausbildung des kindlichen Selbstkonzeptes* angesehen werden kann. Schneidergruber betont, daß die elterliche Unterstützung eine besonders wichtige Voraussetzung für die positive Ausrichtung des kindlichen Selbstkonzeptes ist (vgl. Schneidergruber 1990, S. 171). Leider hat er diese Aussage nicht weiter begründet.

Auswirkungen elterlicher Erziehungsstile

„Erziehungsstile sind relativ sinneinheitlich ausgeprägte Möglichkeiten erzieherischen Verhaltens, die sich durch typische Komplexe von Erziehungspraktiken charakterisieren lassen" (Weber, 1978, S. 33).

Nach Tausch und Tausch hat ein laissez-faire-Erziehungstil, bei dem die Eltern sich wenig um die Kinder kümmern bzw. sie meist sich selbst überlassen und die Eltern wenig überprüfen, ob ihre Anweisungen und Regeln von dem Kind befolgt worden sind, eher ungünstige Auswirkungen auf das Selbstkonzept des Kindes (vgl. Tausch/Tausch 1971, nach Dönhoff-Kracht 1980, S. 158).

Ebenso scheint ein autoritärer Erziehungsstil, bei dem die Eltern ihr Kind stark in seinen Möglichkeiten einengen und den Wert des Kindes wenig anerkennen, sich ungünstig auf das kindliche Selbstkonzept auszuwirken. Auch körperliche Züchtigung beeinflußt in vielen Fällen das Selbstkonzept negativ (vgl. Rosenberg 1965, nach Dönhoff-Kracht 1980, S. 157). Helmke/Väth-Szuszdziara (1980) fanden ebenso in ihrer Untersuchung, daß autoritäres Erziehungsklima (konformitätsorientierte Erwartungen, autoritäre Formen der Interaktion, machtorientierte Sanktionsformen) geringe Selbstakzeptanz fördern (vgl. Helmke/Väth-Szuszdziara 1989, S. 211). Wenn Eltern von ihren Kindern eher passives und unselbständiges Anpassungsverhalten verlangen bzw. wenig Eigenständigkeit zugestehen, kann sich ein Wertbewußtsein kaum entwickeln (vgl. Neubauer 1976, S. 101). Bei Einengung kann das Kind selbständige Problembewältigung weniger gut üben.

Dagegen scheint – nach Auffassung vieler Autoren – ein eher demokratischer Erziehungsstil, bei dem die Eltern ihr Kind überwiegend akzeptieren, wertschätzen und persönliche Probleme mit ihm besprechen sowie überwiegend kongruentes Erziehungsverhalten zeigen, für die ganze Familie geltende, konsistente Verhaltensregeln aufstellen und auf die Einhaltung der Regeln achten, das Selbstkonzept eines Kindes eher zu fördern (vgl. zusammenfassend Neubauer 1976, S. 100f. und Dönhoff-Kracht 1980, S. 158). Helmke/Väth-Szusdziara (1980, S. 211f.) fanden auch in ihrer Untersuchung, daß ein egalitäres Erziehungsklima (auf Gleichheit gerichtete Interaktionsformen und Beziehungsverhältnisse, Autonomieerwartungen und unterstützende Sanktionsformen) eine günstige Selbsteinschätzung und eine positive Selbstakzeptanz beim Kind bzw. dem Menschen fördert.

Aufgrund der dargestellten Ergebnisse scheint sowohl ein zu stark kontrollierendes Erziehungsverhalten als auch ein zu wenig kontrollierendes Elternverhalten das kindliche Selbstkonzept ungünstig zu beeinflussen.

Die Wichtigkeit der Selbständigkeitserziehung

Ob das Selbstkonzept eines Kindes sich eher positiv oder eher negativ entwickelt, hängt entscheidend von seinen allgemeinen Wirksamkeitsgefühlen bzw. von seiner ausgebildeten Kontrollüberzeugung ab. Damit ein Kind Vertrauen zu sich fassen kann, braucht es Eltern, die zum einen die Möglichkeiten und Kompetenzen des Kindes erkennen und erahnen und dem Kind entsprechend Hoffnung und Mut machen. Um Wirksamkeitsgefühle („Ich kann Einfluß auf meine Umwelt nehmen.") zu entwickeln, muß das Kind als Voraussetzung die Möglichkeit erhalten, selbstständig etwas zu tun.

Auch Largo (1997) sieht es für die Ausbildung eines positiven Selbstkonzeptes, von Selbstvertrauen und von Wirksamkeitsgefühlen des Kindes als wichtig an, daß es entwicklungsgerecht immer selbständiger wird. Entsprechend sollten die Eltern ihr Kind in seinem *Streben nach Selbständigkeit* fortlaufend unterstützen (vgl. Largo 1997, S. 93), denn elterliche Erziehung begrenzt sich nicht nur auf *Fürsorge geben* und *Grenzen setzen*, auch *Loslassen* ist eine wichtiger Aspekt. Und zwar orientiert sich die Unterstützung der Selbständigkeit am jeweiligen Entwicklungsstand des Kindes. In den Bereichen, in denen es bereits kompetent ist, sollten die Eltern es selbständig handeln und auch bestimmen lassen (vgl. ebd., S. 27ff.). Sie sollten es nach Möglichkeit also weder unter- noch überfordern.

„Die Entwicklung seines Selbstwertgefühls hängt davon ab, wie selbständig es sein kann" (Largo 1997, S,29). Denn durch das selbständige Handeln und Entscheiden macht es die Erfahrung, daß es auf seine Umwelt Einfluß nehmen und etwas bewirken kann, statt sich unfähig, ausgeliefert und abhängig zu fühlen (vgl. ebd., S. 27).

4.2 Funktion der Schule

Die prägenden Strukturen des Schulbetriebs und deren Wirkungen auf die Herausbildung des Selbstkonzepts der Schüler sind in starkem Maße abhängig von gesellschaftlichen Normen und Erwartungen, insbesondere vom jeweils gültigen Leistungsbegriff:

„Leistungsbereitschaft und Leistungsergebnisse tragen in unserer Gesellschaft in hohem Maße zu einer mehr oder weniger erfolgreichen Lebensgestaltung bei. Darüber hinaus sind sie mit einem hohen sozialen Wert versehen. Die Voraussetzungen für eine erfolgreiche und zufriedenstellende Auseinandersetzung mit den täglichen Leistungsanforderungen im Privat- und Berufsleben oder aber für eine durch subjektive Inkompetenz und Ängstlichkeit beeinträchtigte Leistungsmotivation und Leistungseffizienz werden im Rahmen der individuellen Lerngeschichte vor allem in der Schule geschaffen" (Jerusalem 1985, S. 98).

Wie ein Schüler sich in der Schule verhält, wie fleißig er ist oder welche Ergebnisse er produziert, hängt dabei weniger von von den tatsächlichen bzw. objektiven Handlungsmöglichkeiten des Schülers ab (Intelligenz, Kompetenzen usw.), sondern ergibt sich eher aus den subjektiven Kompetenzvorstellungen des Schülers (vgl. Jerusalem 1985, S. 98).

Nachfolgend werden einige Faktoren und Bedingungen aufgezeigt, die die Entstehung des Selbstkonzeptes von der schulischen Seite her beeinflussen.

4.2.1 Schulart und Du-Botschaft

So wie die Eltern und auch die weitere Umwelt, so gibt auch die Schule viele Du-Botschaften an das Kind ab („Du sollst..."; „Du bist..."). Es gibt dabei individuelle Du-Botschaften und kollektive Du-Botschaften, welche von der Schule ausgehen.

Auch die Schulformen senden an den Schüler implizite Du-Botschaften aus, die selbstkonzeptwirksam sind. Wenn das Kind in der Volksschule bleibt, bekommt es durch die Gesellschaft die Botschaft vermittelt, daß es zu den weniger intelligenten Kindern gehört. Kinder, die auf die Realschule oder das Gymnasium überwechseln, erhalten von ihrer Umgebung die Botschaft, intelligenter als andere zu sein (vgl. Schulz von Thun 1982, S. 172f.).

4.2.2 Die Bedeutung unterrichtsbedingter Faktoren

Über die Behandlung des Schülers durch den Lehrer, der bestimmte Regeln, Normen und feste Pläne setzt, werden ebenfalls allen Schülern gleichzeitig bestimmte Du-Botschaften übermittelt, welche auf deren Selbstkonzpt einwirken. Diese können auch als der heimliche, eigentliche Lehrplan der Schule betrachtet werden.

Diese allgemeinen Du-Botschaften der Institution Schule lauten z.B.:

- Hier in der Schule bist du einer von vielen und entsprechend bist du hier von geringer Wichtigkeit.
- Du hast hier nichts zu sagen und darfst auch kaum Ansprüche stellen. Sei also mit deinen Wünschen zurückhaltend.
- Du bist noch klein und unwissend, während ich als Lehrer erwachsen und wissend bin. Entsprechend weiß ich genau, was für dich wichtig ist. Also sei still und aufmerksam und hör mir gut zu.
- Du brauchst dich auch nicht für die Gemeinschaft verantwortlich zu fühlen, denn das regle ich schon. Du brauchst hier nur zuzuhören, das, was ich sage, zu lernen und mir aufs Wort zu folgen.

Analog der Botschaft des Lehrers fühlt sich der Schüler eher unwichtig, unfähig und wertlos und hat nicht das Gefühl, daß er selbständig und verantwortungsvoll handeln sollte (vgl. Schulz von Thun 1982, S. 172).

Außerdem wird oft nicht beachtet, daß Kinder zur Bearbeitung und Bewältigung bestimmter Aufgaben unterschiedlich viel Zeit benötigen. „Beim programmierten Unterricht, für den gerade das individuelle Leistungstempo charakteristisch ist, wurde bisher fast immer ein Verhältnis von 1:3 gefunden, d.h. wenn die schnellsten Schüler nach 15 Minuten eine Leistungseinheit beendet haben, ist damit zu rechen, daß die langsamsten Schüler nach 45 Minuten fertig sind." (Schwarzer 1980, S. 29)

Zumeist wird aber auf diese individuellen Unterschiede zu wenig eingegangen, so daß es bei den langsamen Schülern bald zu Vorkenntnislücken kommt. Solche Lücken in Vorkenntnissen erschweren wieder das Verstehen der nächsten Lerneinheit, die auf der ersten aufbaut. Wenn diese Kinder dann Leistungsschwierigkeiten zeigen, wird die unterrichtsbedingte Ursache meist nicht erkannt. Stattdessen werden die Schwierigkeiten einseitig als Probleme des Schülers angesehen (vgl. Schwarzer 1980, S. 29), wodurch der Schüler sich als Versager betrachten und sein Selbstkonzept negativ verändern wird

4.2.3 Die Bedeutung der Leistungsbeurteilung

Der schulische Einfluß beginnt schon bei der Art und Weise der Leistungsbeurteilung der Schüler. Die meisten Lehrer bemühen sich darum, einen an die Gaußsche Normalverteilung angeglichenen Leistungsspiegel in den Klassen zu erreichen. Damit ist gemeint, daß die Lehrer so zensieren, daß der Großteil der Klasse in seinen Noten zwischen zwei und vier liegt und nur wenige *Einser, Fünfer* und *Sechser* vorkommen. Basis der Benotung ist somit der *soziale Vergleich.* Aber auch nach der *kriteriumsorientierten Benotung* kann der Lehrer das Kriterium nach seinem Ermessen entsprechend hoch oder niedrig ansetzen, so daß nicht z.B. 80 % der Schüler bei *Eins* und *Zwei* oder bei *Fünf* und *Sechs* liegen. Es ergibt sich also in den meisten Klassenarbeiten eine Leistungskurve, bei der ein Teil der Schüler *zwangsläufig* am leistungsschwachen Ende der Klasse zu finden sind. Wenn ein Schüler sich häufiger bei den letzten der Klasse wiederfindet, fühlt er sich in seinen Anstrengungen nicht bestärkt. Außerdem kann der Schüler kaum häufigen Mißerfolg dem Zufall zuschreiben. Er wird sich bei häufigem Mißerfolg als unfähig einschätzen. Dadurch wird auf lange Sicht seine Arbeitsmotivation sinken (vgl. Tiedemann, 1985, S. 146) und seine Schulangst zunehmen. Die Schulangst bezieht sich sowohl auf die Angst vor weiteren Mißerfolgen (schlechte Noten) als auch auf die soziale Angst, im Vergleich mit den anderen schlecht dazustehen, beschämt zu sein (Selbstabwertung) und abgelehnt zu werden (vgl. Schwarzer 1981, S. 90). Befindet sich ein

Schüler also häufiger unter den Schlechtesten der Klasse, wird sich sein Selbstkonzept der Situation anpassen und er wird sich negativer beurteilen. Sinkende Arbeits- und Lernmotivation wird dazu führen, daß er in seinen Bemühungen nachläßt, wodurch er wiederum schlechtere Leistungen erzielt.

Nun gibt es aber eher leistungsstarke Klassen (mit vielen leistungsstarken Schülern) und eher leistungsschwache Klassen. Je nachdem, in welche Klasse er nun *zufällig hineingeraten* ist, werden seine Leistungen, im Vergleich zur übrigen Klasse, in leistungsstarken Klassen eher *schlechter* oder aber in leistungsschwachen Klassen eher *besser* erscheinen. Seine Lernergebnisse und – davon abhängig – sein Selbstkonzept werden also von der Leistungs-fähigkeit der gesamten Klasse mitbestimmt (vgl. Tiedemann 1985, S. 152).

Wenn Lehrer ihre Schüler bewerten und ihnen Rückmeldungen auf ihre Leistungen geben, können sie unterschiedliche Bezugsnormen (sozial vs. individuell) verwenden. Wählt der Lehrer oft die *soziale Bezugsnorm* bzw. vergleicht er die Leistung eines Schülers mit den Leistungen anderer Schüler, dann wird dem Schüler verstärkt deutlich, ob er zu den leistungsstärkeren oder zu den leistungsschwächeren gehört. Seine individuellen Lernfortschritte werden dabei kaum beachtet. In der Regel ist die Leistungsvertei-lung recht stabil, wodurch sich die Position eines Schülers wenig ändern kann. Der schlechte Schüler erlebt hier immer wieder schlechte Leistungen. Das bedeutet, die Verwendung der sozialen Bezugsnorm legt dem Schüler eher eine zeitstabile Attribution seiner guten oder seiner schlechten Leistungen nahe. Hat ein Schüler häufiger schlechte Leistungen, wirkt sich dies negativ auf seine Selbstbewertung und Leistungsmotivation aus.

Wählt der Lehrer dagegen oft die *individuelle Bezugsnorm* bzw. vergleicht der Lehrer die Leistungen eines Schülers mit dessen früheren Lei-stungen, so zeigt dies dem Schüler besonders gut, ob er sich verbessert oder verschlechtert hat. Entsprechend macht die individuelle Bezugsnorm dem Schüler die Effekte der Anstrengung besonders deutlich und legt ihm zudem eine zeitvariable Attribution seiner guten oder schlechten Leistungen nahe. Das motiviert den Schüler auch bei schlechten Leistungen, sich weiter anzu-strengen, weil er das Gefühl hat, seine Leistungen beeinflussen zu können (vgl. Jerusalem 1985, S. 99ff.).

4.2.4 Auswirkungen von Lehrererwartungen bzw. Lehrereinstellungen

Einen weiteren wichtigen Einflußfaktor für das Selbstkonzept des Kindes stellen die Lehrererwartungen dar, die in den Einstellungen der Lehrer begründet sind.

Daß Schulnoten eher Schätzcharakter haben und wenig objektiv sind, ist aus vielen Untersuchungen gut bekannt. Oft genug wurde ein und derselbe Aufsatz von verschiedenen Lehrern mit Noten zwischen 1 und 6 benotet, ähnliches kann man selbst bei Mathematikarbeiten finden. Lehrerurteile fallen unter anderem deshalb so unterschiedlich aus, weil sie weitgehend von den Erwartungen über die jeweiligen Schüler beeinflußt werden.

Wie Lehrererwartungen aussehen können, möchte ich anhand eines Beispieles demonstrieren:

Lehrer, welche Schüler des ersten Schuljahres unterrichteten, wurden zu Beginn des Schuljahres bezüglich ihrer geschlechtsspezifischen Leseleistungserwartungen befragt. Am Ende des Schuljahres wurden dann die tatsächlichen Leseleistungen ihrer Schüler durch Schulleistungstests ermittelt. Waren die Lehrer zu Beginn der Ansicht gewesen, daß Jungen im Vergleich zu Mädchen mit dem Lesenlernen allgemein größere Probleme haben, schnitten die Jungen bei solchen Lehrern im Abschlußtest auch signifikant schlechter ab als die von dem gleichen Lehrer unterrichteten Mädchen. Dagegen ergaben sich im Abschlußtest keine signifikanten Unterschiede zwischen den Leseleistungen der Jungen und der Mädchen, wenn die Lehrer zu Beginn keine geschlechtsspezifischen Leseleistungserwartungen geäußert hatten. Die Ergebnisse lassen sich dahingehend interpretieren, daß Erwartungen die Tendenz haben, sich in Richtung einer sich selbst erfüllenden Prophezeihung auszuwirken (vgl. Palardy 1969, zitiert nach Tiedemann 1985, S. 147f.).

Auch die physische Attraktivität von Schülern löst beim Lehrer Erwartungen aus, die die Wahrnehmung und das Urteil des Lehrers beeinflussen. Es konnte in einer Untersuchung gezeigt werden, daß Lehrer *unattraktive* Schüler nach einem vermeindliche schwerwiegendem Fehlverhalten allgemein als chronisch antisozial eingeschätzen, während sie bei *attraktiven* Kindern dieses vermeindliche schwerwiegende Fehlverhalten allgemein als Ausnahme ansahen. Ebenso ordneten die Versuchspersonen (Lehrer) Unehrlichkeit als Eigenschaft eher den *unattraktiv* aussehenden Schülern zu als den *attraktiven* (vgl. Dion 1970, nach Brophy/Good 1976, S. 32).

Außerdem lassen verschiedene Untersuchungen darauf schließen, daß auch der sozioökonomische Status (SÖS) bzw. die Schichtzugehörigkeit im erheblichen Maße Eingang in das Lehrerurteil findet (vgl. zusammenfassend Brophy/Good 1976, S.16ff.).

Auch Schwarzer/Schwarzer (1977) vermuten, daß gerade die soziale Herkunft (äußere Erscheinung, Kleidung, Verhalten) und das Sprachverhalten im Urteilsprozeß der Lehrer stärker verwendet werden als andere Schülermerkmale (Fähigkeiten oder Möglichkeiten) und daß von diesen Merkmalen ausgehend die gesamte Schülerpersönlichkeit beurteilt wird (vgl. Schwarzer/Schwarzer 1977, S. 25). So werden Kinder schnell als intelligenter beurteilt, wenn sie sprachgewandter sind als andere.

Diese Erwartungen gewinnt der Lehrer einerseits, indem er eine Art *Schnellanalyse* des bisherigen Schülerverhaltens eines Schülers durchführt. Um den Schüler schnell beurteilen zu können, konzentriert er sich auf bestimmte Merkmale wie z.B. auf Begabung und Anstrengung (stereotype Sichtweise) und stellt *unbewußt* Verknüpfungen her, wie: *Ein wenig sprachgewandter Schüler ist auch unfähig, unordentlich, faul, unehrlich und so weiter.*

So werden die Schüler vom Lehrer auf wenige Hypothesen reduziert (Implizite Persönlichkeitstheorie) und unbewußt entsprechend ihrer Leistungen einer Kategorie von Schülern zugeordnet. In der Folge wird der Lehrer die eingehenden neuen Informationen in der sozialen Wahrnehmung entsprechend seinen Hypothesen *selektiv* wahrnehmen. Ins Bild passende Daten werden eher akzeptiert, während widersprechende Daten schnell vergessen, umgedeutet und angezweifelt werden. Dadurch werden letztendlich die Informationen verzerrt.

Die Urteile der Lehrer hängen also weitgehend davon ab, welche Hypothesen ein Lehrer zur Beurteilung benutzt. Schwarzer/Schwarzer finden, daß die Lehrerurteile mehr über die Persönlichkeit des Lehrers als über die betreffende Persönlichkeit des Schülers aussagen (vgl. Schwarzer/Schwarzer 1977, S. 22ff.).

Brophy/Good (1976, S. 41ff.) berichten, daß Lehrer schon nach nur drei Schultagen ziemlich deutliche Erwartungen und Voraussagen über zukünftigen Schulerfolg über ihre Schüler ausgebildet haben, ohne daß sie diese vor dem ersten Schultag gesehen hätten, Tests gemacht worden wären oder Informationen z.B. aus einem Kindergarten vorgelegen hätten.

Die Erwartungen eines Lehrers bezüglich der Fähigkeiten eines Schülers können sogar über das beobachtbare Verhalten der betreffenden Schüler hinaus gehen. So fand Seaver, daß Lehrer auch Erwartungshaltungen über das Leistungsverhalten ihrer Schüler ausbilden, wenn sie zuvor deren ältere Geschwister unterrichtet hatten. Es wurden 79 Geschwisterpaare verglichen, die zum Teil bei ein und demselben Lehrer und zum Teil bei zwei verschiedenen Lehrern unterrichtet worden waren. Wenn die älteren Geschwister von demselben Lehrer unterrichtet worden waren, wurden die jüngeren Geschwister ähnlich hoch oder ähnlich niedrig eingestuft, im Gegensatz zu überwiegenden Unterschieden im Leistungsniveau der Geschwister, wenn die älteren Geschwister von einem anderen Lehrer unterrichtet worden waren (vgl. Seaver 1971, nach Elashoff/Snow 1972, S. 74f.). Auch dieses Ergebnis spricht für das Vorhandensein und die Wirkung von Lehrererwartungen auf das Schulleistungsverhalten.

Schwarzer/Schwarzer (1977) sind der Auffassung, daß die Lehrer-Schüler-Interaktionen einen wesentllich größeren Einfluß auf das Selbstkonzept und damit auch auf die Schulleistung eines Schülers haben, als meist angenommen wird:

„Es wird leicht übersehen, daß in der Schulsituation soziale Beziehungen definiert werden, die eine Rückkopplung auf das Leistungsverhalten bewirken, und daß die Schulsituation selbst nicht isoliert ist, sondern von gesellschaftlichen Erwartungen mitbeeinflußt wird. (...) Menschen werden nicht als gute oder schlechte Schüler geboren, auch wenn es von Anfang an Unterschiede gibt. Schüler werden durch das Interaktionsgeflecht in der Schulsituation erst zu dem gemacht, was sie aus der Sicht des Lehrers sind. Dabei spielt gerade sein Urteil über die Schülerpersönlichkeit eine entscheidende Rolle. Die Institution ist darauf eingerichtet, gute und schlechte Schüler zu produzieren, und die Lehrer als die Sozialisationsträger steuern in der Lehrer-Schüler-Interaktion das Ihre dazu bei, daß Schülerkarrieren in bestimmter Weise verlaufen" (Schwarzer/Schwarzer 1977, S. 35f.).

Aus dem bisher aufgezeigten geht klar hervor, daß viele Lehrer Erwartungen über das Leistungsverhalten eines jeden einzelnen Schülers ausbilden, die oft auf reduzierte Merkmale (wie sozioökonomischer Status oder Sprachverhalten) zurückgehen. Durch diese unterschiedlichen Erwartungen kann das Lehrerurteil verzerrt werden, weil seine weitere Wahrnehmung und sein Verhalten unbewußt von diesen Erwartungen beeinflußt wird. Weiterhin wird gezeigt, daß diese Lehrererwartungen die Schüler dahingehend beeinflussen können, daß sich die Schüler den Lehrererwartungen entsprechend verhalten. Das bedeutet, daß sich die Lehrererwartungen im Sinne von sich selbsterfüllenden Prophezeiungen dahingehend auf alle Beteiligten auswirken, daß die Erwartungen Realität werden.

Wie das im einzelnen vor sich gehen kann, möchte ich an einem konstruierten Beispiel verdeutlichen:

Man stelle sich vor, ein Schüler zeigt ein Merkmal (z.B. geringe Sprachgewandtheit), wodurch er von dem Lehrer eher der Kategorie der schlechten Schüler zugeordnet wird. Demzufolge hat der Lehrer diesem Schüler gegenüber eher ungünstige Leistungserwartungen. Daraufhin wird der Lehrer entsprechend seinen Hypothesen sehr stark auf negative Anzeichen achten und diese deutlicher wahrnehmen. Die positiven Anzeichen einer Leistungssteigerung werden öfter ignoriert oder uminterpretiert (selektive Wahrnehmung), weil sie nicht ins Bild passen. Dieser Mechanismus allein wirkt sich schon selbstverstärkend auf die geringen oder hohen Erwartungen des Lehrers aus (vgl. Erlemeier/Tismer 1973, S. 147; Schwarzer 1977, S. 25 und Brophy/Good 1976, S. 59).

Negative oder positive Erwartungshaltungen nehmen zudem einen starken Einfluß auf die Attribution der Lernergebnisse beim Lehrer. Hat ein Lehrer einem Schüler gegenüber positive Erwartungen, so attribuiert er eine gute Leistung auf seine Intelligenz (Fähigkeit/intern) und eine schlechte Leistung auf seine Faulheit (Anstrengung/intern) oder auf den Zufall („Er hatte einen schlechten Tag"/extern), während er bei ungünstigen Erwartungen einem Schüler gegenüber eine gute Leistung eher dem Zufall („Er hatte eben mal Glück"/extern) und eine schlechte Leistung eher der mangelnden Fähigkeit („Er ist dazu nicht fähig"/intern) zuschreiben würde (vgl. Tiedemann 1985, S. 149/150 und Elashoff/Snow 1972, S. 83).

Diese negative Erwartungshaltung äußert sich natürlich im Verhalten des Lehrers. Er wird, wie bereits beschrieben, seine Erwartungen mehr oder weniger deutlich in Sprache, Gestik, Mimik, Geduld und Unterstützung, Häufigkeit von Lob und Tadel und so weiter zum Ausdruck bringen (z.B. „Mensch, wie kann man nur *Brief* mit *P* schreiben."). Entsprechend der genannten Ergebnisse kann man davon ausgehen, daß einige Lehrer einen vermeintlich schlechten Schüler oft bei schlechten Leistungen kritisieren werden, selten bei guten Leistungen loben (verstärken) werden, weniger Geduld und Zeit bei der Antwortsuche verwenden, ihn seltener zu guten Leistungen auffordern und ihm seltener Rückmeldungen geben werden.

Es ist kaum zu erwarten, daß der Schüler diese Unterschiede im Lehrerverhalten guten und schlechten Schülern gegenüber nicht wahrnehmen wird.

Die Wahrnehmung der hinter dem Lehrerverhalten stehenden Erwartung führt oft zu einer Veränderung der Erwartungen des Schülers ab sich selbst. Da der Schüler solche Prozesse schwer durchschauen kann, wird er meist die Lehrererwartungen in sein *Selbstbild* übernehmen und entsprechend sein *Selbstbild* hier wohl zum negativen hin ändern, so daß *Fremdbild* und *Selbstbild* wieder im Gleichgewicht sind. Dies wird zur Folge haben, daß seine Erfolgserwartungen und damit auch seine Leistungsmotivation sinken (vgl. Schwarzer/Schwarzer 1977, S. 36f., Erlemeier/Tismer 1973, S. 147).

Je häufiger der Schüler aus dem Verhalten dieses Lehrers oder auch aus dem anderer Lehrer oder Eltern entsprechende Erwartungen wahrnimmt, desto stärker wird er sich in seinem Verhalten diesem Rollenbild anpassen. Der Schüler, an den negative Erwartungen herangetragen werden, verliert an Selbstvertrauen, und dies wirkt sich negativ auf seine Konzentrationsfähigkeit und Motivation aus. Anschließend benötigt er mehr Zeit zum Reagieren und verwendet öfter primitive Reaktionsstrategien (wie Auswendiglernen oder Raten), um die gestellten Aufgaben zu lösen. Des weiteren wird er sich in Zukunft meist weniger anstrengen, schneller aufgeben anstatt sich ausdauernd mit den Aufgaben auseinanderzusetzen und sich weniger am Unterricht beteiligen. Dadurch werden sich seine Leistungen und seine Gefühle zur Schule erwartungsgemäß verschlechtern.

Da der Schüler sich entsprechend der Prophezeiung des Lehrers verhalten hat, hat er somit die Erwartungshypothese des Lehrers bestätigt. Die Erwartungen erscheinen nun noch berechtigter. Das heißt, die Wahrscheinlichkeit einer Korrektur des Lehrerurteils sinkt, womit der Prozeß sich sehr wahrscheinlich spiralenförmig fortsetzen wird (vgl. Schwarzer/Schwarzer 1977, S. 36f.; Erlemeier/Tismer 1973, S. 147; Schwarzer 1980, S.123 und Brophy/Good 1976, S. 102).

Ein Schüler kann also durch die Lehrer-Schüler-Interaktion in eine negative oder aber auch in eine positive Erwartungs-Leistungsspirale hineingeraten. Da er die Zusammenhänge kaum durchblicken wird, wird es ihm wohl schwer gelingen, aus eigener Kraft den Kreislauf zu durchbrechen.

5. Chancen und Grenzen der Veränderung des Selbstkonzeptes

Ein grundlegendes Problem bei der Betrachtung des Selbstkonzeptes besteht in der Frage, inwieweit und unter welchen Umständen ein einmal ausgebildetes Selbstkonzept überhaupt wieder veränderbar ist. Hierzu existieren zwei eher gegensätzlich erscheinende Positionen: die eine Position, vertreten vor allem durch Gergen (1984), geht davon aus, daß das Selbstkonzept fortlaufenden Änderungen unterworfen ist und daher „die traditionelle Annahme eines stabilen Selbstkonzepts höchst fragwürdig ist" (Gergen 1984, S. 82). Die zweite Position, eingenommen unter anderen von Greve (1990), Rustemeyer (1993), Epstein (1984) und Haußer (1983), betont hingegen die relative Stabilität des Selbstkonzeptes, welches nach dieser Auffassung nur unter bestimmten Umständen und/oder teilweise gravierenden Einflüssen der Umwelt oder aber auch durch psychische Verarbeitung (z.B. durch eine Therapie) verändert wird.

Es gibt gute Gründe für die Annahme, daß das Selbstkonzept einerseits relativ stabil und andererseits fortlaufenden Anpassungsprozessen unterworfen ist. Für beide Tendenzen existieren ernstzunehmende Motive, die existentiell begründet sind:

- Das Motiv, seine Selbsttheorie zu erhalten liegt darin, daß eine Selbsttheorie nur ihre Funktion erfüllen kann, wenn sie aufrechterhalten wird. Ohne eine Vorstellung darüber, wer sie sind und was sie können, können Menschen beispielsweise keine sinnvollen Handlungsentscheidungen treffen und sich keine Ziele stecken. Insofern müssen Menschen ihre Selbsttheorie vor Zerstörung bewahren (vgl. Epstein 1984, S. 20f.).

- Das Motiv, sein Selbstkonzept zu verändern liegt darin, daß durch genaue Differenzierung des Selbstkonzeptes der Erklärungs- und Vorhersagewert der naiven Handlungstheorie eines Menschen ständig verbessert wird und so der Mensch immer besser Kontrolle über Ereignisse und Zustände erlangen kann (vgl. Filipp 1978, S 113).

Mit der Veränderung des einmal gebildeten Selbstkonzeptes (der einmal gebildeten Generalisierungen) ist nicht der *Prozeß der Konstruktion* von neuen Selbstkonzeptaspekten bzw. die Generalisierung von wichtigen situativen Selbstwahrnehmungen zu Selbstkonzepten gemeint. Aber man kann natürlich auch die Konstruktion von neuen Selbstkonzeptaspekten im Prinzip als Veränderung ansehen, denn das Selbstkonzept ist anschließend anders, nämlich umfangreicher. Filipp (1980, S. 118) jedenfalls ist der Auffassung, daß man auch die Generalisierung und Hierarchisierung von Selbstkonzepten als Veränderungsprozeß ansehen kann, welcher *„einigermaßen kontinuierlich"* über die Zeit abläuft.

Allerdings ist zu bezweifeln, daß die Konstruktion von Selbstkonzepten über die ganze Lebenszeit *„einigermaßen kontinuierlich"* abläuft. Für die Generalisierung von neuen Selbstkonzeptaspekten sind oft erste Erfahrungen in einem Gebiet wichtig, welche besonders *zentral* waren oder *betroffen gemacht* haben. So können die ersten sexuellen Erfahrungen oder *betroffen machende* sexuelle Erfahrungen (z.B. eine Vergewaltigung) für die Sexualität eines Menschen lange prägend sein. Auch die ersten Erfolgs- oder Mißerfolgserfahrungen in einem Schulfach können das Fähigkeitskonzept des betreffenden Kindes in diesem Bereich lange beeinflussen. Viele Bereiche lernt man schon als Kind und im frühen Erwachsenenalter kennen. Um so älter man wird, um so weniger neue Bereiche werden normalerweise erfahren. Entsprechend wird der *Prozeß der Konstruktion* von Selbstkonzepten im späteren Erwachsenenalter zwar immer mal wieder, aber auch immer seltener, vorkommen, weil man immer seltener neue Bereiche kennenlernt, in denen man noch keine Selbstkonzeptvorstellungen entwickelt hat. Rollenwechsel (wie Mutter werden, in Rente gehen u.s.w.) werden allgemein als Selbstkonzeptveränderungen angesehen.

In den folgenden beiden Unterkapiteln werden die beiden Sichtweisen der Veränderbarkeit des bereits gebildeten Selbstkonzepts referiert und anschließend einer vergleichenden Betrachtung und Wertung unterzogen.

5.1 Der Ansatz eines dynamischen Selbstkonzeptes

Ausgehend von Selbstbeobachtungen begann Gergen (1984, S. 76f.), die traditionelle Vorstellung der Selbstkonzeptforschung anzuzweifeln, daß Menschen im Laufe ihrer Sozialisation eher ein verhältnismäßig stabiles, überdauerndes Selbstkonzept entwickeln,:

„Mein Bild von mir selbst erschien mir alles andere als stabil und dauerhaft. Wenn ich mich selbst beobachtete, während ich mich von einer sozialen Beziehung zur nächsten bewegte, stellte ich an mir deutliche Veränderungen fest: in meiner Art zu sprechen, in meinen Ansichten, in meiner Herzlichkeit und Offenheit, meiner Tiefe oder Oberflächlichkeit usw. Oft waren diese Veränderungen in sich widersprüchlich, indem ich einmal einen bestimmten moralischen Standpunkt verteidigte und ihn ein anderes Mal selbst angriff, indem ich erfüllt war von hohen Selbstwertgefühlen, die mir in einer anderen Situation völlig fehlten."

Er begann daraufhin mit eigenen Untersuchungen, in denen er die zeitliche Stabilität von Selbstkonzepten prüfen wollte. Bei einem eher stabilen Selbstkonzept erwartete er, daß Menschen ihren Überzeugungen treu bleiben müßten. Wenn aber das Selbstkonzept Schwankungen unterläge oder von Situation zu Situation bzw. abhängig vom Zeitpunkt sich verändern würde, wäre dies ein Indiz für ein Selbstkonzept, das ständig im Wandel begriffen ist (vgl. Gergen 1984, S. 79).

In einer Untersuchung von Gergen und Taylor sollten sich Versuchspersonen unter der Imagination einer Bewerbung auf eine Stelle sich in Form einer Rede vorstellen. Sie erhielten die zusätzliche Anweisung, so positiv wie möglich über sich zu reden bzw. alles positive zu nennen, was ihnen in den Sinn käme. Eine Weile später sollten sie einen Fragebogen zur Erfassung des Selbstwertgefühls ausfüllen, mit der Zusatzanweisung, dabei möglichst ehrlich zu antworten. Dies führte zu einem signifikanten Anstieg des Selbstwertgefühls über das Niveau des vorherigen Monats ohne Rollenspiel und im Gegensatz zu einer Kontrollgruppe, die nicht an diesem Rollenspiel teilgenommen hatte (vgl. Gergen/Taylor 1969, nach Gergen 1984, S. 80).

In einer weiteren Untersuchung haben Morse und Gergen einen vermeintlichen Ferienjob angeboten. Die Bewerber wurden nacheinander eingeladen und einzeln in einen Raum geführt, mit der Anweisung, als erstes einige Fragebögen auszufüllen,wobei die Bewerber auch 30 Fragen zu ihrem Selbstwertgefühl beantworten mußten. Nach Beantwortung der Fragebögen wurde ein fingierter zweiter Bewerber von einer Sekretärin dazugesetzt. Die

Hälfte der Bewerber wurden mit einem sehr beeindruckend wirkenden Konkurrenten konfrontiert (Maßkleidung, Diplomatenkoffer, Philosophiebuch, Rechenschieber...) und die andere Hälfte der Bewerber saß einem Konkurrenten mit eher unordentlichem Erscheinungsbild (zerissene Hose, schmutziges Hemd, unrasiert, gelangweilt schauend...) gegenüber. Währenddessen wurden den Versuchspersonen weitere Fragebögen gereicht, in denen die Parallelform zur Erfassung des Selbstwertgefühls enthalten war. Es zeigte sich, daß die Höhe des Selbstwertgefühls sich am sozialen Vergleich mit dem fingierten 2. Bewerber orientierte. Bei den Versuchspersonen, die mit dem perfekten Konkurrenten konfrontiert worden waren, sank das Selbstwertgefühl beträchtlich, während die Versuchspersonen, die mit dem schlampigen Konkurrenten konfrontiert worden waren, einen starken Zuwachs im Selbstwertgefühl verzeichneten (vgl. Morse/Gergen 1970, nach Gergen 1984, S. 80f.).

Gergen (1984, S. 81f.) interpretiert die Ergebnisse dahingehend, daß die Vorstellungen über sich selbst (die Selbstkonzepte) sich quasi von Minute zu Minute durch z.B. eine bestimmte soziale Rückmeldung, durch sozialen Vergleich oder durch Beobachtung des eigenen Verhaltens verändern lassen. Weiter führt er auf, daß auch das Rückerinnern bzw. die Konzentration auf bestimmte Gedächtnisinhalte zu Selbstkonzeptveränderungen führen kann, je nachdem, welche Erinnerung man gerade fokussiert.

„Indem das Individuum bestimmte Ereignisse bezüglich seiner Person erinnert, zieht es daraus Schlüsse über seine charakteristischen Eigenschaften. (...) Da im Gedächtnis eine ungeheure Menge von Informationen gespeichert ist, läßt sich praktisch die Selbstzuschreibung jedes Merkmals stützen. Hält man sich für einen im allgemeinen ‚ehrlichen‘ Menschen, so wird man hierfür sicher Belege in seiner Erinnerung finden. Es scheint jedoch, daß schon ein geringer Anstoß der Erinnerungsprozesse auch überzeugende gegenteilige Belege liefern könnte. Dies gilt vermutlich für viele Merkmale, die Menschen sich zuschreiben. Wesentlich wird es davon abhängen, in welcher Weise sie ihre Gedächtnisinhalte abrufen" (Gergen 1984, S. 81).

Entsprechend hält Gergen die traditionelle Annahme, die von einem eher stabilen Selbstkonzept ausgeht, für begrenzt und zweifelhaft. Das menschliche Selbstkonzept scheine durch eine Vielzahl von Faktoren beeinflußbar zu sein. Der Mensch wird mit vielen unterschiedlichen Reizen konfrontiert, die unterschiedlichste Motive ansprechen und oft schwer zu deuten sind und entsprechend subjektiv gedeutet werden. Gergen schließt daraus, daß das

Selbstkonzept kaum an einem exakten Punkt verankert werden kann (vgl. Gergen 1984, S. 82).

Aber Gergen (1984, S. 84) räumt auch ein, daß Menschen über die Zeit auch Kontinuität zeigen, daß sie teilweise lange an ihrem Verhalten (z.B. eher leistungsorientiert, eher ängstlich) festhalten und es ihnen schwer fällt, sich zu verändern. Er versucht, die Auffassungen von einem eher veränderbaren und einem eher stabilen Selbstkonzept zu vereinen.

So nimmt er an, daß Selbstkonzepte eher stabil bleiben, wenn die äußeren Lebensbedingungen konstant bleiben (gleicher Partner, gleiche Arbeitstelle, usw.). Selbstkonzeptveränderungen wären seiner Meinung nach häufiger nach situativen Veränderungen (wie Einstieg in den Beruf, Stellungswechsel, Partnerwechsel, Familiengründung usw.) zu erwarten (vgl. Gergen 1984, S. 86).

Gergen ist der Ansicht, daß Menschen sich stabiler erleben als sie tatsächlich sind, weil sie die Neigung haben, ihre Interpretationen ihren Selbstkognitionen anzupassen und weil sie die Übereinstimmung ihres Verhaltens mit ihren Einstellungen oder die Übereinstimmung einer Verhaltensweise mit einer anderen Verhaltensweise selten überprüfen (vgl. Gergen 1984, S. 88f.).

5.2 Modellannahmen eines relativ stabilen Selbstkonzeptes

Im Gegensatz zu der Position, die unter 7.1 dargestellt wurde, wird das einmal entstandene Selbstkonzept von anderen Autoren zwar als lebenslang veränderbar, aber zunächst als eher stabil angesehen (vgl. Greve 1990, S. 211, Rustemeyer 1993, S. 53, Epstein 1984, S. 20f. u. S. 33), da die bisherigen Selbstkonzeptvorstellungen eines Individuums den Interpretationsrahmen für neu eingehende Informationen vorgeben (vgl. Epstein 1984, S. 16, Ewert 1986, S. 479). Das bedeutet, daß durch die bisher gewonnenen Einstellungen und Meinungen über sich selbst neue Informationen selektiv wahrgenommen werden. Sie werden ausgewählt, verkürzt und gefiltert gespeichert (vgl. Filipp 1975, S. 51). Man nimmt mit Vorliebe solche Informationen wahr, die in das bestehende Konzept gut passen. Widersprüchliche Informationen werden demzufolge eher verzerrt, nicht beachtet, als *unwahr* abgewertet oder so interpretiert, daß sie an das bestehende Konzept angepaßt werden können (vgl. Filipp 1988, S. 283, Whitbourne/Weinstock 1982, S. 43f. u. S. 110; Filipp 1984, S. 142ff. und Schulz von Thun 1982, S. 176ff.). Whitbourne und Weinstock (1982, S. 32) nennen diesen Prozeß *deduktive Differenzierung*. Filipp (1984, S. 143) nennt diesen Prozeß ihrerseits *Assimilation*.

Des weiteren verstärken – laut Aussage der kognitiven Motivationspsychologen – die einmal eingenommenen Attributionsvoreingenommenheiten des Menschen sich selbst und üben so einen stabilisierenden Einfluß auf das Selbstkonzept aus.

Greve (1990) nennt noch eine weitere Strategie, mit denen Menschen ihr bisher gebildetes Selbstkonzept zu verteidigen suchen: die Strategie der *Akzeptanzvermeidung*. Danach können Menschen neue inkonsistente selbstbezogene Informationen, die nicht zum bisher bestehenden Konzept von sich passen, abwehren, indem sie die Bedeutsamkeit oder die diagnostische Relevanz der neuen Information für das Selbstkonzept reduzieren, in der Form, daß sie die neue Information umdeuten, die Wichtigkeit dieser selbstbezogenen Information anzweifeln, oder sie als Ausnahme ansehen (vgl. Greve 1990, S. 219f.).

Die bisher genannten Strategien erhalten die Stabilität des Selbstkonzeptes in Form von *konzeptgeleiteter Be- bzw. Verarbeitung* von inkonsistenten selbstbezogenen Informationen. Greve (1990) hat dazu noch eine weitere Form der Abwehr bedrohlicher Daten entwickelt, die er *datengeleitete Immunisierung des bedrohten Konzeptes* nennt. Die *Selbstkonzeptimmunisierung* teilt sich in zwei Möglichkeiten auf (vgl. Greve 1990, S. 221):

a. Einschränkung des Geltungsbereiches

b. Modifikation des Konzeptes

a. Einschränkung des Geltungsbereiches

„Der Geltungsbereich eines Konzeptes kann nicht nur inhaltlich oder zeitlich, sondern vor allem auch hinsichtlich des Anwendungsbereiches eingeschränkt werden" (Greve, 1990, S. 222). Nach Schwarzer/Lange/Jerusalem (1982) wählen Personen für ihre sozialen Vergleiche andere Menschen aus, die ihnen eher ähnlich sind oder die ihnen sozial nah sind. Bei Schülern sind dies zumeist die anderen Schüler ihrer Klasse. Aber welche Vergleichspersonen man sich tatsächlich wählt, hängt nicht allein von der formalen Mitgliedschaft in einem bestimmten Kontext ab, sondern ist ein komplexer, subjektiver Vorgang. Dadurch, daß eine Person ihre Bezugsgruppe wechselt, kann sich eine Rangplatzverschiebung in bezug zur alten Vergleichsgruppe ergeben, was das Selbstkonzept dieser Person verändern würde (vgl. Schwarzer/Lange/Jerusalem 1982, S. 125ff.).

Ausgehend von diesen und ähnlichen Befunden hat Greve (1990) die Vorstellung entwickelt, daß Menschen ihr Selbstkonzept immunisieren können, wenn sie die Personen, mit denen sie sich vergleichen (Bezugsgruppe), auf einen bestimmten Teil reduzieren oder gar ganz wechseln (vgl. Greve 1990, S. 222). Würde man z.b. die Besten einer Klasse als Streber ansehen und sich eher mit dem mittleren bis schlechten Teil einer Klasse vergleichen, hätte man seltener das Gefühl, gescheitert zu sein. So fand Greve (1990) auch Belege für diese Strategie in seiner eigenen Studie. Ältere Menschen gaben z.b. an, daß ihr Gedächtnis sich über die Zeit verschlechtert habe. Aber ihr Gedächtnis unterschied sich, nach weiteren Angaben ihrerseits, in der aktuell erlebten Ausprägung nicht von dem jüngerer Menschen. Diesen Widerspruch deutete der Autor dahingehend, daß die älteren Menschen bei Fragen im Vergleich zu früher und heute auf ihre Person als Maßstab festgelegt waren,während sie sich aber bei der aktuellen Ausprägung ihrer Gedächtnisfähigkeiten anscheinend nur mit der eigenen Altersgruppe verglichen hatten (vgl. Greve 1990, S. 225).

Auch Schwarzer (1981, S.30) bestätigt, daß Menschen, je nach Situation, ihre Bezugsgruppe auf einen bestimmeten Teil reduzieren. Er schreibt, daß Schüler sich manchmal „nur noch mit solchen Kameraden vergleichen, die ihnen zwar hinsichtlich mancher Merkmale ähnlich, jedoch bezüglich der Leistung geringerwertig sind. Die systematische Auswahl von Bezugspersonen und Bezugsgruppen stellt einen innerpsychischen Bewältigungsprozeß dar."

b. Modifikation des Konzeptes

„Die Immunisierung des Selbstkonzeptes durch Modifikation wirkt, indem die empirischen Interpretationen für einen allgemeinen und abstrakten Bereich so angepaßt werden, daß der Bereich von den konkreten bedrohlichen Ereignissen nicht mehr betroffen wird." (Greve 1990, S. 222) Wenn jemand glaubt, ein gutes Gedächtnis zu haben, leitet er diese Fähigkeit aus lauter kleinen Einzelfähigkeiten ab, wie sich Telefonnummern merken können, vergangene Erlebnisse wiedergeben können, gelesene Texte wiedergeben können usw. Fällt dann dem Menschen auf, daß er einige dieser Einzelfähigkeiten schlechter beherrscht als früher, und kann er diese Tatsache nicht mehr ignorieren, bleibt ihm noch die Möglichkeit, die diagnostische Bedeutsamkeit dieser Einzelfähigkeit für das Selbstkonzept des eigenen Gedächtnisses zu senken. Auf diese Weise kann er weiter sein bisheriges Selbstkonzept erhalten, weil die erlebte Veränderung dieser Fähigkeit für sein Selbstkonzept des eigenen Gedächtnisses nun weniger relevant ist, ohne die Verringerung der Einzelfähigkeit zu leugnen (vgl. Greve 1990, S. 222f.). Tatsächlich scheinen die Befunde in Greves eigener Studie eine solche Strategie bzw. einen solchen Mechanismus zu bestätigen. „Die diagnostische Aussagekraft einer konkreten Fertigkeit in Hinblick auf den zugeordneten Konzeptbereich wird also umso niedriger eingeschätzt, je schwächer ausgeprägt diese aktuell wahrgenommen wird" (Greve 1990, S. 225).

Des weiteren kann man sein Selbstkonzept konstant halten, indem man die Situation in bestimmter Weise manipuliert und indem man bestimmte Situationen und bestimmte soziale Kontexte aufsucht bzw. auswählt (vgl. Neubauer 1976, S. 41f.). Swann hat aus vielen Untersuchungen drei aktive Strategien ermittelt, die Menschen mindestens einsetzen, um ihre bereits gebildeten Selbstkonzeptvorstellungen beibehalten zu können (vgl. Swann 1990, nach Rustemeyer 1993, S. 47ff.):

- Man kann sein Selbstkonzept aktiv stabilisieren, indem man durch bestimmte Zeichen und Symbole dem Interaktionspartner zeigt, welche Behandlung man sich von dem anderen (er)wünscht und welches Feedback man gerne hätte. So wählt ein Rechtsanwalt für sich andere Kleidung, eine andere Frisur, ein anderes Auto und einen anderen Sprachstil, als dies ein Künstler tun würde, um seinem Selbstbild entsprechende Reaktionen zu erhalten.

- Das Selbstbild läßt sich auch durch die Form, wie man sich selbst darstellt und welche Informationen man über sich preisgibt, aktiv konstant halten. Indem Menschen abschätzen, welche Reaktionen auf ihr Verhalten erfolgen könnte, wählen sie ihr eigenes Verhalten entsprechend den erwünschten Reaktionen der anderen aus, z.B. zeigen diese ein bestimmtes Verhalten oder lassen ein anderes Verhalten weg. Durch die Form der eigenen Selbstdarstellung hat der Handelnde Einfluß auf die Attributionen, die der Interaktionspartner über den Handelnden vornimmt, indem er ihm z.B. die Attribute liebenswert, überlegen oder hilflos beilegt (vgl. hierzu auch Mummendey/Bolten 1985, S. 57ff.).

- Eine weitere Möglichkeit, sein Selbstbild aktiv zu bestätigen, besteht darin, Interaktionspartner und Aktivitäten auszuwählen oder zu vermeiden. Es scheint so zu sein, daß Menschen eher mit solchen anderen kommunizieren, die ihre Selbstsicht teilen, selbst dann, wenn ihre Selbstsicht negativ ist. Ebenso scheinen Menschen Situationen zu bevorzugen, in denen sie selbstzugeschriebene Verhaltensweisen zeigen können, und solche Situationen eher vermeiden, die ihren selbstzugeschriebenen Verhaltensweisen widersprechen (vgl. hierzu auch Schulz von Thun 1982, S. 176).

Eine ähnliche Vorstellung vertritt Magnusson (1982). Er denkt allerdings in noch größeren Dimensionen, wenn er meint: „Indem wir uns für eine bestimmte Lebenskarriere oder einen Beruf entscheiden, beschränken wir die Zahl der Situationensarten, denen wir begegnen. (...) Das Ergebnis dieses Prozesses der Auswahl von Situationen, in die sich jemand begibt, besteht darin, daß sich jedes Individuum in einem eingeschränkten Feld von Situationen befindet und daß die Art dieser Situationen sowohl von der Person abhängt als auch eine persönliche Bedeutung für die Person hat" (Magnusson 1982, S. 38).

Außerdem versuchen Menschen nach Epstein (1984, vgl. S. 21) ihre Selbsttheorie auch durch Abwehrreaktionen wie Verleugnung, Projektion und Rationalisierung zu schützen. Epstein hält auch eine durch Abspaltung bzw. Verdrängung solcher Selbstkonzeptelemente ins Unbewußte, die nicht zu den anderen passen bzw. mit ihnen inkonsistent sind, für denkbar (vgl. ebd., S. 29).

Eine weitere Art, sein Selbstkonzept zu schützen, beschreiben Schmitz und Hauke (1992). Die Autoren sind der Meinung, daß Menschen ein hierarchisch organisiertes Standardsystem konstruieren, in dem sie Ziele und Prinzipien festlegen, an denen sie sich vergleichen. Nach ihrer Vorstellung fühlen sich Menschen in ihrem Selbstkonzept bedroht, wenn sie eine Diskrepanz zwischen ihrem Verhalten und einem ihrer abstrakteren Prinzipien bzw. Standards höchster Ordnung wahrnehmen. Wenn die Menschen nun, auf Grund zu hoher Angstgefühle, keinen Weg finden, diese Diskrepanz auf konstruktive Weise zu reduzieren, versuchen sie ihr Selbstkonzept zu schützen.

Um handlungsfähig bleiben zu können, ohne ihr Selbstkonzept verändern zu müssen, ziehen die Menschen nach Schmitz und Hauke (1992) in solchen

Fällen ihre Aufmerksamkeit von den Stützen des Selbstkonzeptes, den obersten, sinngebenden Prinzipien, ab. Das heißt, sie unterlassen die umfassende, ganzheitliche Interpretation der eigenen Reaktion und konzentrieren sich nur noch auf niedere, wenig integrative Ebenen der Handlung. Sie beschäftigen sich mehr mit den unmittelbaren Auswirkungen einer Handlung im Hier und Jetzt und ignorieren weitgehend die Konsequenzen einer Handlung für die Zukunft oder für andere Bereiche des Selbstkonzeptes. Diese Strategie funktioniert vordergründig. Die Menschen können sich weiter so sehen wie zuvor, aber um den Preis einer allgemeinen Ungehemmtheit bzw. der Gefahr, weniger Selbstschutzmöglichkeiten zu haben, einer weitreichenden Gefühlsarmut, einer schlechteren Realitätswahrnehmung mit der Folge schlechterer Situationsbewältigungsmöglichkeiten und schließlich um den Preis des Verlustes großer Teile ihres Lebenssinns.

In Anlehnung an Rogers hat das Selbstkonzept nicht nur verzerrende Wirkung auf Informationen aus der *Außenwelt*, sondern ebenso auf unsere *Innenwelt*, nämlich unsere Gefühle. Auch Gefühle, die nicht zu unserem bisher etablierten Selbstkonzept passen, wollen wir nicht wahr haben und entsprechend werden solche *nicht liniengetreuen* Gefühle nicht wahrgenommen, verleugnet und verzerrt. Der Mechanismus in der Innenwelt fördert die Neurosenbildung. Über Psychotherapie kann die Offenheit gegenüber inneren Erfahrungen wieder herbeigeführt werden (vgl. Schulz von Thun 1982, S. 179).

Aus all den eben genannten Beiträgen folgt, daß Menschen Gedanken, die sie über sich selbst entwickelt haben, nach Möglichkeit erstmal beizubehalten versuchen.So wird zum Beispiel jemand mit einem sehr guten Selbstkonzept eigener Fähigkeiten bei Nichtanerkennung seiner Leistung eher sein Verhalten ändern als seine Identität und entsprechend z. B. am Arbeitsplatz weniger leisten oder bei einem ausgeprägten Karrierewunsch eher die Arbeitsstelle wechseln in der Hoffnung, in einer neuen Stelle mehr Anerkennung zu finden (vgl. Whitbourne/Weinstock 1982, S. 109f.).

Eine Reihe von Längsschnittuntersuchungen zum Wandel bzw. zur Stabilität von Selbstkonzepten haben durchgängig (auch bei noch relativ jungen Populationen) gezeigt, daß die Selbstkonzepte der Versuchspersonen – zumeist bezogen auf die Ausrichtung des Selbstwertgefühls – sehr stabil waren (vgl. zusammenfassend Filipp 1980, S. 121f.).

Zusammenfassend läßt sich sagen, daß Menschen (aus dem Gefühl der Angst heraus) verschiedene Mechanismen kognitiver Verzerrung anwenden und/oder das Erlebte oft so auslegen, „daß sie sich selbst im Fluß des Lebens nach Möglichkeit als stabile und überdauernde Entitäten wahrnehmen können" (Schmitz/Hauke 1992, S. 278).

Aber auch wenn die Menschen so organisiert sind, daß sie ihre Vorstellungen nach Möglichkeit zunächst bestätigen möchten, sind sie dennoch entwicklungsfähig. Menschen entwickeln sich ihr ganzes Leben hindurch, unterliegen also fortlaufenden Veränderungsprozessen (Whitebourne/Weinstock 1982, S. 24 u. Filipp 1984, S. 148). Die Veränderung eines bestehenden Selbstkonzeptes erfolgt allerdings nur unter ganz bestimmten Bedingungen.

5.2.1 Veränderung durch nicht integrierbare Informationen

Ein bestehendes Selbstkonzept verändert sich, wenn neue widersprechende Informationen oder Erfahrungen konträr zu den eigenen Überzeugungen, Werthaltungen und Motiven auftreten, die sich in die bisherigen Vorstellungen nicht mehr integrieren lassen (vgl. Filipp 1984, S.143) oder/und durch die genannten Verteidigungsmechanismen nicht mehr abgefangen (geleugnet, uminterpretiert usw.) werden können (vgl. Greve 1990, S. 221 und Rustemeyer 1993, S. 53). Deshalb muß das Selbstkonzept nun unweigerlich an die Realität angepaßt und durch Differenzierung geändert werden. Whitbourne und Weinstock (1982, S. 31f.) nennen diesen Prozeß *induktive Differenzierung*. „Identitätsveränderungen ereignen sich als Ergebnis des Differenzierungsprozesses, wenn eher globale Selbstbilder, Motive, Überzeugungen, Werthaltungen und Rollen in feinere, klarere und komplexere übergeleitet werden" (Whitbourne/Weinstock 1982, S. 30). Schon gebildete Generalisierungen werden nach Haußer (1983) quasi durch die Akzeptierung widersprechender Informationen rückgängig gemacht bzw. spezifiziert. Entsprechend nennt Haußer diesen Prozeß *Spezifizierung*. Filipp (1984, S. 143) betitelt diesen Vorgang *Akkomodation*.

Neue selbstbezogene Informationen *kann* praktisch jede neue Erfahrung bzw. jedes neue Ereignis mit sich bringen (vgl. Neubauer 1976, S. 105). Wir schließen die selbstbezogenen Informationen aus bestimmten Hinweisreizen z.B. aus sozialen Vergleichen oder aus den Reaktionen der Personen aus unserer Umwelt uns gegenüber oder aus den Ergebnissen unseres eigenen Verhaltens. Oft kommen die neuen Informationen von bedeutsamen anderen

Personen, und wir gleichen unser Selbst-Urteil dem tatsächlichen oder vermuteten Urteil dieser anderen Person über uns an (vgl. Mummendey 1983a, S. 283).

Ob neue Informationen eher ignoriert bzw. uminterpretiert werden oder zu Identitätsänderungen führen, hängt nach Rustemeyer (1993, vgl. S. 54) auch von folgenden Faktoren ab:

- Zum einen spielt eine Rolle, inwieweit die Person dem Beurteiler *Kompetenz* zuspricht.

- Zum anderen wird eine Änderungserfordernis davon beeinflußt, ob eine diskrepante Rückmeldung nur von einer Person bzw. Quelle erfolgt oder ob *verschiedene Personen bzw. Quellen übereinstimmende Rückmeldungen* diskrepant zur eigenen Kognition liefern.

- Des weiteren ist die *Größe der Diskrepanz* zwischen der Rückmeldung des anderen und der Selbsteinschätzung der Person wichtig.

- Außerdem ist die *Wichtigkeit der Rückmeldung des anderen auch für andere bedeutende selbstbezogene Dimensionen* von Interesse.

Wenn z.B. eine Person mit dem sehr positiven Selbstkonzept eigener Fähigkeiten öfter z.B. in verschiedenen Arbeitsstellen die Erfahrung gemacht hat, daß ihre Leistungen nicht als so gut bewertet worden sind, wie sie es gedacht hatte, wird sie langsam ihre Identität ändern und in diesem Fall ihr Selbstbild der eigenen Fähigkeiten reduzieren (vgl. Whitbourne/Weinstock 1982, S. 109f.).

Epstein (1984) verdeutlicht dies durch seine Unterscheidung zwischen Selbstannahmen höherer und unterer Ordnung. So geht er davon aus, daß Menschen ihre Annahmen über sich selbst (Postulate) zu einem differenzierten, hierarchischen Konstruktsystem (Selbstkonzept) ordnen und verknüpfen. Postulate unterer Ordnung sind seiner Meinung nach geringe Generaliserungen einzelner Erfahrungen. Solche Postulate unterer Ordnung werden zu generalisierten Postulaten höherer Ordnung zusammengefaßt. Seiner Meinung nach sind obere Postulate, im Gegensatz zu unteren, sehr änderungsresistent, weil die oberen Postulate zum einen so breit generalisiert sind, daß sie sich an der unmittelbaren Realität kaum noch testen lassen. Zum anderen sind obere Postulate so änderungsresistent, weil diese viele untere Postulate mit einbeziehen und mit vielen weiteren Postulaten verknüpft sind. Daher würde die Widerlegung eines oberen Postulates durch neue Erfahrungen einen ganzen Teil der Selbsttheorie ins Wanken bringen. Die Selbsttheorie könnte dann ihre Funktionen nicht mehr erfüllen, was große Angst auslösen und Schutzmechanismen gegen die Zerstörung der Selbsttheorie in Gang setzen würde (vgl. Epstein 1984, S. 20f.).

Der Mensch braucht seine Theorie, um funktional handeln bzw. sich zu Handlungen entscheiden zu können. Entsprechend ist die Änderungsresistenz eines Postulates um so größer, je höher es in der Hierarchie angesiedelt ist. Die Ausrichtung des globalen Selbstwertgefühls (positiv, neutral oder negativ) eines Menschen kann entsprechend als ein Postulat höchster Ordnung der jeweiligen Selbsttheorie angesehen werden.

Durch Epsteins Ausführungen wird viel besser verständlich, daß es entweder vieler andersartiger Erfahrungen (neue selbstbezogene Informationen) bedarf, bis so viel untere Postulate revidiert worden sind, daß die Veränderung zu den oberen Postulaten vorgedrungen ist, oder daß eine sehr bedeutsame Informationsquelle (z.B. beste Freundin, Ausbilder) zur Verfügung stehen muß, wegen der die betreffende Person einen Teil ihrer Selbsttheorie umstößt, obwohl sie dabei eine Krise riskiert.

Ob sich eine Person neuen widersprechenden Informationen eher verschließt oder diese akzeptiert, hängt nach Epstein (1984) z.B. davon ab, ob die Selbsttheorie der Person eher in sich selbst widersprüchlich ist oder nicht. Wenn einzelne Postulate zu anderen im Widerspruch stehen, wird die Person bei Gewahrwerdung dieses Widerspruchs sich eher ängstlich und angespannt fühlen, weil Handlungskonfusion entsteht. In der Folge wird sie, um ihren inneren Konflikt zu reduzieren, versuchen, ihren Erfahrungsbereich einzuschränken bzw. sich bestimmten selbstbezogenen Informationen zu verschließen, die ihr ihre inneren Inkonsistenzen bewußt machen würden (vgl. Epstein 1984, S. 25f.). Ist die Selbsttheorie einer Person dagegen weitgehend ohne innere Widersprüche, hat die Person diesbezüglich keinen Grund, sich ängstlich zu fühlen, und dementsprechend ist sie offener für neue selbstbezogene Informationen.

Nach Epstein (1984) spielt auch das subjektive Angsterleben einer Person eine wichtige Rolle dabei, ob die Person neue widersprechende Informationen in ihr Selbstkonzept aufnimmt bzw. ihr Selbstkonzept verändert oder sich diesen neuen Informationen eher verschließt bzw. ihr bisheriges Selbstkonzept verteidigt.

Dies läßt sich damit begründen, daß der Mensch grundsätzlich Angst erlebt, wenn er neue, den bisherigen Vorstellungen widersprechende Erfahrungen wahrnimmt, weil diese sein bisheriges Selbstkonzept in Frage stellen. Kann er aber ein bestimmtes Maß an Angst ertragen und hat er die neuen Informationen erstmal akzeptiert und sein Konzept entsprechend angepaßt, ist das neue Selbstkonzept weniger anfällig gegen neue Bedrohungen geworden, weil es durch die Anpassung der neuen Information nun realitätsgerechter und damit funktionsfähiger (geworden) ist als vorher. So kann sich der Mensch nun gelassener neuen selbstbezogenen Informationen zuwenden. Sind die widersprechenden Erfahrungen für den Menschen aber zu bedrohlich (z.B. weil zu große Teile des Selbstkonzeptes in Frage gestellt werden müßten, oder weil er allgemein ein recht geringes Selbstwertgefühl hat und sich selbst schwer akzeptieren kann), dann versucht der Mensch sich gegen diese Bedrohung zu schützen. Die Angst dieses Menschen ist dann so groß, daß er neue selbstbezogene Information lieber meidet oder ignoriert (vgl. Epstein 1984, S. 21f.).

Der Mensch erlebt also den ständigen Konflikt, einerseits beim Erleben neuer, dem alten Konzept widersprechenden Erfahrungen, die Angst zu tolerieren und sich zu entwickeln oder andererseits die Angst zu vermeiden mit der Auswirkung, daß keine Entwicklung stattfindet.

Um zu verhindern, daß sich zu viele widersprechende Erfahrungen ansammeln, wodurch die Bedrohung und damit die Angst zu groß würde, ist ein kontinuierlicher Einbau neuer Informationen wichtig (vgl. Epstein 1984, S. 22). Auch Whitbourne/Weinstock (1982, S. 110f.) pflichten dem bei. Um so klarer die Realitätswahrnehmungen sind, umso kontinuierlicher wird die Identitätsentwicklung sein. Wenn jemand aber starr an seiner Identität festhält, also hauptsächlich deduktiv differenziert und sich so die Identität nicht kontinuierlich anpaßt, wird eine Anpassung immer schwieriger, weil die Angst entsteht, bei Veränderung könnte die gesamte Identität ins Schwanken kommen. Wenn dann aber Erfahrungen eine Identitätsänderung erzwingen, kann es zu einer größeren Krise kommen, weil nun eventuell große Teile der Persönlichkeit gleichzeitig davon betroffen sind. Entsprechend ist eine kontinuierliche Anpassung neuer Informationen sehr sinnvoll, um das Ausmaß der Angst in Grenzen zu halten und vor größeren Krisen zu schützen (vgl. Epstein 1984, S. 22)

Ob ein Mensch sich leichter oder schwerer weiterentwickelt, hängt also damit zusammen, inwieweit er in der Lage ist, mäßige Angst zu ertragen und neue Informationen einzubauen, oder inwieweit er die jeweilige Angst als zu bedrohlich empfindet und sich eher gegen neue Erfahrungen verschließt. Man kann also sagen, die psychische Entwicklung eines Menschen wird um so schwieriger, je größer und häufiger dessen Angsterleben ist. Auf der anderen Seite kann man sagen:

„Je stärker ein Individuum Sicherheit erlebt, umso höher ist die Wahrscheinlichkeit, daß seine Selbsttheorie sich weiterentwickelt und neue Erfahrungen als willkommene Herausforderung verkraftet werden." (Epstein 1984, S. 21f.)

Für Selbstkonzeptveränderungen ist auch noch zu beachten, daß ein Mensch zur gleichen Zeit verschiedene Identitätszustände bzw. Rollen erlebt. Er ist z.B. nebeneinander ein Partner, ein Vater, ein Angestellter und ein Kumpel. „Durch das Engagement in einer Vielzahl sozialer Rollen kommt es zu einer verstärkten Differenzierung der Identität (...)" (Whitbourne/Weinstock 1982, S. 108), denn er erfährt so viel mehr und unterschiedlichere selbstbezogene Informationen. Es ist anzunehmen, daß eine Person um so differenzierter ist, in je mehr Rollen sie sich befindet.

Außerdem hängen Selbstkonzeptveränderungen auch mit Veränderungen der Bezugsgruppe zusammen, denn wir gewinnen selbstbezogene Informationen auch aus der Quelle sozialer Vergleiche. Wenn also eine Person freiwillig oder unfreiwillig ihre Bezugsgruppe (z.B. Familie, Freundeskreis, Mitschüler) wechselt, welche bisher Grundlage ihrer sozialen Vergleichsprozesse war, dann kann sich das Selbstkonzept zumindest teilweise verändern (vgl. Rheinberg 1984). Das bedeutet, je stabiler die Bezugssysteme sind, innerhalb derer sich die Person befindet, umso stabiler ist auch ihr Selbstkonzept.

Auch wenn sich die Situationskontexte (z.B. Arbeitsstelle) verändern, in denen sich die Person bisher bewegt hat bzw. sich die subjektive Bedeutung dieser Situationskontexte verändert, kann sich das Selbstkonzept der Person verändern (vgl. Filipp 1980, S. 120), weil die andere Situation der Person andere selbstbezogene Informationen vermitteln kann.

Selbstbildänderungen geschehen allerdings nicht nur unfreiwillig durch den Widerspruch von Selbstkonzept und äußerer Erfahrung. Da es sich um die Wahrnehmung einer Diskrepanz zwischen eigener Interpretation und der Realität handelt, kann man seine Identität auch aus freiem Willen ändern (vgl. Whitebourne/Weinstock 1982, S. 110).

5.2.2 Veränderung durch die Bewältigung kritischer Lebensereignisse

Weiterhin kann sich ein bestehendes Selbstkonzept *revolutionär* verändern, wenn sich durch *Kritische Lebensereignisse* einige für die Person wichtige Lebensbereiche derart verändert haben, daß die bisherigen Verhaltensweisen und Bewältigungsstrategien der Person nicht mehr zur neuen Situation passen (vgl. Filipp 1984, S. 143 und 148, Epstein 1984, S. 33 und Whitebourne/Weinstock 1982, S. 23).

Solche Situationsveränderungen führen zu einer Zentrierung der Aufmerksamkeit auf die eigene Person, wodurch die Bedeutung der Selbstschemata als handlungsleitende Kognitionen zunimmt (vgl. Filipp 1978, S. 123).

Unter *Kritischen Lebensereignissen* werden nach Filipp (1981a, S. 23f.) solche Ereignisse verstanden, „die durch Veränderungen der (sozialen) Lebenssituation der Person gekennzeichnet sind und die mit entsprechenden Anpassungsleistungen durch die Person beantwortet werden müssen. Da diese Ereignisse eine Unterbrechung habitualisierter Handlungsabläufe darstellen und die Veränderung oder den Abbau bisheriger Verhaltensmuster erfordern, werden sie als prinzipiell streßreich angesehen (...)"

Kritische Lebensereignisse sind „Erfahrungen, die eine Rollentransformation, Veränderungen in Status oder Umgebung oder die Aufbürdung von Kummer beinhalten" (Myers/Lindenthal/Pepper/Ostrander 1972, zitiert nach Hultsch/Cornelius 1981, S. 74).

Beispielhaft für *Kritische Lebensereignisse* sind Ortwechsel, Ende der Ausbildung, Militär- und Zivildienst, Berufswechsel, finanzielle Veränderung, Arbeitslosigkeit, Scheidung oder Trennung vom Partner, Heirat, Geburt eines Kindes, Tod einer nahestehenden Person, Krankheit (vgl. Mummendey 1981, S. 255f.) und Nichtversetzung in der Schule, Pensionierung, Führerscheinentzug (vgl. Gräser/Esser/Saile 1981, S. 106). Die Ursache für die Veränderung bestimmter Lebensbereiche kann entweder von der Umwelt ausgehen (z.B. Tod einer nahestehenden Person) oder von der Person selbst arrangiert sein (z. B. Heirat) (vgl. Filipp 1981, S. 24).

Durch neue Situationen entsteht die Notwendigkeit, sein Verhalten zu verändern. Neue Sichtweisen werden gefordert, man muß aktiv werden. Aber gleichzeitig eröffnen solche Situationen auch neue Erfahrungen (vgl. Olbrich 1981, S. 133).

Da man sich in der ersten Zeit noch nicht richtig zu verhalten weiß und einem neue Verhaltensversuche fremd erscheinen, empfindet man oft Unsicherheit und Angst, solange, bis man sich in seine neuen Lebensumstände eingelebt hat. Eine solche Zeit wird von vielen Menschen als Krise erlebt. Die Anpassung an eine neue Situation kann mehr oder weniger gut gelingen oder im schlimmsten Fall gar nicht.

Man kann sagen, „daß jedem Wachstum ein Zustand des Ungleichgewichtes oder der Krise vorausgeht, der künftige Entwicklung fördert. Tatsächlich scheint eine Entwicklung ohne Krisen nicht möglich." (Danish/ D' Augelli 1981, S. 159).

Wie gut die Bewältigung gelingt, hängt zunächst davon ab, welche Bewältigungsversuche eine Person unternimmt. Bewältigungsversuche zielen zum einen darauf ab, die neue Situation zu verbessern. Zum anderen versuchen Menschen aber auch, durch die Bewältigungsversuche ihre emotionale Belastung zu verringern. Mitunter wählen Menschen Strategien, die vorrangig nur günstig auf ihre Gefühle einwirken wie Verleugnung, Vermeidung, Projektion, Alkoholkonsum und Intellektualisierung. Solche Strategien stehen einer Verbesserung der Situation aber oft im Wege (vgl. Lazarus 1981, S. 216f.), wohingegen nach Lazarus und Launier Strategien wie Informationssuche, direkte Aktion, Aktionshemmung (z.B. bei extremer Wut) und interpsychische Bewältigungsformen (kognitive Prozesse, die der Person das Gefühl der subjektiven Kontrolle geben) die Bewältigung beider Funktionen von *Kritischen Lebensereignissen* verbessern (vgl. Lazarus/ Launier 1978, zitiert nach Lazarus 1981, S. 216ff.).

Bei erfolgreicher Bewältigung solcher *kritischer Lebensereignisse* kann die Persönlichkeit des Menschen wachsen (vgl. Filipp 1981, S. 8ff.), sich ihr individueller Handlungsspielraum vergrößern, die Wahrnehmung ihrer eigenen Kompetenzen erhöhen und ihr Selbstbild entsprechend erweitern und verändern.

Wenn die Bewältigung solcher Ereignisse jedoch nicht so gut gelingt, kann die Person seelisch zusammenbrechen (vgl. Rustemeyer 1993, S. 53) und es kann zu Einengungen von Handlungsspielräumen und zu negativen Veränderungen des Selbstbildes kommen.

Das bedeutet, wenn sich eine Situation und daraus folgend auch das Verhalten einer Person geändert hat, kann dies Selbstbildänderungen nach sich ziehen. Denn man beobachtet und bewertet das neue Verhalten ebenso wie das vorherige und kann im Vergleich mit anderen Menschen und zu vorherigen Zeitabschnitten zu einem anderen Ergebnis über sich kommen (vgl. Mummendey 1981, S. 254).

Dies stimmt überein mit der Selbstwahrnehmungstheorie von Bem, bei der postuliert wird, daß Einstellungsänderungen und Einstellungen aus der Beobachtung des eigenen Verhaltens geschlossen werden (vgl. Bem 1984). Auch andere *neue Situationen* und *Entwicklungsaufgaben* (z.B. die Tochter muß vorzeitig vorübergehend die Aufgaben der Mutter übernehmen, weil diese eine Zeit lang ins Krankenhaus kommt), für die die gewohnten Verhaltensweisen und Bewältigungsstrategien nicht ausreichend sind, können zu Selbstkonzeptveränderungen führen (vgl. Haußer 1983, S. 132ff.). Wobei *sehr neue Situationen* und *Entwicklungsaufgaben* – meines Erachtens – auch als *kritische Lebensereignisse* angesehen werden können.

Bisher konnte gezeigt werden, daß *Kritische Lebensereignisse* das Selbstkonzept verändern können. Aber in welcher Form sie es verändern, ist noch recht unklar, weil diesbezügliche Untersuchungsergebnisse sehr unterschiedlich ausfallen und Veränderungen zudem stark von der jeweiligen Situation, dem Umfeld, den Bewältigungsmechanismen und natürlich von der Person selber abhängen (vgl. Mummendey 1988, S. 96ff; Sturm 1988, S. 180ff und Mummendey 1981, S. 267).

Zudem scheinen einige Aspekte des Selbstkonzeptes eher stabil zu bleiben, während sich andere Aspekte über die Zeit eher verändern. Filipp/Klauer fanden beispielsweise, daß die Selbstkonzeptaspekte *geistiger Leistungsfähigkeit, soziale Dominanz* und *soziale Initiative* bei vielen Menschen beträchtliche Stabilität zeigen (vgl. Filipp u. Klauer 1986, nach Filipp 1988, S. 287).

5.2.3 Veränderung durch Modell-Lernen

Wenn Menschen neue *Identifizierungen* mit anderen Modellen oder Vorbildern (z.B. Gleichaltrige, Lehrer, Schauspieler, Schriftsteller) vornehmen, kann das zu einer Selbstkonzeptveränderung bei der Person führen. Der Mensch löst sich aus alten inneren Verpflichtungen (Kindheitsidentifizierungen z.B. mit der Mutter) und geht eine neue, stärker selbstgewählte, innere Verpflichtung ein. Meist wird vor dem Wechsel der Identifizierung eine *Krise* und ein innerlicher *Suchprozeß* nach einer neuen Identität durchlaufen (vgl. Haußer 1983, S. 145).

Beim Modell-Lernen erwirbt eine Person neue Verhaltensweisen oder verändert ihre bisherigen Verhaltensweisen, indem sie sich mit einem Modell identifiziert und es imitiert (vgl. Bandura 1979, nach Haußer 1983, S. 147). Bei der Identifikation paßt eine Person ihre Gedanken, ihre Gefühle oder/und ihr Verhalten an das Muster ihres Modells oder Vorbilds an (vgl. Bandura 1969, nach Haußer 1983, S. 147).

Dabei übernimmt der Mensch auch stellvertretend das Gefühl der Kompetenz und den Status des Modells und verändert dadurch sein Selbstwertgefühl.

5.3 Kritische Diskussion der beiden Veränderungsmodelle und Versuch einer Integration

Der Ansatz von einem eher dynamischen Selbstkonzept ist meines Erachtens etwas zu undifferenziert; so konzentriert sich Gergen (1984) beispielsweise mit seinem Ansatz eines dynamischen Modells eher nur auf die situativen Einflüsse auf das Selbstkonzept und kann in seinen künstlichen Experimenten auch beachtliche vermeintliche Selbstkonzeptschwankungen durch manipuliertes Feedback in sozialen Situationen aufzeigen. Dabei muß aber beachtet werden, daß Menschen in künstlichen Experimenten meist die Möglichkeit genommen ist, ihre Umwelt frei auszuwählen (vgl. Rustemeyer 1993, S. 233). Dabei ist gerade die freie Auswahl der Umwelt (Kontakte, Situationen) eine Verhaltensstrategie, die Menschen praktizieren, um ihr Selbstkonzept konstant zu halten. So ist zu erwarten, daß die Selbstkonzepte von Menschen in natürlichen Situationen stabiler sind als in künstlichen Experimenten.

Die Konzeptionen eines relativ stabilen Selbstkonzepts, welches sich nur unter bestimmten Bedingungen ändert, sind meines Erachtens wesentlich differenzierter und realitätsnäher. Diese Konzeptionen lassen allerdings weitgehend unbeachtet, daß Menschen aufgrund ihrer unterschiedlichen Erfahrungen auch unterschiedliche Reaktionsweisen in Bezug auf die Veränderlichkeit ihres Selbstkonzeptes zeigen könnten. Auch beachten sie das Zusammenwirken der situativen Bedingungen mit dem Selbstkonzept zu wenig.

Noch komplexer ist das *Modell der dynamischen Interaktion* nach Magnusson (1982), der von einem wechselseitigen Interaktionsprozeß von Person und Umwelt ausgeht (vgl. Magnusson 1982, S. 38). Danach würde die *Ausprägung des Selbstkonzeptes* die situative Selbstbewertung der Person und entsprechend ihr Verhalten in dieser Situation nicht allein beeinflussen, sondern gleichzeitig könnten auch *situative Hinweisreize* (z.B. Feedback aus einer sozialen Interaktion) gewisse Auswirkungen auf die situative Selbstbewertung und das Verhalten der Person haben. Damit will ich ausdrücken, daß, wenn die Erfassung des Selbstkonzeptes in oder nach einer *konkreten Situation* stattgefunden hat, eventuell nicht die *Ausprägung des Selbstkonzeptes* erfaßt worden ist, sondern das *situative Selbstbewertungsresultat*. Meiner Auffassung nach muß das *situative Selbstbewertungsresultat* nicht immer mit der *Ausprägung des Selbstkonzeptes* übereinstimmen. Bestimmte *situative Hinweisreize* könnten in der Lage sein, die *Ausprägung des Selbstkonzeptes* zu überdecken. Die Auswirkungen eines situativen Hinweisreizes sind meines Erachtens um so stärker, je *eindeutiger* der Hinweisreiz ist. Wenn man z.B. einem Arbeitsplatzbewerber einen sehr perfekt oder sehr schlampig wirkenden Konkurrenten gegenübersetzt, wie Gergen (1984) dies in einem seiner Experimente beschrieben hat, dann sind das ziemlich *eindeutige Hinweisreize*. Gegenüber einem schlampigen Konkurrenten (zerissene Hose, schmutziges Hemd, unrasiert, gelangweilt schauend...) kann selbst ein Mensch mit einem *sehr schlechten Selbstkonzept eigener Fähigkeiten* zu einem relativ *günstigen Selbstbewertungsresultat* in dieser Situation (im Vergleich zu dem anderen Bewerber) kommen.

Überträgt man das *Modell der dynamischen Interaktion* auf den Selbstkonzeptbereich, hätte das Selbstkonzept schon grundsätzlich die Neigung, sich selbst zu stabilisieren und könnte somit zeitübergreifend und situationsübergreifend sein, um so stärker, je *stärker* die positive oder negative Erwartungshaltung (Ausprägung des Selbstkonzeptes) der Person ist. Das *situative Selbstbewertungsresultat* einer Person könnte sich aber trotzdem von der *Ausprägung des Selbstkonzeptes* in einigen Situationen unterscheiden, je nach der *Eindeutigkeit* der situativ wahrgenommenen *Hinweisreize* und je nach der von der Person gewählten oder nahegelegten *Aufmerksamkeitsfokussierung*. Wird eine Person von der Umgebung angewiesen, ihre Stärken darzulegen, richtet sie ihre Aufmerksamkeit auf ihre Kompetenzen. Nach einem solchen Gespräch wird sich die Person günstiger bewerten, als wenn sie über ihre Schwächen berichtet hätte bzw. man ihre Aufmerksamkeit auf ihre Schwächen gelenkt hätte.

Wie oft sich das *situative Selbstbewertungsresultat* von der eigentlichen *Ausprägung des Selbstkonzeptes* der Person unterscheidet, hängt z.B. von den folgenden Bedingungen ab:

Erstens unterscheiden sich die einzelnen Menschen in ihrer Bereitschaft, sich durch situative Einflüsse einer Situation beeinflussen zu lassen. Das bedeutet, manche Menschen lassen sich in einer Situation stärker durch situative Hinweisreize beeinflussen als andere. Fischer (1984) hat über einige Untersuchungen berichtet, nach denen es zwei prinzipiell unterschiedliche Erlebnistypen gibt. Einige Menschen erleben die Umwelt eher von sich getrennt, während andere Menschen ihre Gefühle stark mit der Umweltsituation (z.B. Reaktionen der Personen, Ereignisse) verbinden. Der letztere Teil der Menschen verändert eher die eigene Selbstwahrnehmung aufgrund von Umwelthinweisen (z.B. Feedback) als dies die andere Gruppe tut (vgl. Fischer 1984, S. 51ff.). Beispielsweise bewerten sich Menschen der letzten Gruppe nach einer kritischen Äußerung aus der Umwelt tendenziell als inkompetenter als Menschen der anderen Gruppe. Dies ließe erwarten, daß die Gruppe, die sich selbst stärker mit der Umwelt identifiziert, auch schneller bereit ist, ihre situative Selbstbewertung durch Umwelthinweise zu verändern. Die Menschen, die sich also stärker mit der Umwelt identifizieren, würden entsprechend seltener zu ihrem Selbstkonzept konsistente situative Selbstbewertungen vornehmen und so auch weniger zu ihrem Selbstkonzept konsistentes Verhalten zeigen als die Menschen, die sich weniger mit der Umwelt identifizieren.

Zweitens haben einige Wissenschaftler einige situative und personenbedingte Variablen ermittelt, bei deren Vorliegen der Mensch eher geneigt ist, neue selbstbezogene Informationen seinem bereits gebildeten Selbstkonzept anzupassen. Das heißt, Personen mit einem *besonders hohen oder besonders niedrigen Selbstwertgefühl*, oder Personen, *die sich ihrer Selbsteinschätzung in dem gefragten Bereich sehr sicher sind*, werden weniger in ihren situativen Selbstbewertungen durch Hinweisreize beeinflußt, als die Restlichen. Das *situative Selbstbewertungsresultat* von Personen mit den eben genannten Merkmalen stimmt öfter mit der *Ausprägung ihres Selbstkonzeptes* überein.

Meiner Auffassung nach läßt sich die *Ausprägung des Selbstkonzeptes* eher in nicht manipulierten Situationen und durch allgemeinere Fragen ermitteln, weil sich so eher die generalisierten – in der Selbstkonzeptstruktur höher angesiedelten – Selbstannahmen der Personen zeigen. Versuchen Forscher die *Ausprägung des Selbstkonzeptes* einer Person in oder nach sehr konkreten Situationen zu erfassen, werden oft nur betimmte (nicht alle, sondern nur die erforderlichen) im Selbstkonzept des Menschen verfügbaren Selbstannahmen abgerufen. Diese werden dann entsprechend den vorliegenden situativen Erfordernissen in eine neue Struktur gebracht und gewichtet (vgl. Schneewind 1977, S. 427). Weil die Versuchsperson in oder nach einer konkreten (vor allem manipulierten) Situation zu viele *situative Hinweisreize* in ihre *Selbstbewertungsanalyse* mit einbeziehen, werden in diesem Fall auch viele untergrordnete, spezifische Selbstannahmen aktualisiert. Die *Ausprägung des Selbstkonzeptes* einer Person kann so in einer konkreten Situation durch recht *eindeutige situativen Hinweisreize* in den Hintergrund treten. So ist hier die Frage zu stellen, ob Gergen in seinen Experimenten tatsächlich die *Ausprägung des Selbstkonzeptes* der Versuchspersonen gemessen hat. Vielmehr ist zu vermuten, daß er *situative Selbstbewertungsresultate* erfaßt hat, die zwar grundsätzlich vom Selbstkonzept der Person mit beeinflußt werden, aber dennoch mit relativ großen Freiheitsgraden versehen sind und daher stark schwanken können. Eine ggf. vorhandene, sich übersituativ wieder am Selbstkonzept orientierende Selbstbewertung konnte aufgrund der Versuchsanordnung – meiner Ansicht nach – nicht erhoben werden. Gergen hat die Versuchspersonen in seinen Experimenten so *extremen* Hinweisreizen ausgesetzt, daß die *Selbstbewertungsresultate* der Versuchspersonen die *Ausprägung ihrer Selbstkonzepte* (zwangsläufig) überdeckt haben. Und weil Gergen in seinen verschiedenen Experimenten unterschiedliche *situative Hinweisreize* geboten hat, hat er die unterschiedlichen *Selbstbewertungsresultate* als ständig schwankende Selbstkonzepte interpretiert.

Es wirkt so, als verändert sich das Selbstkonzept ständig, aber eigentlich verläuft die Selbstbewertung nur dann sehr differenziert, wenn genug situative Hinweisreize vorhanden sind. Nur durch eine differenzierte Selbstbewertung kann sich die Person auf die konkreten Anforderungen jeder Situation einstellen und eine optimale Einschätzung der benötigten Fähigkeiten und Eigenschaften vornehmen.

Insgesamt betrachtet komme ich zu der Auffassung, daß das Selbstkonzept besonders von Personen, welche entweder *ein eher ausgeprägt positives oder ausgeprägt negatives Selbstwertgefühl ausgebildet haben* oder *in ihrer Selbsteinschätzung in dem gefragten Bereich sehr sicher sind* oder *ihre Gefühle stark von der Umweltsituation trennen*, relativ stabil ist bzw. nur unter bestimmten genannten Bedingungen verändert werden kann. Bei den übrigen Menschen ist *auch* eine Tendenz zur Stabilität ihres Selbstkonzeptes anzunehmen, welche allerdings nicht ganz so ausgeprägt ist.

Ein weiteres Argument für die Annahme eines weitgehend stabilen, nur unter bestimmten Bedingungen änderbaren Selbstkonzeptes ist, „daß die in frühen Jahren aufgebauten Postulate solche höherer Ordnung sind, die spätere Erfahrungen assimilieren und insofern als integrative Postulate großer Reichweite erhalten bleiben. Während sich also das offene Verhalten von der Kindheit bis ins Erwachsenenalter deutlich und radikal ändert, behalten viele der frühen Postulate ihren Einfluß bis ins Erwachsenenalter bei, wenngleich modifiziert durch Postulate niederer Ordnung" (Epstein 1984, S. 33).

6. Prozeßmodell des Selbstkonzepts und der Selbstwertregulation

Das in diesem Abschnitt vorgelegte Prozeßmodell greift Grundgedanken von Haußer (1983) auf und führt diese, Anregungen von Kaufmann (1993) integrierend, weiter. Es basiert auf Elementen, die bereits an anderer Stelle eingeführt worden sind (z.B. von Filipp 1984/1988, Rustemeyer 1993, Schneewind 1977, Greve 1990, Whitebourne/Weinstock 1982, Hermans 1996 und Hoff 1982, nach Haußer 1983). Das Zusammenspiel der einzelnen Elemente – wie es in diesem Modell dargestellt wird – ist allerdings grundlegend neu konzipiert. Einige Elemente, die bereits in anderen Zusammenhängen diskutiert wurden, werden zusätzlich in dieses Modell aufgenommen (z.B. die Rolle der *Aufmerksamkeitsfokussierung* im Rahmen der situativen Selbstbewertung).

Das Prozessmodell (vgl. Abbildung 3) sollte man zu lesen beginnen bei : *Erlebnisse bieten selbstbezogene Informationen aus 5 Quellen.* Die Erfahrungen, die der Mensch über die Zeit macht, bieten ihm, neben Informationen über seine Umwelt und über die Beziehungen zwischen sich und der Umwelt, auch viele Informationen über sich selbst. Die selbstbezogenen Informationen bezieht der Mensch hauptsächlich aus *fünf Quellen* (aus direkten Fremdbewertungen, aus dem Verhalten der anderen geschlossenen Fremdbewertungen, aus dem Vergleich mit anderen, aus Rückschlüssen der eigenen Verhaltensbeobachtung und aus eigenen selbstbezogenen Reflexionen). Aber nicht alle selbstbezogenen Informationen werden von ihm beachtet. Er beachtet nur solche, die für ihn eine gewisse *Bedeutung* haben oder die ihn aus einen spezifischen Grund *betroffen machen*.

Wenn die letztgenannte Bedingung erfüllt ist, werden die neuen selbstbezogenen Informationen von der betreffenden Person entweder *konsistent zu ihrem Selbstkonzept* (paßt die Infomationen an ihr schon getroffenes Selbstbild an, z.B. durch entsprechende Attribution) oder *selbstwertdienlich* (interpretiert die Information als für sich positiv) oder eher *realitätsgerecht* (verzerrt die Informationen nicht) verarbeitet.

In den meisten Fällen wird die Person die neuen selbstbezogenen Informationen *konsistent* zu ihrem Selbstwertgefühl verarbeiten, besonders dann, wenn die Person bereits ein *hohes oder eher niedriges Selbstwertgefühl* in diesem Bereich oder allgemein ausgebildet hat und die Information eher *sachlich* ist. Eine Person, die sich *weniger mit ihrer Umwelt identifiziert*, neigt ebenfalls zu einer *konsistenten* Verarbeitung der selbstbezogenen Informationen. Ist eine Person *in ihrer Selbsteinschätzung* in dem betreffenden Bereich *sicher*, wird sie *sachliche* neue selbstbezogene Informationen auch eher *konsistent* verarbeiten. *Bedeutsame* selbstbezogene Informationen werden eher *konsistent* verarbeitet.

Besonders *betroffen machende* neue selbstbezogene Informationen werden *selbstwertdienlich* verarbeitet. Hat eine Person in dem betreffenden Bereich noch *kein klares Selbstkonzept ausgebildet* oder ist sich *in ihrer Selbsteinschätzung nicht so sicher*, neigt sie auch eher zu *selbstwertdienlicher* Verarbeitung der Informationen. Die neuen selbstbezogenen Informationen werden eher selten, hauptsächlich in für die Person sehr *wichtigen Situationen, realitätsgerecht* verarbeitet.

Nachdem sich die Person in der Situation wahrgenommen hat, wird sie ihre Selbstwahrnehmung bewerten. In der situativen Selbstbewertung wirken drei verschiedene Komponenten zusammen: die *Ausprägung des Selbstkonzeptes*, die *situativen Hinweisreize* und die *Aufmerksamkeitsfokussierung*.

Das *Selbstkonzept* legt der Person eine *Bewertungstendenz* nahe. Das bedeutet z.B., ein *negatives Selbstkonzept der Tanzfähigkeit* legt der betreffenden Person nahe, ihr ausgeführtes Tanzverhalten als *schlecht* zu bewerten.

In einem bestimmten Situationskontext wird allerdings nicht das ganze Selbstkonzept aktualisiert, sondern die Person ruft nur die für die Situation erforderlichen Selbstannahmen aus der gesamten Struktur ab. Welche Selbstannahmen von der Person für ihre Selbstbewertung aus der ganzen Struktur ausgewählt werden, hängt davon ab, ob die Person sich *tatsächlich* in einer spezifischen Situation befindet oder ob sie sich beispielsweise die Situation nur *vorstellt*. Wenn die Person sich die Situation nur *vorstellt*, wird sie *wenige situative Hinweisreize* in ihre Selbstbewertung mit einbeziehen und daher hauptsächlich generalisiertere, in der Selbstkonzeptstruktur höher angesiedelte, Selbstannahmen für ihre Selbstbewertung heranziehen. Diese

Verwendung der stark *generalisierten* Selbstannahmen für die Selbstbewertung bringt die *Bewertungstendenz des Selbstkonzeptes besonders in den Vordergrund.* Wenn die Person sich aber in einer *realen* Situation befindet, wird sie in ihre Selbstbewertung zudem *viele situative Hinweisreize* mit einbeziehen und daher auch viele spezifische, im unteren Bereich der Selbstkonzeptstruktur angesiedelte Selbstannahmen für ihre Selbstbewertung heranziehen. Die Person bringt diese ausgewählten Selbstannahmen in eine neue Struktur und gewichtet diese neu, um sich möglichst gut auf die Erfordernisse dieser speziellen Situationen einzustellen. Situative Hinweisreize können – falls sie für die Person eine bestimmte *Eindeutigkeit* aufweisen – aber auch die eigentliche *Bewertungstendenz des Selbstkonzeptes* überdecken. Durch diese Verwendung der eher *spezifischen* Selbstannahmen tritt die *Bewertungstendenz des Selbstkonzeptes öfter in den Hintergrund.* Allerdings tritt dieser Fall in natürlichen Situationen nicht so häufig auf, weil die Überdeckung nur erfolgt, wenn die situativen Hinweisreize – aus Sicht der Person – *eindeutig gegen die Bewertungstendenz des Selbstkonzeptes* sprechen. Sobald die Hinweisreize aber nur *etwas uneindeutig* sind, wird *eher die Bewertungstendenz durchschlagen.* Sie schlägt um so stärker durch, je *extremer* die Ausprägung des Selbstkonzeptes (positiv oder negativ) der Person ist.

Für die Selbstbewertung einer Person ist aber außerdem noch wichtig, auf welchen Aspekten ihre *Aufmerksamkeitsfokussierung* gerade liegt. Denkt sie über ihre *Stärken* nach, wird sie sich günstiger bewerten, als wenn sie über ihre *Schwächen* nachdenkt. Vergleicht sie sich in ihrer Vorstellung mit *besonders kompetenten* Menschen, wird sie sich auch ungünstiger bewerten, als wenn sie ihren vorgestellten Vergleich mit *durchschnittlich begabten* Menschen treffen würde. Auch die *Aufmerksamkeitsfokussierug* kann dazu führen, daß die *Bewertungstendenz des Selbstkonzeptes gelegentlich nicht sichtbar* ist.

Aus der Abwägung dieser drei Komponenten (Ausprägung des Selbstkonzeptes, situative Hinweisreize und Aufmerksamkeitsfokussierung) leitet die Person ihr situatives *Selbstbewertungsresultat* ab. Das *Selbstbewertungsresultat* muß also nicht – wie eben ausgeführt – mit der *Ausprägung des Selbstkonzeptes oder des Selbstwertgefühls* der Person übereinstimmen. Aber in natürlichen Situationen (in Abgrenzung zu künstlichen Experimentalsituationen) wird die *Bewertungstendenz des Selbstkonzeptes* ziemlich oft (um so häufiger, je extremer die Ausprägung des Selbstkonzeptes ist) das *Selbstbewertungsresultat* bestimmen.

Erweist sich dieses *Selbstbewertungsresultat* für die Person *nicht* als besonders *wichtig* und *zentral*, dann beeinflußt dieses *situative Selbstbewertungsresultat* hauptsächlich ihr *situatives Kontrollgefühl* und ihre *situative Erfolgserwartung* bzw. ihre *situative Selbstwirksamkeitvorstellung*, welche ihr *situatives Erleben und Verhalten* bestimmen.

Sieht aber eine Person ihr *situatives Selbstbewertungsresultat* als für sich selbst besonders *wichtig* und *zentral* an, kann sich das *situative Selbstbewertungsresultat über diese Situation hinaus* auf ihr *Selbstkonzept* auswirken. Wie sich das Selbstbewertungsresultat auf das Selbstkonzept auswirkt, hängt davon ab, ob die betreffende Person in diesem Bereich schon ein (Teil-)Selbstkonzept aufgebaut hat oder nicht.

Ist noch *kein Selbstkonzept* bzw. in diesem Bereich noch kein Teilkonzept vorhanden, wird ein solcher *Selbstkonzeptaspekt konstruiert*. Anders ausgedrückt, das Selbstbewertungsresultat wird *generalisiert* zu einer Selbstannahme unterer Ordnung in der hierarchischen Selbstkonzeptstruktur.

Ist aber schon ein Selbstkonzept – auch für diesen Bereich – vorhanden, dann wird das *Selbstbewertungsresultat* mit dem bisher *bestehenden Selbstkonzept* verglichen.

Stimmt das Selbstbewertungsresultat mit dem bereits gebildeten Selbstkonzept (der Ausprägung) *überein*, wird diese *neue Information* (aus dem Selbstbewertungsresultat) einfach in das bereits gebildete Selbstkonzept *integriert*. In diesem Fall bleibt die bisherige Ausprägung des Selbstkonzepts bzw. Selbstkonzeptteils so, wie es war.

Stimmt aber das Selbstbewertungsresultat *nicht* mit dem bereits gebildeten Selbstkonzept *überein*, wird die *neue Information* bzw. das Selbstbewertungsresultat nach Möglichkeit *nicht beachtet, verzerrt* oder als *unwahr angesehen*. In diesem Fall bleibt die bisherige Ausprägung des Selbstkonzepts auch so, wie sie war. Kann aber die neue Information *nicht mehr geleugnet werden*, weil sie beispielsweise wiederholt auftritt, wird sie in das Selbstkonzept *integriert*. In diesem Fall verändert die Person ihr bestehendes Selbstkonzept bzw. Selbstkonzeptteil. Sie differenziert es weiter aus oder macht eine getroffene Generalisierung rückgängig.

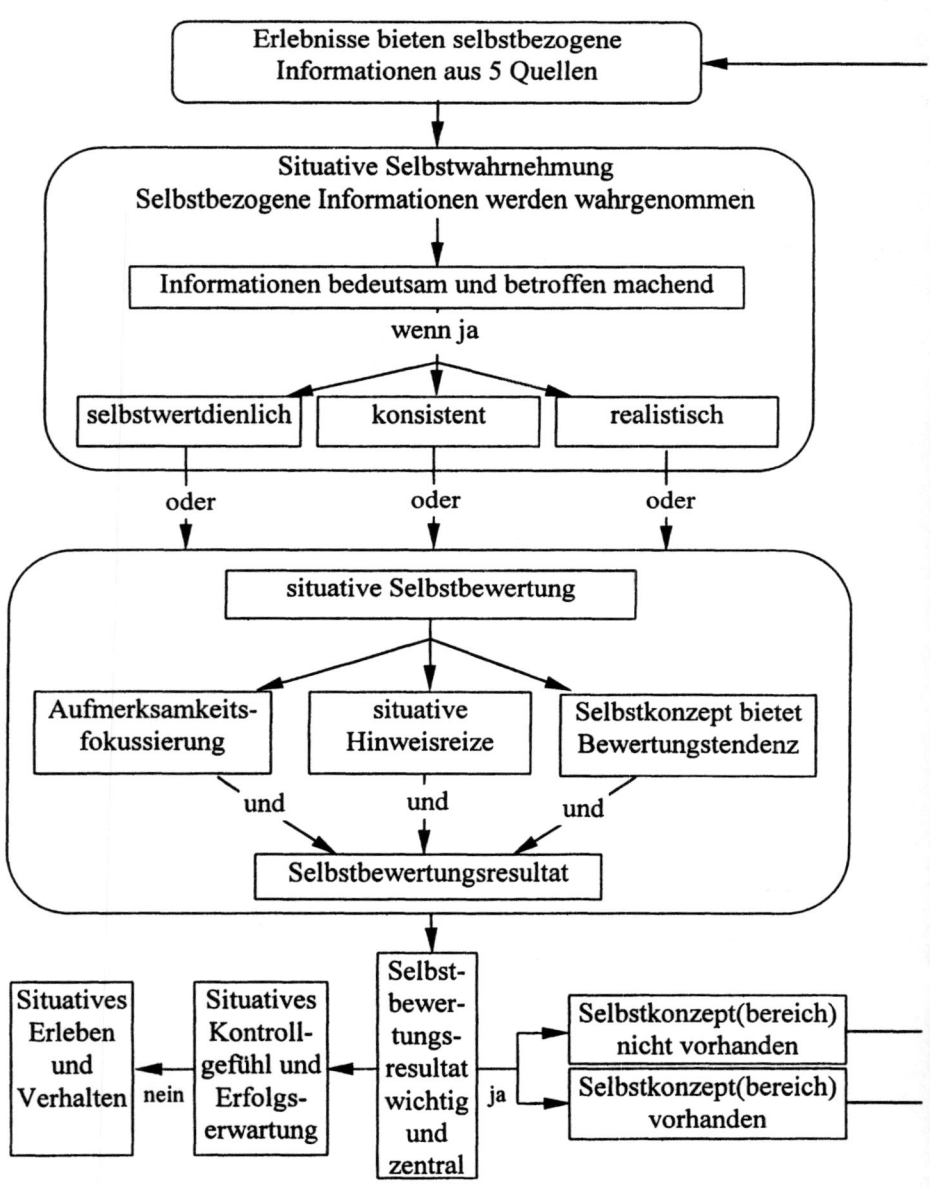

Abbildung 3: Prozeßmodell des Selbstkonzeptes und der Selbstwertregulation

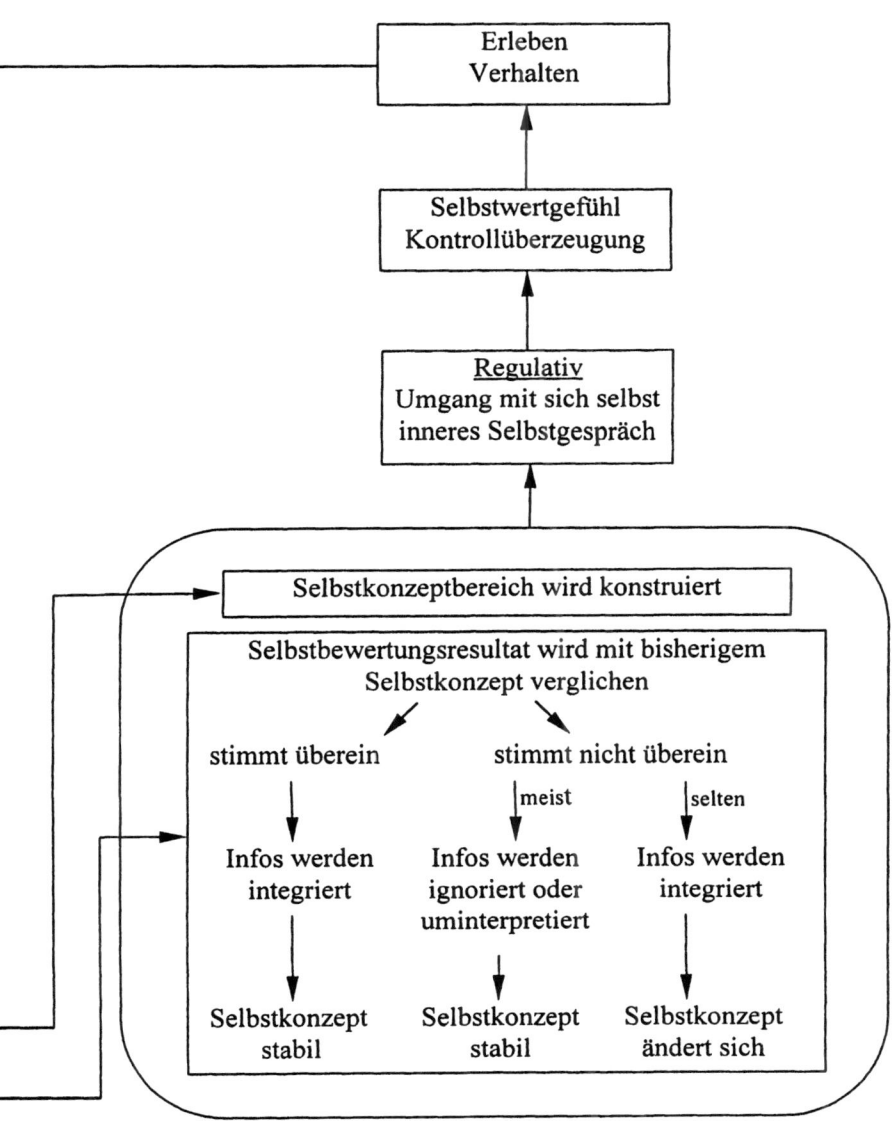

Erleben
Verhalten

Selbstwertgefühl
Kontrollüberzeugung

Regulativ
Umgang mit sich selbst
inneres Selbstgespräch

Selbstkonzeptbereich wird konstruiert

Selbstbewertungsresultat wird mit bisherigem
Selbstkonzept verglichen

stimmt überein   stimmt nicht überein

meist   selten

Infos werden   Infos werden   Infos werden
integriert   ignoriert oder   integriert
                   uminterpretiert

Selbstkonzept   Selbstkonzept   Selbstkonzept
stabil   stabil   ändert sich

Der zu einem jeweiligen Zeitpunkt letzte Stand des Selbstkonzeptes bildet zum einen die *Bewertungstendenz für die darauffolgenden situativen Selbstbewertungen.*

Das Selbstkonzept beeinflußt zum anderen den *inneren Umgang* einer Person *mit sich selbst* (das Kollektiv innerer Stimmen). Die Selbstannahmen im Selbstkonzept einer Person spiegeln unter anderem wider, wie andere wichtige Bezugspersonen mit der Person umgegangen sind. Die Person hat den damals erlebten Umgang der Bezugspersonen mit sich verinnerlicht und spricht später – in ihrem inneren Selbstgespräch – in ähnlicher Weise mit sich, wie besonders die früheren Bezugspersonen mit ihr gesprochen haben. Dadurch, daß der damalige Umgang der Bezugsperson mit der Person in ihrem Inneren weiterläuft, hat die Person später im *günstigen Fall* immer einen inneren Tröster, Beruhiger, Unterstützer und Selbst-Bestätiger dabei und kann sich so in schwierigen Situationen Mut zusprechen, sich beruhigen und trösten. Das bedeutet, durch eine *Balance* der Stimmen des *inneren Selbstgesprächs* kann die Person *eigenständig* ihr *Selbstwertgefühl regulieren* und *stabilisieren*, wodurch sie die emotionale Unterstützung von anderen weniger benötigt. Das *innere Selbstgespräch* spielt – meiner Auffassung nach – die *zentrale Rolle* bei der *Regulation des Selbstwertgefühls* des Menschen. Hat die Person allerdings von ihren engen Bezugspersonen in frühen Jahren wenig Toleranz, Trost, Unterstützung oder Wertschätzung erfahren, hat sie solche *ausgleichenden elterlichen Umgangsformen* auch wenig oder kaum in ihr Selbstkonzept übernehmen können. Das *innere Selbstgespräch* solcher Personen ist oft hauptsächlich durch *kritische, perfektionistische* und *ängstliche* Stimmen bestimmt, und entsprechend gelingt es diesen Personen viel schlechter bis gar nicht, ihr Selbstwertgefühl in schwierigen Situationen über ihr *inneres Selbstgespräch* zu stabilisieren. Für eine optimale *Regulation des Selbstwertgefühls* sollten die *inneren Stimme*n in *Balance* bzw. ein gutes *inneres Team* sein. Auch, wenn die Bezugspersonen die betreffende Person „verhätschelt" haben, so daß die Person kaum eine *kritische Stimme* internalisieren konnte, ist die *Regulation des Selbstwertgefühls* zwar positiv, aber nicht optimal. Diese Person würde sich dann öfter überschätzen und könnte sich schlechter vor – für sie – ungünstigen Handlungen (z.B. Prahlerei) und Fehlern schützen.

Menschen, bei denen die ausgleichenden *inneren Stimmen* wenig ausgeprägt sind, vermissen oft weitgehend die *wichtigste* Möglichkeit, ihr Selbstwertgefühl zu stabilisieren. Solche Menschen müssen dann verstärkt auf andere vorhandene Möglichkeiten zurückgreifen, welche aber letztendlich weniger günstig für sie sind. So werden sie, um ihr Selbstwertgefühl stabilisieren zu können, verstärkt *selbstwertdienliche Informationsverarbeitung* (neue selbstbezogene Informationen zu günstig interpretieren) betreiben. Dadurch nehmen sie aber die Realität stärker verzerrt wahr als andere, wodurch sie sich im Endeffekt wieder neue Probleme einhandeln. Ebenso können sie durch Senkung ihrer *Ansprüche an sich selbst* ihr Selbstwertgefühl stabilisieren, wodurch sie aber ihre Leistungsmöglichkeiten nicht mehr voll ausschöpfen bzw. weniger leisten werden als sie eigentlich könnten. Sie können sich auch die fehlende Unterstützung von anderen Menschen holen. Da sie sich aufgrund ihrer Abhängigkeit von anderen öfter an diese anpassen werden, können sie aber ihre eigenen Wünsche schlechter vertreten.

Im *inneren Selbstgespräch* erarbeitet die Person zusätzlich auch Vorstellungen zu sich selbst, quasi von innen heraus. Das heißt, über das *innere Selbstgespräch* konstruiert und verändert die Person auch Teile ihres Selbstkonzeptes. Denn in der Diskussion der *inneren Stimmen* kann sie zu neuen Standpunkten über sich selbst gelangen. Der andere Selbstkonzeptkonstruktions- und Selbstkonzeptveränderungsprozess (über die Informationen von außen) liefert dem inneren Prozess das Material durch immer neue Objekt-Internalisationen, welche aber im Vergleich zu den alten Objekt-Internalisationen bedeutend weniger Gewicht haben.

Außerdem beeinflußt das *innere Selbstgespräch* auch die Kontrollüberzeugung (internal, external, interaktionistisch oder fatalistisch) des Menschen.

Das *Selbstkonzept*, das *Selbstwertgefühl* und die *Kontrollüberzeugung* erzeugen bei der Person eine *übersituative Erlebens- und Verhaltenstendenz* in zukünftigen Situationen. Das heißt, durch das *übersituative* Selbstkonzept, das *übersituative* Selbstwertgefühl und die *übersituative* Kontrollüberzeugung entsteht bei der Person auch eine allgemeine *Wahrnehmungs- und Bewertungstendenz*, die in den folgenden Situationen ihre Wahrnehmung *selektiviert* und *richtet*, ihre Informationsverarbeitung *verzerrt* und ihre Bewertung oft *stark beeinflußt*.

7. Ableitung von Interventionen für die Änderung von Selbstkonzepten

Wie in der Arbeit gezeigt wurde, ändert sich das Selbstkonzept von sich aus durch *neue wichtige und zentrale Informationen, kritische Lebensereignisse, Modellernen* und über das *innere Selbstgespräch.* Da das *innere Selbstgespräch* meiner Auffassung nach sowohl einen regulierenden Einfluß auf das Selbstwertgefühl des Menschen hat als auch das Selbstkonzept verändern kann, scheint es mir sinnvoll zu sein, bei der Veränderung des Selbstkonzeptes an diesem Punkt anzusetzen.

Im folgenden sollen drei Therapiestrategien zur Änderung des Selbstkonzeptes dargestellt werden.

7.1 Innere Harmonisierung

Grundsätzlich nimmt der Therapeut dem Klienten gegenüber eine wertschätzende, unterstützende Haltung ein, die der Klient über Modellernen internalisieren bzw. übernehmen kann.

Dem Klienten soll deutlich werden, daß er sich *zu* kritisch betrachtet bzw. daß dieser kritische Umgang mit sich selbst eine *sehr einseitige* Betrachtung der viel differenzierteren Wirklichkeit ist. Des weiteren soll dem Klienten bewußt gemacht werden, daß er einen sehr destruktiven und selbsteinschränkenden Umgang mit sich selbst pflegt (vgl. Kaufmann 1993, S. 104) und daß er sich selbst blockiert und behindert. Dies geschieht beispielsweise durch Äußerungen wie: „Da haben Sie aber eine sehr selbstkritische und selbstabwertende Haltung zu sich eingenommen. Was meinen Sie, welche Auswirkung diese Haltung auf ihr Handeln haben wird?" So kann bei ihm die Bereitschaft geweckt werden, anders mit sich umzugehen.

Anschließend verhilft der Therapeut dem Klienten zu einer distanzierten Sichtweise des *inneren Selbstgespächs*, indem er die einzelnen Stimmen deutlich voneinander trennt, z.B. durch Äußerungen wie: „Jetzt spricht ihr innerer Kritiker" oder: „Im Moment äußert sich ihre innere Angstfraktion" usw., um dem Klienten zu verdeutlichen, daß der *innere Kritiker* beispielsweise nur *eine Stimme* eines viel größeren *Kollektivs* ist. Dadurch wird dem Klienten klar, daß die im Moment eingenommene innere Haltung nur eine von mehreren Möglichkeiten bildet. Das gibt dem Klienten mehr Distanz zu sich selbst und ermöglicht ihm, weitere innere Stimmen in den Vordergrund zu holen, um sich zu entlasten. Nach Tarr Krüger (1993, S. 195) kann der Klient die Distanz zu seinen inneren Stimmen noch vergrößern, wenn er seinen verschiedenen inneren Stimmen unterschiedliche Namen gibt und sich eine Gestalt zu jeder Stimme vorstellt. Der Klient kann dabei auch überlegen, an wen ihn die eine oder andere Stimme erinnert.

Daraufhin kann der Therapeut dazu übergehen, den Klienten anzuleiten, in einen Dialog mit den z.B. *kritischen, zweifelnden, perfektionistischen* und *ängstlichen* Stimmen zu gehen, in der Form, daß die hilfreichen Stimmen eingeführt oder ernster genommen werden. Die Klienten sollen mit sich so umgehen, wie sie mit einem Freund oder Kind umgehen würden, nämlich *wertschätzend, unterstützend* und *tröstend*. Der Klient soll eine ausgewogene Selbstbefragung abhalten, wie er dies auch bei anderen Menschen, z.B. seinen Freunden tun würde, sich selbst quasi wie einen anderen Menschen behandeln. Wenn er glaubt, einen Fehler gemacht zu haben, soll er diesen Fall ausgewogen (positive und negative Fragen) untersuchen: „Wieviel Anteil hatte mein Handeln am Zustandekommen dieser Situation, welchen Anteil hatten andere? Welchen Einfluß habe ich auf meine Umwelt? Was könnte ich verändern?" Einen Freund würde der Klient trösten. Also soll er dies auch mit sich selbst tun.

Der Klient soll sich für solche Gespräche extra Zeit nehmen, *sich* zu diesem Zweck quasi selbst *zu Hause besuchen* und mit sich in ausgewogener Weise reden (bisherige negative Aufmerksamkeitsfokussierung ändern) und so diese ausgleichenden Umgangsformen einüben. Außerdem soll er seine inneren Selbstgespräche beobachten und, so weit es ihm in den realen Situationen möglich ist, auch hier einen ausgewogenen Umgang mit sich versuchen.

Nach Tarr Krüger (1993, S. 196) kann es für die Balance der inneren Stimmen auch förderlich sein, wenn der Klient sich fragt, welche Absichten die einzelnen Stimmen verfolgen. So kann er einzeln mit den inneren Stimmen in Kontakt treten und diese fragen: „Was willst du mir sagen? Was sollte ich an meinem Leben aus deiner Sicht verändern?" So kann er beispielsweise den *inneren Kritiker* versöhnlich stimmen.

Distanz zu den inneren Stimmen kann nach Tarr Krüger (1993, S. 197) auch gefördert werden, indem der Klient bestimmte Situationen (wie z.B. ein Bewerbungsgespräch) nacheinander mit der Gestalt seiner inneren Stimmen probt. Bei dieser Übung wählt er zu jeder inneren Stimme die passende Körperhaltung, Gestik und Stimmlage und spielt diese Situation so prägnant wie möglich – also eher in übertriebener Weise – für jede innere Stimme durch. Bei dieser Übung achtet er auf die jeweiligen Gefühle, die sich einstellen und beobachtet auch die Unterschiede in seinem Verhalten. Anschließend kann der Klient noch überlegen, welche Eigenschaften der einzelnen inneren Stimmen(gestalten) für ihn in dieser Situation eher hinderlich und welche eher hilfreich wären.

Die Klienten müssen allerdings auch darauf vorbereitet werden, daß sich ihre Umgangsweise mit sich selbst nur allmählich ändern wird, weil die alten Reaktionsweisen, durch die lange Zeit, in der sie praktiziert wurden, quasi eingefahrene Wege gebildet haben und die neuen Strategien erst langsam eine Spur reißen müssen.

7.2 Distanzierung

Da Menschen einerseits die Neigung zeigen, sich solche Freunde oder Kontaktpersonen auszuwählen, die ihr Selbstkonzept konstant/stabil halten und da andererseits die praktizierte Selbstkommunikation eines Menschen eigentlich eine Fortführung dessen Kommunikation/en mit realen Anderen darstellt (vgl. Kaufmann 1993, S. 124), kann es für den Klienten, für die Veränderung seiner Selbstkommuniktation, auch hilfreich sein, daß er durch einen Therapeuten angeleitet wird, die Kommunikation bzw. den Umgang mit seinen Kontaktpersonen gezielt zu beobachten (z.B. Verhaltensabläufe anschauen) und mit dessen Hilfe zu analysieren (z.B. Machtbeziehungen aufdecken, Manipulationen aufzeigen). Falls bestimmte Kontaktpersonen eine wenig ausbalancierte Kommunikation (z.B. hauptsächlich kritisch) mit den Klienten praktizieren, erarbeitet der Therapeut mit dem Klienten Möglichkeiten bzw. Strategien, die einen ausgeglicheneren Umgang des Klienten mit den betreffenden Kontaktpersonen fördern.

Bei Menschen, die durch eine besondere Erziehung zur Anpassung an die Gesellschaft verlernt haben, ihr eigener Richter zu sein, sind die ausgleichenden, inneren Stimmen häufig nicht oder wenig ausgeprägt. Solche Menschen passen sich sehr stark den Normen, Forderungen der umgebenden Menschen an und nehmen deren Kritik besonders ernst, ohne diese besonders zu prüfen. Oft sind sie oft manipulativ erzogen worden, die Eltern haben in ihrer Erziehung viel Gebrauch von den Begriffen gut und schlecht gemacht, weil sie dadurch das Verhalten der Kinder leichter kontrollieren konnten. Sie haben ihren Kindern viele Anschauungen über sich und Verhaltensregeln vermittelt, welche bei den Kindern Gefühle der Angst, Unwissenheit und Schuld entstehen ließen. Deshalb kann es für die Veränderung der Selbstkommunikation eines Klienten auch hilfreich sein, wenn er lernt bestimmte Aspekte der eigenen Persönlichkeit und vermeindliche Schwächen besser zu akzeptieren. Dies kann darüber erreicht werden, daß der Therapeut ihm beispielsweise hilft, sich weniger für Fehler und Schwächen schuldig oder unfähig zu fühlen, sodaß er seine Schwächen und Fehler nüchterner betrachten und lernen kann, mit Kritik besser und angstfreier umzugehen (vgl. Smith 1996, S. 23ff.).

Um zu lernen, sich weniger nach externen Regeln zu richten, wird der Klient vom Therapeut darin unterstützt, sich selbst mehr zu vertrauen, seine eigenen Antworten zu finden, seinen eigenen Weg zu gehen. Wenn er versteht, daß andere ihn nur unterdrücken und klein machen können, wenn er sich unterdrücken und klein machen läßt, kann er aus der Opferrolle (der Assoziation) aussteigen. Er lernt, daß Kritik zunächst die Sache des anderen ist und daß er es, der entscheidet, ob und wieviel er von dieser Kritik annehmen will. Dazu bedarf es des Schrittes der Distanzierung (der Dissoziation), des Erkennens, daß diese Forderung, Norm oder der Kritik von außen an die Person herangetragen wird. Dann erst folgt die Entscheidung, was von dieser Forderung, Norm oder Kritik angenommen oder abgelehnt oder zum Teil angenommen wird (vgl. de Roeck 1994, S. 21ff.).

7.3 Fixed role therapy nach Kelly

Menschen, die durch ihr Selbstkonzept in ihrer Erlebnis- und Handlungs-
weise gefangen sind, können durch die fixed role therapy (nach Kelly) lernen, über die Grenzen ihres bisher etablierten Selbstkonzeptes zu gehen. Das
Selbstkonzept wird in dieser Methode durch Identifikation bzw. Modelller-
nen modifiziert.

Zunächst bittet der Therapeut die Klientin einen – in diesem Fall weiblichen – Vornamen (z.B. Michelle) zu nennen, der ihr gut in den Ohren klingt.
Dann werden Charakterzüge dieser Person festgelegt, und zwar in Grenzen:
„Sie ist hilfsbereit, aber sie läßt sich nicht ausnutzen", „Sie ist höflich, aber
nicht unterwürfig" usw. Michelle entspricht keinem Über-Ideal, sondern ist
eine normale positive Person. Als nächster Schritt werden konkrete All-
tagsverhaltensweisen (z.B. ihr Gang), Angewohnheiten (morgens, mittags,
abends) und Vorlieben (z.B. Kleidung, Schmuck) festgelegt. Besonders kör-
pernahe Dinge (z.B. ein besonders schöner Ring oder besonderes Parfüm)
sollen verändert werden, weil die Klientin diese Dinge leicht wahrnehmen
kann und diese Dinge ihr als Erinnerungsstütze (Anker) dienen können.
Dann soll die Klientin in unkritischen Situationen für einige Minuten in die
Rolle der Michelle schlüpfen (so denken, so handeln, wie sie handeln würde
bzw. sich mit der vorgestellten Michelle identifizieren). In dieser Zeit finden
häufige Therapeutenkontakte eventuell auch Telefonkontakte statt, bei denen die Klientin ihre Erfahrungen und Gefühle beschreibt. Die Klientin
bleibt zunehmend länger in der Rolle und erlebt dabei, daß Selbstkonzeptveränderungen bzw. Steigerungen des Selbstwertgefühls möglich sind. Der
Therapeut hilft der Klientin immer tiefer in die neue Rolle hinein. Der Therapeut macht der Klientin auch klar, daß Wunschdenken allein nicht ausreicht, sondern daß stetige Mitarbeit der Klientin die Voraussetzung ist, die
gewünschte Selbstveränderung zu erreichen. Nachdem die Klientin in un-
problematischen Situationen gut in die andere Rolle schlüpfen konnte, be-
reitet sie sich auf schwierigere Situationen vor; sie bespricht ihre tatsächlichen und erwarteten Verhaltensschwierigkeiten mit der vorgestellten Michelle (wobei sie beide Rollen im Wechsel einnimmt soll), mit dem Ziel, die
vorgestellten Verhaltensweisen der Michelle zu verwirklichen. Außerdem
soll die Klientin das Verhalten und die dem Verhalten zugrundeliegenden
Einstellungen der Michelle erklären und verteidigen. Mit dem Therapeuten
entwirft die Klientin dazu auch Ablauf-skripte für die kritischen Situationen

entwickeln und übt diese in Rollenspielen, in denen sie zwischen den einzelnen Rollen wechselt. Anschließend geht sie auch in kritischen Situationen und längere Zeiten (z.B. ein ganzer Tag) in die Rolle der Michelle hinein. Immer neue Verhaltens- und Entscheidungsschwierigkeiten diskutiert die Klientin im Rollentausch und übt sie im Rollenspiel. Michelle soll quasi ihre Beraterin werden (vgl. Kelly 1955).

Zusammenfassung und Schluß

In dieser Arbeit sollte der Frage nachgegangen werden, welche Bedingungen die Entstehung des Selbstkonzeptes beim Menschen beeinflussen und in welcher Weise dieses Veränderungen unterliegt. Ein Versuch der Begriffsbestimmung und -abgrenzung zeigte die Vielgestaltigkeit des Begriffes Selbstkonzept und die Unschärfe, in der er von den unterschiedlichen Autoren verwendet wird. In Kap. 1 konnte gezeigt werden, welche Bedeutung dem Selbstkonzept in bezug auf die Informationsaufnahme, Wahrnehmung und Verhaltenssteuerung zukommt. Wie später in Kap.5 ausgeführt wurde, ist das Selbstkonzept zwar unter bestimmten Umständen Veränderungen unterworfen, dabei aber dennoch relativ stabil. Da es dazu tendiert, sich selbst zu bestätigen, beeinflußt es die Wahrnehmung und Informationsaufnahme in der Weise, daß es sowohl als Fokus (die Wahrnehmung bündelnd) als auch als Filter (bestimmte Informationen/Reize ausblendend) wirkt.

Die bereits erwähnte Vielgestaltigkeit des Selbstkonzept-Begriffes spiegelt sich auch in den bisher vorliegenden theoretischen Beiträgen (Kap. 2) wider, die ein umfassendes Bild des Selbstkonzeptes vermitteln wollen. Die Ansätze basieren auf unterschiedlichen Grundannahmen und stellen verschiedene Aspekte in den Mittelpunkt der Darstellung.

So verweisen z.B. Filipp, Rustemeyer und Frey/Benning darauf, daß das Selbstkonzept sich über die Lebensspanne durch Verarbeitung selbstbezogener Informationen entwickelt. Sie stellen also den Informationsverarbeitungsprozeß in den Mittelpunkt ihrer Analysen.

In Erweiterung dieser Sichtweise kann man nach Epstein das Selbstkonzept als System der Erfahrungsorganisation betrachten, in dem spezifische Selbstannahmen zu höheren, zunehmend generalisierteren Selbstannahmen zusammengefaßt werden. Damit entsteht ein System von hierarchisch organisierter Erfahrung.

Haußer betrachtet das Selbstkonzept im Rahmen eines umfassenden Modells der Identitätsregulation. In diesem Modell werden verschiedene Komponenten der Identität (darunter auch das Selbstkonzept) in einen Wirkungszusammenhang gebracht.

Ein relativ neuer und noch eher grober Ansatz von Hermans beschreibt ein dialogisches Selbst als wirkende Kraft, welches das Selbstschema, das Schema über andere und das interpersonale Skript einer Person koordiniert. Da Hermans die Funktion des Selbstkonzeptes in diesem Prozeß nicht hinreichend darstellt und den Prozeß nur in grober Form schildert, wurde darauffolgend ein eigenes Modell entwickelt, welches die Ergebnisse der Selbstkonzeptforschung mit der Grundidee von Hermans verbindet. In diesem Ansatz wird allerdings der Schwerpunkt etwas anders gelegt. Er liegt nunmehr auf der *Balance der inneren Stimmen*, die Ausdruck des Selbstkonzeptes sind.

In Kap. 3 wurden individuelle Einflußfaktoren auf das Selbstkonzept untersucht. Insbesondere wurde festgestellt, daß sich Selbstkonzeptausformungen und Attributionsgewohnheiten gegenseitig beeinflussen und sich in einer einmal entwickelten Richtung verstärken. Es konnte zudem gezeigt werden, daß sich die Attributionsvoreingenommenheiten zwischen Männern und Frauen tendenziell unterschiedlich entwickeln. Frauen interpretieren zumeist positive Handlungsergebnisse nicht als Folge eigener Kompetenz, haben häufig eine negative Erfolgserwartung und entwickeln oft ein negativeres Selbstkonzept, wobei es Hinweise darauf gibt, daß sich im Lauf der Zeit aufgrund gesellschaftlicher Veränderungen eine Verschiebung hin zu positiveren Attributionsgewohnheiten und Selbstkonzepten bei Frauen ergibt. Eine wechselseitige Beeinflussung wurde auch für die Beziehung von Selbstkonzept und Ängstlichkeit gefunden.

Der Einfluß gesellschaftlicher Faktoren auf die Entwicklung des Selbstkonzeptes wurde in Kap. 4 anhand der Aktivitäten von Eltern und Schule näher untersucht. Da diese beiden Einflußsphären die Selbstkonzeptentwicklung in frühen Phasen stark mitbestimmen und die frühen Selbstannahmen für die späteren meist richtungsweisend sind, geht von diesen Sphären ein prägender Einfluß auf das Selbstkonzept auch des Erwachsenen aus. Frühkindliche Erfahrungen und Einflüsse des Lehrerverhaltens (dieses ist besonders wichtig, weil erste stärkere Leistungsorientierung zugrundeliegt) bilden die Basis des Selbstkonzeptes, die später nur schwer verändert werden kann.

In Kap. 5 wird gezeigt, daß ein einmal gebildetes Selbstkonzept relativ stabil ist bzw. sich hauptsächlich unter drei Bedingungen verändert: durch eindringliche, neue Informationen, durch kritische Lebensereignisse und durch Modell-Lernen. Die Auffassungen von ziemlich veränderlichen Selbstkonzepten – vertreten durch Gergen – könnten durch Selbstkonzeptmessungen in sehr spezifischen Situationen entstanden sein, in denen aber eher *situative Selbstbewertungen* erfaßt worden sein könnten, welche durch stark *eindeutige* situative Hinweisreize öfter die Selbstkonzepttendenz unterdrückt haben könnten.

In Kap. 6 wurde ein Prozeßmodell der Entstehung und Veränderung des Selbstkonzeptes vorgelegt, das Grundannahmen von Haußer aufgreift und weiterführt sowie Anregungen von Kaufmann integriert. Das Modell soll zeigen, welche Faktoren die situative Selbstwahrnehmung und situative Selbstbewertung beeinflussen und wie sich diese beiden Prozesse auf die Konstruktion und Veränderung von Selbstkonzepten auswirken. Weiterhin wird gezeigt, daß das Selbstwertgefühl und die Kontrollüberzeugung bei der Person eine Erlebnis- und Verhaltenstendenz in zukünftigen Situationen erzeugt. Eine zentrale Rolle in diesem Modell nimmt das *innere Selbstgespräch* ein, welches das Selbstwertgefühl der Person reguliert. Wenn sich die *inneren Stimmen* in einer Balance zwischen Selbstwertschätzung und Selbstkritik befinden, kann sich das Selbstwertgefühl in einem mittleren, optimalen Bereich stabilisieren.

Aus dieser Konstruktion ergeben sich in Kap. 7 zwei Handlungsstrategien zur Überwindung eines negativen Selbstkonzeptes. Eine weitere wurde aus den allgemeinen Veränderungsbedingungen abgeleitet.

188

Literatur

Alfermann, D.(1992). Frauen in der Attributionsforschung: Die fleißige Liese und der kluge Hans. In: G. Krell und M. Osterloh (Hg.): *Personalpolitik aus der Sicht von Frauen – Frauen aus der Sicht der Personalpolitik*: Was kann die Personalpolitik von der Frauenforschung lernen? München, S. 301–317

Becker, U. (1987). *Personenwahrnehmung und Selbstkonzept: Zur Beziehung individueller Tendenzen in der Personenwahrnehmung zum Selbstkonzept des Wahrnehmenden* (Europäische Hochschulschriften: Reihe 6, Psychologie; Bd. 198). Frankfurt a.M., Bern, New York

Becker, P.; Minsel, B. (1986). *Psychologie der seelischen Gesundheit. Persönlichkeitspsychologische Grundlagen, Bedingungsanalysen und Förderungsmöglichkeiten* (Bd. 2). Göttingen

Benard, C. u. Schlaffer, E. (1989). *Rückwärts und auf Stöckelschuhen. ... können Frauen soviel wie Männer.* Köln

Bem, D. J. (1984). Theorie der Selbstwahrnehmung. In: S.-H. Filipp (Hg.): *Selbstkonzeptforschung.* 2. Aufl. Stuttgart, S. 97–127

Bierhoff-Alfermann, D. (1977). *Psychologie der Geschlechtsunterschiede.* Köln

Bierhoff-Alfermann D. (1989). *Androgynie. Möglichkeiten und Grenzen der Geschlechterrollen.* Opladen

Bohleber, W. (1992). Identität und Selbst. Die Bedeutung der neueren Entwicklungsforschung für die psychoanalytische Theorie des Selbst. In: *Psyche*, 46 (4), S. 336–365

Brophy, J. E.; Good, T. L. (1976). *Die Lehrer-Schüler-Interaktion.* München-Berlin-Wien

Broverman, I.K.; Broverman, D. M.; Clarkson, F. E.; Rosenkrantz, P. S.; Vogel, S. R. (1970). Sex-role stereotypes and clinical judgments of mental health. In: *Journal of Consulting and clinical Psychology*, 34, S. 1–7

Crandall, V. C. (1969). Sex Differences in Expectancy of Intellectual and Academic Reinforcement. In: C. P. Smith (Hg.): *Achievement-Related Motives in Children.* New York, S. 11–45

Danish, St. J.; D' Augelli, A. R. (1981). Kompetenzerhöhung als Ziel der Intervention in Entwicklungsverläufe über die Lebensspanne. In: S.-H. Filipp (Hg.): *Kritische Lebensereignisse.* München u.a., S. 156–173

Deaux, K. (1976). *The behaviour of woman and men.* Monterey, Calif.

de Rouck, B.-P. (1994). *Dein eigener Freund werden.* Wege zu sich selbst und anderen. Reinbek bei Hamburg

Dönhoff-Kracht, D. (1980). *Aspekte des Selbstkonzeptes jugendlicher lernbehinderter Sonderschüler*. (Europäische Hochschulschriften: Reihe 6, Psychologie; Bd. 51) Frankfurt a. M., Bern, Cirencester/U.K.

Elashoff, J. D.; Snow, R. E. (1972). *Pygmalion auf dem Prüfstand*. München

Epstein, S. (1984). Entwurf einer Integrativen Persönlichkeitstheorie. In: S.-H. Filipp (Hg.): *Selbstkonzeptforschung*. 2. Aufl. Stuttgart, S. 15–45

Erikson, E.H. (1971). *Identität und Lebenszyklus*. Frankfurt a.M.

Erlemeier, N.; Tismer, K.-G. (1973). Einstellungen und Erwartungen bei Lehrern und ihrer Auswirkungen auf die Beurteilung und das Verhalten von Schülern. In: H. Nickel, und E. Langhorst (Hg.): *Brennpunkte der pädagogischen Psychologie*. Bern, S. 134–148

Ewert, O. (1984). Eine deutsche Version der Sears Self-Concept Inventory Scale (SSCI). In: S.-H. Filipp (Hg.): *Selbstkonzeptforschung*. 2. Aufl. Stuttgart, S. 191–202

Ewert, O. (1986). Selbstkonzept. In: W. Sarges und R. Frike (Hg.): *Psychologie für die Erwachsenenbildung/Weiterbildung*. Ein Handbuch in Grundbegriffen. Göttingen, Toronto, Zürich.

Festinger, L. (1978). *Theorie der kognitiven Dissonanz*. Bern u. a.

Filipp, U. D. (1971). *Psychologische und soziologische Determinanten in der Eltern-Kind-Beziehung*. Forschungsbericht 9 des SFB 22 des sozialwissenschaftlichen Forschungszentrums der Universität Erlangen - Nürnberg, Nürnberg

Filipp, S.-H. (1975). *Korrelate des Internen Selbstmodells: Situation, Persöhnlichkeit und elterlicher Erziehungsstil* (Dissertation). Trier

Filipp, S.-H. (1978). Aufbau und Wandel von Selbstschemata über die Lebensspanne. In: R. Oerter (Hg.): *Entwicklung als lebenslanger Prozeß*. Hamburg, S. 111–135

Filipp, S.-H. (1981). Ein allgemeines Modell für die Analyse kritischer Lebensereignisse. In: S.-H. Filipp (Hg.): *Kritische Lebensereignisse*. München, S. 3–52

Filipp, S.-H. (1984). Entwurf eines heuristischen Bezugsrahmens für Selbstkonzeptforschung: Menschliche Informationsverarbeitung und naive Handlungstheorie. In: S.-H. Filipp (Hg.): *Selbstkonzeptforschung*. 2. Aufl. Stuttgart, S. 129–152

Filipp, S.-H. (1985). Selbstkonzept. In: Herrmann T. und J.D. Lantermann (Hg.): *Persönlichkeitspsychologie*. Ein Handbuch in Schlüsselbegriffen. München, S. 347–353

Filipp, S. H. (1988). Das Selbst als Gegenstand psychologischer Forschung. In: *Bildung und Erziehung*, 41 (3), S. 281–292

Filipp, S. H.; Brandstädter, J. (1975). Beziehungen zwischen situationsspezifischer Selbstwahrnehmung und generellem Selbstbild. In: *Psychologische Beiträge*, 17, S. 406–417

Fischer, M. (1984). Phänomenologische Analysen der Person-Umwelt-Beziehung. In: S.-H. Filipp (Hg.): *Selbstkonzeptforschung*. 2. Aufl. Stuttgart, S. 47–73

Frey, D.; Benning, E. (1983). Das Selbstwertgefühl. In: H. Mandl und G. L. Huber (Hg.): *Emotion und Kognition*. München, Wien, Baltimore, S. 148–182

Frey, H.P..; Haußer, K. (1987). Entwicklungslinien sozialwissenschaftlicher Identitätsforschung. In: H.P. Frey und K. Haußer (Hg.): *Identität*. Entwicklung psychologischer und soziologischer Forschung. Stuttgart, S. 3–25

Gergen, K.J. (1984). Selbsterkenntnis und die wissenschaftliche Erkenntnis des sozialen Handelns. In: S.-H. Filipp (Hrsg): *Selbstkonzeptforschung*. 2. Aufl. Stuttgart, S. 75–95

Gold, B. (1990). Frauen und Führung: Die Last der Tradition. In: *Psychologie heute*. 17 (7), S. 55–59

Greve, W. (1990). Stabilisierung und Modifikation des Selbstkonzeptes im Erwachsenenalter: Strategien der Immunisierung. *Sprache & Kognition*, 9, S. 218–230

Gräser, H.; Esser, H.; Saile, H. (1981). Einschätzung von Lebensereignissen und ihren Auswirkungen. In: S.-H. Filipp (Hg.): *Kritische Lebensereignisse*. München u.a., S. 104–122

Halisch, F. (1976). Die Selbstregulation leistungsbezogenen Verhaltens: Das Leistungssystem als Selbstbekräftigungssystem. In: H.-D. Schmalt und W.-U. Meyer (Hg.): *Leistungsmotivation und Verhalten*. Stuttgart, S. 137–164

Hansen, R. D. u. O'Leary, V.E. (1985). Sex-Determined Attributions. In: V.E. O'Leary; R. K. Unger; B. S. Wallston (Hg.): *Women, gender, and social psychologie*. Hillsdale, New Jersey, S. 67–99

Harten-Flitner, E. (1978). *Leistungsmotivation und soziales Verhalten*. Weinheim, Basel

Haußer, K. (1983). Identitätsentwicklung. New York

Heckhausen, H. (1963). *Hoffnung und Furcht in der Leistungsmotivation*. Meisenheim am Glan

Heckhausen, H. (1974). Motive und ihre Entstehung. In: F. E. Weinert; C. F. Graumann; H. Heckhausen; M. Hofer (Hg.): *Pädagogische Psychologie 1*. Frankfurt a. M., S. 133–171

Heckhausen, H. (1980). *Motivation und Handeln*. Berlin, Heidelberg, New York

Helmke, A.; Väth-Szusdziara, R. (1980). Familienklima, Leistungsangst und Selbstakzeptierung bei Jugendlichen. In: H. Lukesch; M. Perrez; K. A. Schneewind (Hg.): *Familiäre Sozialisation und Intervention*. Bern, Stuttgart, Wien, S. 199–219

Hermans, H.J.M. (1996). Voicing the Self: From Information Processing to Dialogical Interchange. In: *Psychological Bulletin* 119 (1), S. 31–50

Hofer, M.; Pekrun, R.; Zielinski, W. (1993). Die Psychologie des Lerners. In: B. Weidenmann und A. Krapp (Hg.): *Pädagogische Psychologie*. 2. neu ausgestattete Aufl. Weinheim, Basel, S. 219–276

Hultsch, D.F.; Cornelius S. W. (1981). Kritische Lebensereignisse und lebenslange Entwicklung: Methodologische Aspekte. In: S.-H. Filipp (Hg.): *Kritische Lebensereignisse*. München u.a., S. 72–90

Jerusalem, M. (1985). Selbstkonzeptentwicklung von Kindern und Jugendlichen und der Einfluß perzipierten Lehrerverhaltens. In: D. Liepmann und A. Stiksrud (Hg.): *Entwicklungsaufgaben und Bewältigungsprobleme in der Adoleszenz*. Göttingen, Toronto, Zürich, S. 98–109

Kaufmann, B. (1993). *Über den inneren Dialog*. Zur existentiellen Bedeutung der Selbst-Kommunikation. Bern, Berlin, Frankfurt a. M., New York, Paris, Wien

Keller, J. A. (1981). *Grundlagen der Motivation*. München, Wien, Baltimore

Kelly, G.A. (1955). *The psychology of personal constructs*. New York

Kerres, A. (1993). *Ängstlichkeit und Selbstkonzept*. Frankfurt a. M., Berlin, Bern, New York, Paris, Wien

191

Krahé, B. (1987). Attributionsstrategien und Identitätsdynamik. In: H.-P. Frey u. K. Haußer (Hg.): *Identität.* Stuttgart, S. 151–178

Ladisich-Raine, A. (1990). Gestaltwege zur inneren Freiheit. Gedanken zum Selbst. In: *Gestalttherapie*, 4 (1), S. 61–64

Largo, R. H. (1997). *Babyjahre.* Die frühkindliche Entwicklung aus biologischer Sicht. Das andere Erziehungsbuch. 5. Aufl. München

Lazarus, R. S. (1981). Streß und Streßbewältigung – ein Paradigma. In: S.-H. Filipp (Hg.): *Kritische Lebensereignisse.* München u.a., S. 198–232

Lazarus-Mainka, G.; Kerres, A.; Siebeneick, S. M. (1990). Ängstlichkeit – ein konzeptionelles System des Selbst. In: *Psychologische Beiträge*, 32, S. 394–412

Ludwig-Körner, Ch. (1992). *Der Selbstbegriff in der Psychologie und Psychotherapie.* Wiesbaden

Magnusson, D. (1982). Interaktionale Modelle des Verhaltens. In: H.-W. Hoefert (Hg.): *Person und Situation. Interaktionspsychologische Untersuchungen.* Göttingen, S. 28–43

Markus, H.; Smith, J. (1981). The influence of self-schema on the perception of others. In: N. Cantor u. J. F. Kihlstrom (Hg.): *Personality, cognition and social interaction.* Hillsdale, N.J., S. 233–262

Mayrhofer, W. (1993). Motivation und Arbeitsverhalten. In: H. Kasper und W. Mayrhofer (Hg.): *Führung.* Wien, S. 1–47

Meyer, W.-U. (1973). *Leistungsmotiv und Ursachenerklärung von Erfolg und Mißerfolg.* Stuttgart

Müller-Braunschweig, H. (1975). *Die Wirkung der frühen Erfahrung. Das erste Lebensjahr und seine Bedeutung für die psychische Entwicklung.* Stuttgart

Mummendey, H. D. (1981). Selbstkonzept-Änderungen nach kritischen Lebensereignissen. In: S.-H. Filipp (Hg.): *Kritische Lebensereignisse.* München u.a., S. 252–269

Mummendey, H. D. (1983a). Selbstkonzept. In: D. Frey und S. Greif (Hg.): *Sozialpsychologie. Ein Handbuch in Schlüsselbegriffen.* München, Wien, Baltimore, S. 281–285

Mummendey, H. D. (1983b). Selbstwertgefühl. In: H. Euler und H. Mandl (Hg.): *Emotionspsychologie. Ein Handbuch in Schlüsselbegriffen.* München, Wien, Baltimore, S. 244–248

Mummendey, H. D. (1988). Veränderung von Selbstkonzepten. In: H. D. Mummendey (Hg.): *Verhalten und Einstellung.* Berlin u.a., S. 73–98

Mummendey, D.H.; Bolten, H. G. (1985). Die Impression-Management-Theorie. In: D. Frey und M. Irle (Hg.): *Theorien der Sozialpsychologie* (Band 3, *Motivations- und Informationsverarbeitungstheorien).* Bern, S. 57–77

Naudascher, B. (1980). *Das übergangene Selbst.* Pädagogische Perspektiven zur Selbstkonzeptforschung. Frankfurt a.M., New York

Neubauer, W. F. (1976). *Selbstkonzept und Identität im Kindes- und Jugendalter.* München, Basel

Nitsch, J. R.; Allmer, H. (1976). Entwurf eines Prozessmodells der Leistungsmotivation. In J. R. Nitsch und I. Udris (Hg.): *Beanspruchung im Sport.* Wiesbaden, S. 42–59

Olbrich, E. (1981). Normative Übergänge im menschlichen Lebenslauf: Entwicklungskrisen oder Herausforderungen? In: S.-H. Filipp (Hg.): *Kritische Lebensereignisse.* München u.a., S. 123–138

Pervin, L.A. (1981). *Persönlichkeitspsychologie in Kontroversen.* München, Wien, Baltimore

Petermann, U.; Petermann, F. (1989). *Training mit sozial unsicheren Kindern* (3. erweit. Aufl). München

Regan, J. W. (1976). Liking for Evaluators: Consistency and Self-Esteem Theories. In: *Journal of Experimental Social Psychology*, 12, S. 159–169

Rheinberg, F. (1984). Bezugsnorm und die Wahrnehmung eigener Tüchtigkeit. In: S.-H. Filipp (Hg.): *Selbstkonzeptforschung.* 2. Aufl., Stuttgart, S. 237–252

Rosenfield, D.; Stephan, W. G. (1978). Sex differences in attributions for sex-typed tasks. In: *Journal of Personality*, 46, S. 244–259

Rustemeyer, R. (1988). Geschlechtsrollenstereotype und ihre Auswirkungen auf das Sozial- und Leistungsverhalten. In: *Zeitschrift für Sozialisationsforschung und Erziehungssoziologie*, 8, S. 115–129

Rustemeyer, R. (1993). *Aktuelle Genese des Selbst.* Motive der Verarbeitung selbstrelevanter Rückmeldungen. Münster

Schmitz, E.; Hauke, G. (1992). Die Erfahrung von Lebenssinn und Sinnkrisen – ein integratives Modell. In: *Integrative Therapie*, 18 (3), S. 270–291

Schneewind, K. A. (1977). Selbstkonzept. In: T. Herrmann; P. R. Hofstätter; H. P. Huber; F. E. Weinert (Hg.): *Handbuch psychologischer Grundbegriffe.* München, S. 424–431

Schneewind, K. A. (1982). Familiäre Aspekte der Selbstverantwortlichkeit. In: R. Mielke (Hg.): *Interne/externe Kontrollüberzeugung.* Bern u.a., S. 199–221

Schneidergruber, C. (1990). *Die Konstrukte „Elterlicher Erziehungsstil" und „Kindliches Selbstkonzept" und deren Zusammenhänge.* (Diss.), Salzburg

Schneidinger, H. (1990). Konstruktion kleinfamiliärer Krisen. In: Ch. Stromberger (Hg.): *Lebenskrisen.* Wien, S. 89–109

Schulz von Thun, F. (1982). Selbstkonzept und Entfaltung der Persönlichkeit. In: W. Wieczerkowski und H. Oeveste (Hg.): *Lehrbuch der Entwicklungspsychologie.* Düsseldorf

Schwarzer, C.; Schwarzer, R. (1977). *Praxis der Schülerbeurteilung.* München

Schwarzer, C. (1980). *Gestörte Lernprozesse.* München, Wien, Baltimore

Schwarzer, R. (1981). *Stress, Angst und Hilflosigkeit.* Stuttgart, Berlin, Köln, Mainz

Schwarzer, R.; Lange, B.; Jerusalem, M. (1982): Selbstkonzeptentwicklung nach einem Bezugsgruppenwechsel. In: *Zeitschrift für Entwicklungspsychologie und Pädagogische Psychologie*, 14 (2), S. 125–140

Seligmann, M. E. P. (1986). *Erlernte Hilflosigkeit* (3. veränd. Aufl). München, Weinheim

Sieverding, M. (1992). Weiblichkeit – Männlichkeit und psychische Gesundheit. In: E. Brähler und H. Felder (Hg.): *Weiblichkeit, Männlichkeit und Gesundheit.* Opladen, S. 33–63

Smith, M.J. (1996). *Sage NEIN ohne Skrupel.* (6.Aufl). Landsberg am Lech

Spence, J. T.; Helmreich, R. (1972). Who likes competent woman? Competence, Sex-Role Congruence of Interests and Subjects' Attitudes Toward Woman as Determinants of Interpersonal Attraction. In: *Journal of Applied Social Psychology*, 2 (3), S. 197–213

Stahlberg, D.; Osnabrügge, G.; Frey, D. (1985). Die Theorie des Selbstwertschutzes und der Selbstwerterhöhung. In: D. Frey und M. Irle (Hg.): *Theorien der Sozialpsychologie* (Band 3, *Motivations- und Informationsverarbeitungstheorien*, 1. Aufl). Bern, S. 79–124

Stahlberg, D.; Gothe, L.; Frey, D. (1988). Selbstkonzept. In: R. Asanger und G. Wenninger (Hg.): *Handwörterbuch der Psychologie*. 4. völlig neubearbeitete und erweiterte Aufl., München, Weinheim, S. 680–684

Sträudel, T. (1992). Problemlösen und Geschlecht: Unterschiede nur im Selbstbild? In: G. Krell u. M. Osterloh (Hg.): *Personalpolitik aus der Sicht von Frauen – Frauen aus der Sicht der Personalpolitik: Was kann die Personalforschung von der Frauenforschung lernen?* München, Mering, S. 282–300

Sturm, G. (1988). In Interviews berichtete Veränderungen. In: H. D. Mummendey (Hg.): *Verhalten und Einstellung*. Berlin u. a., S. 171–188

Tarr Krüger, I. (1993). *Lampenfieber*. Stuttgart

Thomas, M. (1989). *Zentralität und Selbstkonzept*. Bern

Tiedemann, J. (1985). *Leistungsversagen in der Schule* (2. unveränderte Aufl). München

Tiedemann, J. u. Faber G. (1995). Mädchen im Mathematikunterricht: Selbstkonzept und Kausalattributionen im Grundschulalter. In: *Zeitschrift für Entwicklungspsychologie und Pädagogische Psychologie*, 27 (1), S. 61–71

Trudewind, C (1976). Die Entwicklung des Leistungsmotivs. In: H.-D. Schmalt u. W.-U. Meyer (Hg.): *Leistungsmotivation und Verhalten*. Stuttgart, S. 193–220

Weber, E. (1978). *Erziehungsstile*. Donauwörth

Weiner, B (1975). *Wirkung von Erfolg und Mißerfolg auf die Leistung*. Stuttgart

Weiner, B (1976a). *Theorien der Motivation*. Stuttgart

Weiner, B. (1976b). Attributionstheoretische Analyse von Erwartung x Nutzen-Theorien. In: H.-D. Schmalt und W.-U. Meyer (Hg.): *Leistungsmotivation und Verhalten*. Stuttgart, S. 81–100

Weiner, B. (1984). *Motivationspsychologie*. Weinheim, Basel

Welch, R. L.; Huston, A. C. (1982). Effects of induced success/failure and attributions on the problem-solving behavior of psychologically androgynous and feminine women. In: *Journal of Personality*, 50, S. 81–97

Whitbourne, S. K.; Weinstock C. S. (1982). *Die mittlere Lebensspanne*. München, Wien, Baltimore

Witte, E. H.; Linnewedel, J. (1993). Die Sicherung der Identität: Theoretische Vorstellungen und ein Experiment. In: B. Pörzgen und E. H. Witte (Hg.): *Selbstkonzept und Identität*. Beiträge des 8. Hamburger Symposiums zur Methodologie der Sozialpsychologie. (Braunschweiger Studien zur Erziehungs- und Sozialwissenschaft: Band 34). Braunschweig

Abbildungen und Tabellen

Abbildungen

Tabellen